Gert A[illegible]

Gestaltung von Änderungsprozessen in der Produktentwicklung

2., unveränderte Auflage

UTZ

Herbert Utz Verlag · München

Produktentwicklung

Band 38

Zugl.: Diss., 2000

Bibliografische Information der Deutschen Nationalbibliothek:
Die Deutsche Nationalbibliothek verzeichnet diese Publikation in der Deutschen Nationalbibliografie; detaillierte bibliografische Daten sind im Internet über http://dnb.d-nb.de abrufbar.

frühere Ausgabe: ISBN 978-3-89675-719-7

ISBN 978-3-8316-8053-5

Printed in EU
Herbert Utz Verlag GmbH, München
www.utzverlag.de

Vorwort des Herausgebers

Problemstellung

Die Produktentwicklung in Unternehmen ist gekennzeichnet durch eine Vielzahl vernetzter Arbeitsschritte. Die hohe Komplexität dieser Abläufe ist dementsprechend anfällig für Störungen, die sowohl von außen (z. B. vom Kunden) als auch von innen (z. B. unternehmensinterne Verbesserungsmaßnahmen) induziert werden können. Eine Ausprägung dieser Störungen sind Änderungen am Produkt (technische Änderungen). Die Folgen dieser technischen Änderungen sind vielschichtig. Denn sie haben negative Auswirkungen auf die Produktqualität, auf Termine und verursachen zudem hohe Kosten. Aber ebenso zeigen sie große Defizite im sozialen Bereich. Änderungen wirken demotivierend und führen zu einer verminderten Leistungsbereitschaft der Mitarbeiter.

Zielsetzung

Ausgehend von dieser Problemstellung werden mit dieser Arbeit Verbesserungspotentiale vorgestellt, mit denen ein positive Beeinflussung des Änderungsprozesses und somit des gesamten Entwicklungsprozesses stattfindet. Voraussetzung ist hierzu ein ganzheitlicher Ansatz, der Änderungen als Weiterentwicklung und eine Chance zu lernen versteht und diese als wesentlichen Bestandteil in den Entwicklungsprozesses eingliedert. Ergänzend hierzu sind Änderungen als Projekte zu bearbeiten und nicht wie vielfach in der Industrie beobachtet als untergeordnete Aufgaben.

Ergebnisse

Basierend auf dieser Zielsetzung werden zunächst organisatorische Verbesserungsmaßnahmen, vornehmlich der Ablauforganisation, abgeleitet. Diese Maßnahmen, aufbereitet als Konzept für einen projektunabhängigen Änderungsprozess, sind die Grundlage zur Abwicklung von Änderungen. Dieser Prozess beinhaltet alle notwendigen Schritte, ausgehend von der Problemerkennung über die ganzheitliche Bewertung der Änderungslösungen bis zur Reflexion des Änderungsprozesses, die zu einer im Unternehmen abgestimmten und geeigneten Produktlösung und Umsetzung in die Serie führen.

Zudem kann dieser Prozess als eine grobe Vorgabe für einen situativ anzupassenden und anzuwenden Änderungsprozess sein, da sich Änderungen hinsichtlich deren Ursachen, Erscheinungen und Auswirkungen sehr unterscheiden. Deshalb wird, abgeleitet aus dem Zusammenhang zwischen Prozessen und Methoden, ein systematisches Vorgehen zur Anpassung des Änderungsprozesses an die vorherrschenden Randbedingungen erarbeitet.

Im Weiteren zeigte sich die Visualisierung von möglichen Auswirkungen der Änderung als notwendig, um den Änderungsprozess klassifizieren zu können. Mit einem rechnergestützten Konstruktionsarbeitsplatz, der über die bisherigen Ansätze von CAD oder PDM hinausreicht, können mögliche Auswirkungen auf das Produkt und dessen Komponenten, auf betroffenen Prozessschritte und Personen visualisiert werden.

Folgerungen für die industrielle Praxis

Die Praxistauglichkeit des Änderungsprozesses konnte bereits in verschiedenen Unternehmen nachgewiesen werden. Erste Implementierungen in der Automobilzulieferindustrie bestätigten den Erfolg dieses Vorgehens bei der Abwicklung von Änderungen. Die ersten Umsetzungsergebnisse zeigten gerade die Notwendigkeit, dass dieser Prozess nicht ohne eine Adaption an das Unternehmen und an die Situation im Änderungsfall eingeführt werden kann.

Folgerungen für Forschung und Wissenschaft

Diese Arbeit stellt die Bedeutung eines adaptiven Prozesses für das Änderungsmanagement heraus. Die dadurch erreichte Anpassbarkeit von Prozessen aufgrund des problem- bzw. änderungsspezifisch gesteuerten Methodeneinsatzes ist ein Beitrag zu der Frage: „Welche Methode eignet sich für welches Problem? oder Wann kann eine Methode eingesetzt werden?“. Dies wurde am Beispiel des Änderungsmanagements aufgezeigt. Die Übertragbarkeit dieses Konzepts auf den Entwicklungsprozess zeigt neue Perspektiven für das Projektmanagement. Im Bereich der Rechnerunterstützung des Produktentwicklungsprozesses werden zudem Ansätze aufgezeigt, den gesamten Prozess rechnertechnisch zu unterstützen und zu dokumentieren.

Mai 2000

Prof. Dr.-Ing. U. Lindemann
Lehrstuhl für Produktentwicklung
Technische Universität München

Danksagung des Autors

Die vorliegende Arbeit entstand während meiner Tätigkeit als wissenschaftlicher Mitarbeiter am Lehrstuhl für Produktentwicklung (ehemals Lehrstuhl für Konstruktion im Maschinenbau) der Technischen Universität München.

Mein besonderer Dank gilt Herrn Prof. Dr.-Ing. U. Lindemann für die Betreuung meiner Arbeit und seine wertvollen Anregungen während meiner Zeit am Lehrstuhl. Die von ihm gewährten Freiräume bei der Gestaltung meiner Projekte bildeten die Grundlage für das Gelingen dieser Arbeit.

Herrn Prof. Dr. sc. techn. M. Meier danke ich für die kritische Korrektur meiner Arbeit und die Übernahme der Mitberichterstattung.

Herrn Prof. Dr.-Ing. G. Reinhart gilt mein Dank für das Interesse an meiner Arbeit und der Übernahme des Vorsitzes der Prüfungskommission.

Herrn Prof. Dr.-Ing. em. K. Ehrlenspiel möchte ich für die Einstellung am Lehrstuhl und für das von ihm in mich gesetzte Vertrauen danken.

Ebenso möchte mich bei allen Kolleginnen und Kollegen am Lehrstuhl für Produktentwicklung, im Sonderforschungsbereich 336 der Deutschen Forschungsgemeinschaft sowie den Projektpartnern in der Industrie für die kritischen Diskussionen und zahlreichen Anregungen herzlich bedanken. Mein Dank gilt ebenso allen Studentinnen und Studenten, die mich in zahlreichen Projekten unterstützt haben.

Mai 2000 Gert Aßmann

Wir übten mit aller Macht, aber immer wenn wir begannen, zusammengeschweißt zu werden, wurden wir umorganisiert. Ich habe später gelernt, dass wir oft versuchten, neuen Verhältnissen durch Umorganisation zu begegnen.

Es ist eine phantastische Methode. Sie erzeugt die Illusion des Fortschritts, wobei sie gleichzeitig Verwirrung schafft, die Effektivität vermindert und demoralisierend wirkt.

Gaius Petronius, röm. Offizier, Köln ca. 100 n. Chr.

Inhaltsverzeichnis

1 Einleitung und Zielsetzung

Eine steigende Kundenorientierung (z. B. SCHÖLLING 1998) und wachsende Anforderungen des Marktes nach kostengünstigen Produkten sind das Umfeld, in dem heutige Unternehmen agieren müssen. Zudem nimmt der Konkurrenzdruck aufgrund eines internationalen Marktes zu und zwingt Unternehmen in immer kürzeren Abständen neue und innovative Produkte zu produzieren.

Innerhalb dieser Randbedingungen müssen deshalb ebenso komplexe Entwicklungsprozesse abgewickelt werden. Störungen dieser Prozesse haben nicht nur negative Auswirkungen auf Produktkosten, Produktqualität und die Markteinführung der Produkte (Time to Market, Time to Money), sondern auch auf die Prozessbeteiligten. Eine Ausprägung dieser Störungen, die in dieser Arbeit näher betrachtet wird, sind technische Änderungen. Für deren Abwicklung werden Methoden und Werkzeuge vorgestellt und diskutiert, die in Zusammenarbeit mit der Industrie erarbeitet, an unternehmensspezifische Randbedingungen adaptiert und schließlich in der Praxis auch umgesetzt wurden.

1.1 Problemstellung

Die Veränderungen in der Industrie lassen sich am Beispiel der Automobilindustrie sehr gut verfolgen. Die Expansion und die Übernahme konkurrierender Unternehmen haben zu einer globalen Präsenz am Weltmarkt geführt. VIEHÖVER (1999) beschreibt dies am Beispiel der Ausdehnung und Übernahmen in der Automobilzulieferindustrie. Statt sich auf einzelne Komponenten zu spezialisieren, versuchen immer mehr Lieferanten Komplettlösungen (z. B. Dachsysteme oder Innenausstattung) bis hin zur gesamten Montage des Fahrzeugs anzubieten.

Analysiert man die Entwicklung über einen längeren Zeitraum, wurden zuerst Bauteile und Komponenten größtenteils zunächst vom Automobilhersteller selbst entwickelt und produziert (hohe Entwicklungs[1]- und Fertigungstiefe). Die Integration von Lieferanten beschränkte sich hierbei meist auf Werkzeuglieferanten, die im Auftrag der Hersteller Bauteile fertigten. Aufgrund gestiegener Anforderungen seitens des Marktes, der zunehmenden Funktionalität und einer Vielzahl internationaler Konkurrenten veränderten sich die Strukturen. Entwicklungs- und Fertigungstiefe wurden sukzessiv reduziert und damit ein kom-

---

[1] Unter Entwicklungstiefe versteht man den Umfang der Teilleistungen, der unter unmittelbarer Kontrolle des Industriebetriebs intern entwickelt wird (in Anlehnung an die Definition *Fertigungstiefe*, HEINEN 1991, PICOT 1991).

plexes Netzwerk an Abhängigkeiten zwischen Lieferanten und Hersteller geschaffen (Bild 1-1)[1]. Aus den Lieferanten wurden Systemlieferanten (z. B. HÄGELE & SCHÖN 1998; WILDEMANN 1998), die statt einzelner Teile komplette Teilsysteme entwickeln, fertigen und montieren. Systemlieferanten wiederum integrieren weitere Dienstleister wie Ingenieurbüros und Unterlieferanten in den Entwicklungsprozess, die zudem meist global verteilt sind (BLEYER 1999).

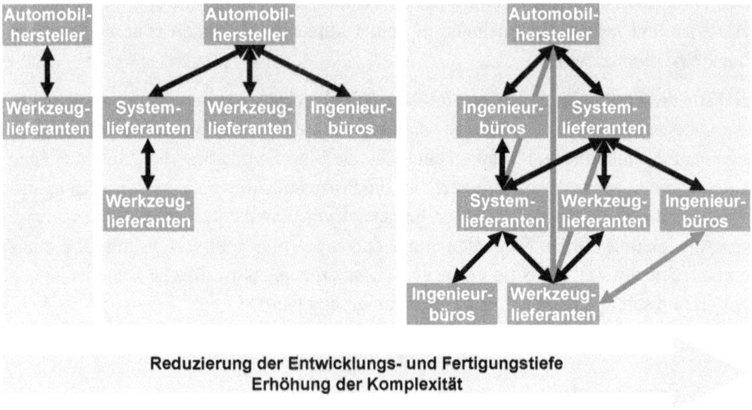

Bild 1-1: Vernetzte Abhängigkeiten zwischen Kunde und Lieferanten am Beispiel der Automobilindustrie

Erst durch diese Entwicklung in der Automobilindustrie können die Anforderungen des Marktes nach kostengünstigen und kundenspezifischen Produkten erfüllt werden. Doch zunehmend verliert der Hersteller Erfahrung und Know-how an die Lieferanten. Des weiteren nimmt die Komplexität des Entwicklungsprozesses aufgrund der vernetzten Strukturen zu. Statt Produkte zu konstruieren oder zu entwickeln, liegt nunmehr die Hauptaufgabe der Automobilhersteller in der Koordination und Steuerung der Entwicklungsprozesse der Lieferanten und der Bewältigung von Störungen. Eine Ausprägung dieser Störungen sind technische Produktänderungen. Jedoch mit zunehmender Verteilung der Entwicklungsaufgaben auf zuliefernde Betriebe steigt die Gefahr, dass Auswirkungen von Änderungen bei der Produktentwicklung nicht adäquat berücksichtigt werden können (WEBER 1998).

[1] Vgl. Fallbeispiel in Kapitel 9.2.

1.2 Einflussfaktoren und Verbesserungsansätze

Outsourcing von Entwicklungstätigkeiten ist dabei nur eine Einflussgröße, die zu einer Steigerung der Komplexität der Entwicklungsprozesse führt. Weitere Einflüsse, so KLEEDÖRFER (1998A), stellen die zunehmende Globalisierung, Dezentralisierung und die Integration unterschiedlicher Funktions- und Technologiebereiche in der Produktentwicklung dar. Durch den Einsatz von Simultaneous Engineering (EVERSHEIM ET AL. 1995), Concurrent Engineering (BULLINGER & WARSCHAT 1995) oder Integrierte Produktentwicklung (EHRLENSPIEL 1995) versucht man diese komplexen Prozesse zu beherrschen.

Einzelnen Problemfeldern des Entwicklungsprozesses wird durch unterschiedliche Managementstrategien entgegnet, wie z. B. dem Wissensmanagement zur Weiterentwicklung des unternehmensspezifischen Wissens (PROBST ET AL. 1997), dem Innovationsmanagement zur Entwicklung innovativer Produkte und Prozesse (HIGGINS & WIESE 1996), dem Konfigurationsmanagement zur Konsistenzsicherung der Produktdokumentation (SAYNISCH 1984) oder dem Projektmanagement (BURGHARDT 1993) zur Planung, Steuerung und Koordination der Entwicklungsprojekte.

Neben diesen Managementwerkzeugen zur Unterstützung des laufenden Entwicklungsprozesses gibt es weitere, mit denen Prozessstörungen abgefangen oder bewältigt werden sollen. Hierzu gehört das Entstörmanagement (WILDEMANN 1995A) zur Minimierung der Anzahl der Störungen im Wertschöpfungsprozess der Produktion oder das Änderungsmanagement zur Vermeidung und Abwicklung technischer Änderungen (PFLICHT 1989, CONRAT 1998, LINDEMANN & REICHWALD 1998).

Bild 1-2: Auswirkungen von Änderungen

Technische Änderungen sind aufgrund ihrer Auswirkungen (Bild 1-2) auf Produkt, Prozess und Prozessbeteiligte (unternehmensintern wie unternehmensextern) kritisch zu betrachten. Die Problematik ist darin begründet, dass Auswirkungen teilweise sehr spät erkannt werden. Eine methodische Unterstützung der Auswirkungserkennung von Änderungen ist vor allem aufgrund der hohen Vernetzung der Auswirkungen schwierig. So können Änderungen am Produkt zu Prozessänderungen führen und diese wiederum beeinträchtigen den gesamten Entwicklungsprozess, was wiederum Auswirkungen auf die Termintreue und somit Auswirkungen auf den Kunden haben kann.

Aufgrund dieser starken Vernetzung verursachen Änderungen hohe Kosten (CONRAT 1998), binden Entwicklungskapazität (LINDEMANN & REICHWALD 1998), die wiederum für Neuentwicklungen fehlt, und haben eine lange Bearbeitungsdauer (REICHWALD ET AL. 1998).

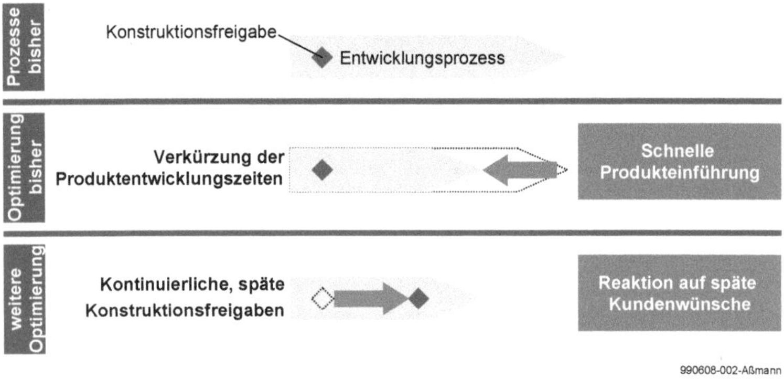

Bild 1-3: Gestaltung von Entwicklungsprozessen aufgrund der Marktbedingungen

Häufiger Auslöser von Änderungen ist die Forderung an Unternehmen, schnell auf Veränderungen des Marktes zu reagieren, um die Wettbewerbsfähigkeit zu erhalten. Eine Möglichkeit dies zu erreichen, ist die Reduzierung der Entwicklungszeiten (Bild 1-3) zur Minimierung der Zeiten zwischen Produktplanung und Markteinführung. Eine integrierte Vorgehensweise zeigt hier gegenüber einem sequentiellen Vorgehen große Vorteile, wie z. B. die gemeinsame, abteilungsübergreifende Festlegung und Verifizierung von Produkteigenschaften (REINHART & FELDMANN 1995). Somit können notwendige Änderungen frühzeitig erkannt und behoben werden. Jedoch ist eine Reaktion auf späte, marktinduzierte Änderungen nicht gegeben. Diese setzt entweder eine späte Freigabe der Konstruktionsdaten und eine flexibel angepasste Produktion (Bild 1-3), um aktiv diese Veränderungen zu berücksichtigen, oder die Festlegung von Freiräumen[1] bei der Produktgestaltung voraus. Über Freiräume können marktrelevante Produktmerkmale (z. B. Design) zu einem späteren Zeitpunkt festgelegt werden.

1.3 Zielsetzung der Arbeit

Ausgehend von der oben beschriebenen Problemstellung sollen mit dieser Arbeit Verbesserungspotentiale vorgestellt werden, mit denen der Änderungsprozess und somit der gesamte Entwicklungsprozess positiv beeinflusst werden kann. Um diese positiven Effekte zu erreichen ist eine gesamtheitliche Betrachtung der Wirtschaftlichkeit (REICHWALD ET AL. 1996) erforderlich, die dabei nicht nur die typischen quantifizierbaren Werte wie Kosten, Zeit und Qualität, sondern ebenso Effekte auf die Humansituation und die Flexibilität des Unternehmens mit einschließt.

1.3.1 Voraussetzung

Die einseitige Betrachtung entweder von Methoden und Werkzeugen oder aufbau- wie ablauforganisatorischer Veränderungen zur Verbesserung von Entwicklungs- oder Änderungsprozessen ist die Ursache für das Scheitern vieler Business Process Reengineering Projekte (AMBROSY 1997). Neben einem ganzheitlichen Ansatz werden deshalb hier zwei Voraussetzungen definiert, die notwendig für die nachfolgend erläuterten Methoden und Werkzeuge und für deren Einführung in die Praxis sind.

- Grundlage für diese Verbesserungsmaßnahmen ist eine geändertes Verständnis gegenüber Änderungen. Änderungen sollen nicht nur als Störungen des Entwicklungsprozesses betrachtet werden, vielmehr sind sie eine Weiterentwicklung und somit eine Chance zu lernen (SAYNISCH 1984, BENEDETTO NETO & TRABASSO 1999). Diesem Grundverständnis geht eine entsprechend abgestimmte Fehlerkultur im Unternehmen voraus. *Ändern ist Entwickeln*, vielmehr *Weiterentwickeln*, und ist ein wesentlicher Bestandteil des Entwicklungsprozesses. Die Weiterentwicklung schließt dabei Produkt, Prozess und das Wissen Beteiligter mit ein. Mit dieser positiven Sicht auf Änderungen soll der negative Charakter minimiert, die Bedeutung der Problematik aber nicht genommen werden.
- Der zweite grundlegende Ansatz ist der von CONRAT (1998) propagierte Projektansatz bei der Durchführung von Änderungen. *Änderungen sind wie Projekte zu bearbeiten* und nicht wie vielfach in der Industrie beobachtet als untergeordnete Aufgaben. Für die

[1] Ein Freiraum ist die Unschärfe in der Beschreibung eines Merkmals. Er stellt einen zulässigen Wertebereich dar, innerhalb dessen ein gewolltes Ergebnis gezielt festgelegt wird (LINNER 1995).

Umsetzung bedeutet dies die Durchführung einer nach Aufwand abgestimmten Planung und die Definition eines Projektverantwortlichen. Geeigneterweise verantwortet der bereits im Entwicklungsprozess verantwortliche Projekt- oder Entwicklungsleiter die Änderungen.

1.3.2 Zielsetzung

Die Entwicklung geeigneter Maßnahmen zur Optimierung von Änderungs- und Entwicklungsprozessen setzt den exakten Kenntnisstand der derzeitigen Situation in den Unternehmen voraus. Ein Ziel dieser Arbeit ist daher die Analyse und Aufbereitung typischer Defizite der Produktentwicklung mit dem Schwerpunkt auf dem Änderungsmanagement. Basierend auf diesem Kenntnisstand sind organisatorische Verbesserungsmaßnahmen, vornehmlich der Ablauforganisation, abzuleiten. Diese Maßnahmen, aufbereitet als Konzept für einen projektunabhängigen Änderungsprozess, sind die Grundlage zur Abwicklung von Änderungen.

Der projektunabhängige Änderungsprozess gibt eine Orientierung für die Durchführung von Änderungen. Die Detaillierung des Prozesses erfolgt anhand der notwendigen, einzusetzenden Methoden. Hierzu werden basierend auf den Zusammenhängen zwischen Prozess und Methoden Auswahlkriterien vorgestellt, die einen pragmatischen Ansatz der Methodenauswahl unterstützen. Als Methoden sind hierbei eine ganzheitliche Problemerfassung, eine Abschätzung von Änderungsauswirkungen und schließlich die Einordnung von Änderungen an festgelegten Kriterien zu nennen.

Ergänzend hierzu wird ein rechnergestütztes Werkzeug vorgestellt, mit dem Änderungen dokumentiert und mögliche Auswirkungen auf Produkt und Prozess und somit auf Beteiligte aufgezeigt und visualisiert werden können. Dieses Werkzeug ist ebenso Grundlage für eine methodische Unterstützung im integrierten Produktentwicklungsprozess.

1.4 Erfahrungsgrundlage

Die in dieser Arbeit dargestellten Defizite in Entwicklungs- und Änderungsprozessen sowie Methoden und Werkzeuge zur Optimierung basieren auf den Ergebnissen folgender Forschungs- und Industrieprojekte:

- Sonderforschungsbereich 336[1]: Ziel des Sonderforschungsbereichs ist die Integration arbeitsteiliger Prozesse mit der Fokussierung auf Daten-, Aufgaben- und Prozessintegration. Schwerpunkt des bearbeiteten Teilprojekts war die Konzeption und Implemen-

[1] Sonderforschungsbereich 336 „Montageautomatisierung durch Integration von Konstruktion und Planung“

tierung rechnergestützter Methoden und Werkzeuge zur durchgängigen Unterstützung flexibler Entwicklungsprozesse. Weiterführende Projekte zielten auf die ganzheitliche Unterstützung im Änderungsmanagement unter besonderer Berücksichtigung der Standortverteilung. Hierzu wurden im Rahmen von Fallstudien und eines Fragebogens typische Ursachen von Änderungen und unterstützende Methoden für das Änderungsmanagement ermittelt.

- Transferbereich 2[1]: Die Umsetzung der im SFB 336 erarbeiteten Ergebnisse erfolgte im Transferbereich in enger Zusammenarbeit mit der Automobilzulieferindustrie. Die entwickelten Werkzeuge und Methoden zum Änderungsmanagement konnten unternehmensspezifisch angepasst und erweitert werden.
- Weitere Projekte in Forschung und Industrie zum Rechnereinsatz in der Produktentwicklung und zur Optimierung des Änderungsmanagements ergänzen die Erfahrungsgrundlage, ebenso wie diverse, unter Laborbedingungen durchgeführte Produktentwicklungen.

Die im folgenden diskutierten Prozesse, Methoden und Werkzeuge für das Änderungsmanagement orientieren sich aufgrund der oben genannten Erfahrungen an der Automobil- und Automobilzulieferindustrie sowie an ausgewählten Projekten des Sonderforschungsbereichs. Die Übertragung dieser Erkenntnisse in anderen Branchen ist möglich, jedoch müssen diese an die branchen- und produktspezifischen Randbedingungen angepasst werden (Kapitel 4.4.2).

1.5 Aufbau der Arbeit

Diese Arbeit ist hinsichtlich ihrer inhaltlich logischen Abfolge gegliedert sind. Deshalb spiegelt sich die Makrologik – Problemstellung, Lösung, Validierung und Zusammenfassung - zudem als Mikrologik in den einzelnen Kapiteln wieder (Bild 1-4). So werden zu Beginn einer neuen Thematik die Grundlagen der aktuellen Wissenschaft und Forschung erörtert und schließlich Folgerungen und Maßnahmen abgeleitet und validiert.

Ziel dieser Arbeit ist die methodische Unterstützung technischer Änderungen in der Produktentwicklung aufgrund einer problemorientierten Gestaltung des Änderungsprozesses. Hierzu werden drei aufeinander aufbauende Themenbereiche betrachtet. Das Konzept des Integrierten Änderungsmanagements und eines daraus abgeleiteten Änderungsprozesses (Kapitel 4) ist die Grundlage für die dem Prozess zugeordneten und den Prozess beeinflussenden Methoden (Kapitel 5). Aus den notwendigen Methoden wiederum werden rechnergestützte Hilfsmittel und Werkzeuge (Kapitel 6) abgeleitet.

---

[1] Ziel des Transferbereichs 2 ist die Adaption und Implementierung der im Sonderforschungsbereich 336 erarbeiteten Methoden in die Industrie.

Diese Einteilung in aufeinander aufbauender Themenbereiche bedingt eine detaillierte Beschreibung der Problemstellung und der Grundlagen. Deshalb werden in dem Kapitel 2 (Änderungen - Störungen und Chance in der Produktentwicklung) und dem Kapitel 3 (Defizite im Änderungswesen) die Situation in der Produktentwicklung und die Defizite im Änderungswesen analysiert.

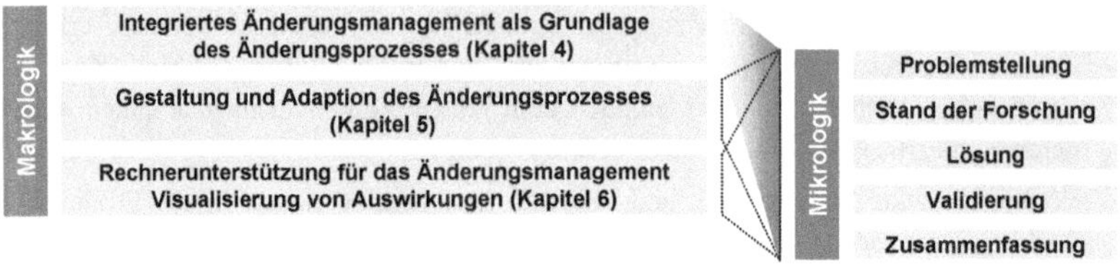

Bild 1-4: Aufbau dieser Arbeit, Makrologik und Mikrologik

Bild 1-5 gibt den themenorientierten Aufbau dieser Arbeit wieder. Ausgehend von den Einflussfaktoren auf die Produktentwicklung (Kapitel 2) werden die theoretischen Grundlagen der Integrierten Produktentwicklung diskutiert und weiteren Ansätzen zur Optimierung der Produktentwicklung gegenübergestellt. Nach der Definition des Begriffs Änderung und der zeitlichen Einordnung unterschiedlicher Formen von Änderungen werden deren Ursachen kritisch analysiert. Schließlich werden Zusammenhänge zwischen den Defiziten der Produktentwicklung und den Änderungsursachen aufgezeigt.

Kapitel 3 beschreibt die Ansätze des Änderungswesens, wie diese in der Industrie umgesetzt oder in der Literatur propagiert werden. Die Ergebnisse dieses Kapitels beruhen zum einen auf den unterschiedlichen Fallstudien, die in Zusammenarbeit mit der Industrie durchgeführt wurden, zum anderen auf Umfragen in der Praxis, zur Analyse der typischen Defizite in den Änderungsprozessen. Aufgrund dieser praxisorientierten Ausgangsbeschreibung konnten pragmatische Unterstützungsmöglichkeiten abgeleitet werden.

Aufbauend auf diesen Defiziten werden in Kapitel 4 die Maßnahmen zur Optimierung des Änderungsmanagements aufgegriffen und diskutiert. Schwerpunkt ist das Integrierte Änderungsmanagement, eine strategische Neugestaltung des klassischen Änderungswesens. Im Weiteren wird ein grob strukturiertes Vorgehen zur Durchführung von Änderungen aus dem Integrierten Änderungsmanagement abgeleitet. Die Praxistauglichkeit des Änderungsprozesses wird an einem Beispiel aus der Industrie demonstriert, welches bereits in den verschiedenen, weltweit verteilten Standorten des Unternehmens eingesetzt wird.

Die Ableitung eines detaillierten, situations- bzw. problemspezifischen Änderungsprozesses aus dem in Kapitel 4 erarbeiteten grobstrukturierten Vorgehen ist Schwerpunkt von Kapitel 5. Grundlage der problemspezifischen Gestaltung des Änderungsprozesses sind die

Abhängigkeiten zwischen Prozessen (abstrakt/konkret) und unterstützenden bzw. geforderten Methoden. Mittels einer gesamtheitlichen Problemerfassung, Auswirkungsanalyse und der Klassifizierung von Änderungen kann eine iterative Detaillierung erfolgen.

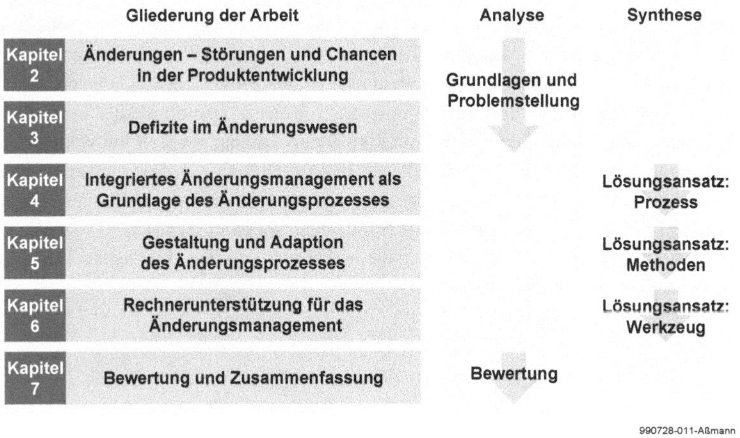

Bild 1-5: Gliederung und Aufbau der Arbeit

Eine Unterstützung dieser methodischen Ansätze kann durch geeignete Rechnerwerkzeuge erfolgen. Hierzu ist ein ganzheitlicher Ansatz erforderlich, der den gesamten Entwicklungsprozess betrachtet. In Kapitel 6 werden Anforderungen und Grundlagen der Rechnerunterstützung im Entwicklungsprozess und für das Änderungsmanagement aufgezeigt und schließlich ein rechnergestütztes Werkzeug zur methodischen und durchgängigen Unterstützung des Produktentwicklungsprozesses dargestellt. Erweitert um eine Prozesskomponente zur Protokollierung von Entwicklungstätigkeiten eignet es sich für das Änderungsmanagement zur Analyse und Visualisierung von möglichen Änderungsauswirkungen.

In der Zusammenfassung im Kapitel 7 werden die dargestellten Lösungsansätze diskutiert und bewertet. Zudem wird weiterer Forschungsbedarf aufgezeigt.

2 Änderungen - Störungen und Chance in der Produktentwicklung

Technische Änderungen sind Störungen von Produktentwicklungsprozessen. Andererseits sind sie ebenso Chance, aus den zugrundeliegenden Fehlern zu lernen. Schwerpunkt dieses Kapitels ist es, die Einordnung von Änderungen in den Produktentwicklungsprozess und deren Zusammenhang aufzuzeigen. Hierzu wird zuerst ein Überblick über die Rahmenbedingungen und Einflussfaktoren auf die Produktentwicklung gegeben. Im weiteren werden schließlich die theoretischen Grundlagen und verschiedene Ausprägungen der Integrierten Produktentwicklung diskutiert und gegenübergestellt. Nach der Differenzierung von Änderungen hinsichtlich deren zeitlichen Erscheinung sollen die typischen Ursachen - Ergebnisse aus Umfragen und Fallstudien in der Industrie - aufgezeigt und daraus Defizite im Entwicklungsprozess abgeleitet werden.

2.1 Einflussfaktoren auf die Produktentwicklung

Vor der Erläuterung der verschiedenen Strategien der Produktentwicklung sind zunächst deren Einflussfaktoren zu klären. Abgeleitet aus den primären Einflussfaktoren auf die Entwicklungszeit (NIPPA & REICHWALD 1990) können diese als grundlegende Faktoren auf den gesamten Produktentwicklungsprozess betrachtet werden (Bild 2-1).

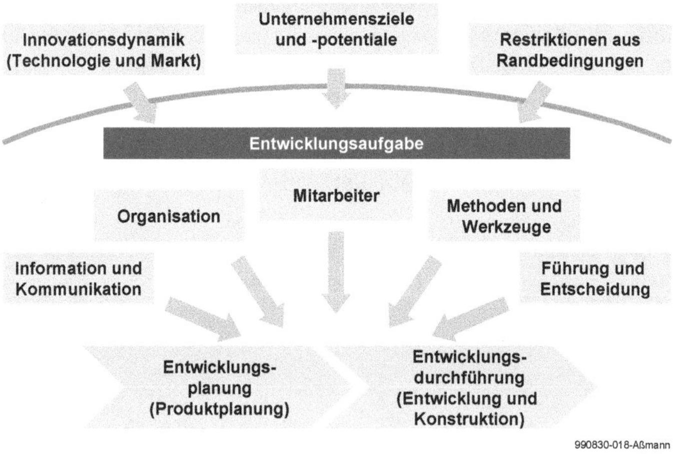

Bild 2-1: Einflussfaktoren auf die Produktentwicklung (NIPPA & REICHWALD 1990)

EHRLENSPIEL (1995) zeigt eine ähnliche Strukturierung der Einflüsse auf die Produktentwicklung und unterscheidet dabei nach innerbetrieblichen und äußeren Einflüssen. Dabei kann eine klare Trennung zwischen den innerbetrieblichen und äußeren Einflüssen nicht vorgenommen werden, da diese voneinander abhängen. NIPPA & REICHWALD (1990) bestätigen die Abhängigkeit der unterschiedlichen Einflussgrößen und unterscheiden nach primären Faktoren und unternehmensexternen Randbedingungen. Die primären Faktoren Information und Kommunikation, Organisation, Mitarbeiter, technische Hilfsmittel sowie Führung und Entscheidung sind kurzfristig zu beeinflussende Größen. Dagegen stellen die Veränderungsgeschwindigkeit der Technologie und des Marktes (Innovationsdynamik), die Standort- und Branchenstrukturen, gesetzliche Bestimmungen, der Arbeitsmarkt sowie die Unternehmensziele und das vorhandene Unternehmenspotential nur langfristig beeinflussbare Einflussfaktoren dar. Die Entwicklungsaufgabe (Bild 2-1) steht dabei an besonderer Stelle, da sie alle langfristigen Faktoren bei der Aufgabenstellung berücksichtigen muss und zur Erfüllung der primären Faktoren beiträgt.

Im Folgenden werden die primären Einflussfaktoren auf die Produktentwicklung kurz beschrieben.

2.1.1 Information und Kommunikation

Die Bedeutung der Entwicklung und Konstruktion als Mittelpunkt des informationsverarbeitenden Prozesses im Unternehmen wird in der Literatur vielseitig bestätigt (LINDEMANN 1993, EHRLENSPIEL 1995). Dabei wird Information nach MÜLLER (1995) als Teilmenge des vorhanden Wissens definiert, das zur Erreichung bestimmter Zwecke erforderlich ist. Der informationsverarbeitende Prozess kann in die Phasen[1] Gewinnung, Verarbeitung, Darstellung und Übermittlung eingeteilt werden. ZANKER (1999) betont die Informationsselektion als wesentlich für die Beherrschung der Informationsflut.

Die Abgabe, Übermittlung und Aufnahme der Information durch menschliche oder maschinelle Informationsträger wird als Kommunikation bezeichnet (IRLINGER 1998, PICOT 1998). Somit ist Kommunikation die Gesamtheit der Tätigkeiten, Informationen mit unterschiedlichen Instanzen auszutauschen. Dabei besteht die Kommunikation nicht nur aus rein informativen Aspekten, der Sachebene, sondern ebenso aus der Beziehungsebene der Kommunikationspartner.

Die Verbesserung des Informationsaustauschs, auch über räumliche und zeitliche Grenzen hinweg, zur Förderung des Wissenstransfers zwischen einzelnen Personen oder Organisationseinheiten definiert IRLINGER (1998) als Informationsmanagement. Rechnergestützte

---

[1] Als Phase wird im Folgenden jeglicher Abschnitt einer stetigen Entwicklung betrachtet (DROSDOWSKI 1990).

Informationssysteme können hier unterstützend wirken (SCHEER 1996). Dadurch ergeben sich Möglichkeiten, Erfahrungen aus alten Projekten für neue Projekte zu nutzen. In der Managementtheorie wird ergänzend zum Informationsmanagement das Wissensmanagement (PROBST ET AL. 1997), also der intelligente Umgang mit den eigenen Wissensbeständen, als wichtiges Ziel für die zukünftige Entwicklung der Unternehmen gewertet.

2.1.2 Organisation

Organisation ist die Gesamtheit aller auf Aufgabenteilung und Koordination abzielender Regelungen zur Erreichung der Unternehmensziele (nach RIEDEL & VOIGT 1998). Im Rahmen der Organisation erfolgt die Realisierung von Aufgaben unter der Voraussetzung der erforderlichen Ressourcen, Kompetenzen, Weisungsbefugnissen und notweniger Informationen.

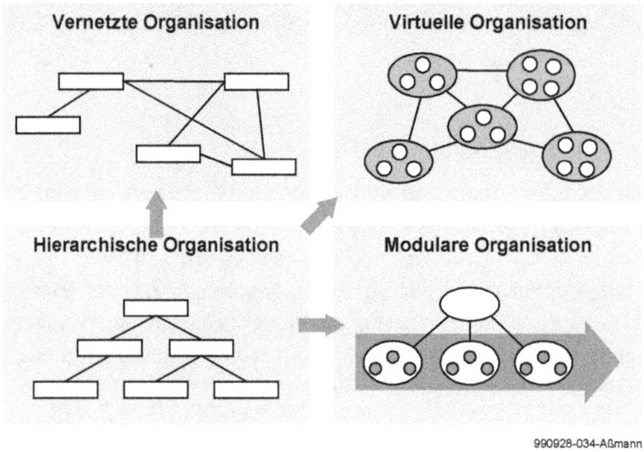

Bild 2-2: Veränderungen der Organisationsformen (PRIBILLA ET AL. 1996)

Die Aufgaben können in einzelne Teilaufgaben gegliedert und Instanzen zugeordnet werden (HEINEN 1991). Die Organisation einer Unternehmung kann im Weiteren nach Ablauforganisation (Prozesse, Vorgehensweisen) und Aufbauorganisation (Aufgabenträger und deren Beziehungen untereinander) unterschieden werden. Die Entwicklung der Organisationsformen aufgrund veränderter Marktbedingungen ist aus Bild 2-2 und Tabelle 2-1 zu entnehmen.

Hierarchische Organisation	Die hierarchische Organisation ist für die Herstellung von Massenprodukten die effizienteste Form. Jedoch zeichnet sie sich durch eine hohe Anzahl von Schnittstellen und einer sequentiellen Vorgehensweise aus.
Modulare Organisation	Zur Gestaltung kundenorientierter Abläufe und zur Vereinfachung der Kommunikation und Koordination entwickelten sich modulare Organisationsformen in Form von Gruppenorganisationen. Im Vordergrund stehen die Dezentralisierung von Produkt- oder Marktsegmenten und die Stärkung der Eigenverantwortlichkeit und der Autonomie der Beteiligten.
Vernetzte Organisation	Die intensive Zusammenarbeit und Kopplung zwischen unternehmensinternen Funktionsbereichen und externen Partnern (z. B. Entwicklungslieferanten und Kunden) ist die Zielsetzung der vernetzten Organisationsform. Dies wird durch gute Kommunikation und eine effizientes Informationsmanagement im Unternehmen und zwischen den Entwicklungspartnern unterstützt.
Virtuelle Organisation	Bei der virtuellen Organisation handelt es sich um eine kurzfristige, von hohem Spezialisierungsgrad geprägte Art der Zusammenarbeit. Dabei wird die weltweite Einbindung aller Entwicklungspartner unter Nutzung leistungsfähiger Informations- und Kommunikationstechnologien angestrebt.

Tabelle 2-1: Organisationsformen (nach PRIBILLA ET AL. 1996, RIEDEL & VOIGT 1998)

2.1.3 Mitarbeiter

Ein zentraler Erfolgsfaktor der Produktentwicklung ist die Motivation und die Qualifikation der Mitarbeiter, denn sie stellen das Kreativitäts- und Flexibilitätspotential des Entwicklungsbereichs dar (NIPPA & REICHWALD 1990). GÜNTHER (1998) unterscheidet hierbei die individuellen Einflüsse auf den Konstruktionsprozess nach Wissen, Fähigkeiten (auch sozialen Fähigkeiten), Fertigkeiten, der Emotion und der Motivation.

In der Motivationstheorie (HERTZBERG 1959) werden positiv motivierende Faktoren, Motivatoren, und motivationshemmende Faktoren, Ursachen der Unzufriedenheit oder der Frustration, die Hygienefaktoren unterschieden. Motivatoren resultieren aus dem Vollzug der Arbeit. Als Beispiele hierzu können Erfolgserlebnisse, Verantwortung oder Aufstiegs- und Entfaltungsmöglichkeit genannt werden. Dagegen hängen Hygienefaktoren nicht unmittelbar mit der Arbeit selbst, sondern mit den Bedingungen der Arbeitsumwelt zusammen, das sind z. B. Führungsstil, Kommunikation, mangelnde Information oder Bürokratie. Als Motivatoren, die gerade in Teams eine wesentliche Rolle spielen, werden neben Fähigkeit, Vertrauen, Leistung und Belohnung auch Engagement und Spaß genannt (KATZENBACH & SMITH 1993). Die Motivationsfaktoren stehen im engen Zusammenhang mit dem Führungsstil und der Unternehmenskultur (MÜLLER 1995).

Die Qualifikation der Mitarbeiter ist nach SCHMALZL & RIEDEL (1998) der bedeutende, die Entwicklung nachhaltig beeinflussende Faktor. Neben Fachkompetenz zeichnen sich hierbei Mitarbeiter durch Basisqualifikation (z. B. Arbeitsdisziplin und Selbstmanagement), Innovationsfähigkeit, Sozialkompetenz (z. B. Team- und Konfliktfähigkeit) und Komplexitätsbeherrschung (z. B. Prozessverständnis und Methodenkompetenz) aus.

2.1.4 Methoden und Werkzeuge

In der Managementliteratur werden als Hilfsmittel hauptsächlich rechnergestützte Engineering Werkzeuge wie CAD angegeben (z. B. NIPPA & REICHWALD 1990, WILDEMANN 1994A). Eine Fallstudie (LINDEMANN ET AL. 1999B) dagegen bestätigte die punktuelle Unterstützung dieser Werkzeuge im Entwicklungsprozess und zeigten den erweiterten Bedarf eines gesamtheitlichen Vorgehens, wie er zum Beispiel von der Konstruktionsmethodik (EHRLENSPIEL 1995, KOLLER 1994, PAHL & BEITZ 1997, ROTH 1994) vorgeschlagen wird. EHRLENSPIEL (1995) definiert die Konstruktionsmethodik als Hilfsmittel für das planmäßige und schrittweise Erarbeiten der Herstellungs- und Nutzungsunterlagen eines Produkts. Hierbei sollen konkrete Handlungsanweisungen, Methoden und Werkzeuge dem Konstrukteur und Entwickler helfen, technische Systeme zu erarbeiten[1]. Als Methode wird (nach ZANKER 1999) ein Hilfsmittel zur unterstützenden Durchführung einzelner Aktivitäten im Gesamtprozess verstanden[2].

2.1.5 Führung und Entscheidung

MÜLLER (1995) definiert Führen als eine Tätigkeit der Beeinflussung von Personen bzw. deren Verhalten. Führungsprozesse sind elementare Bestandteile von Organisationen zwischen dem Führenden (Vorgesetzten) und dem Geführten (Mitarbeiter). Dabei können formelle oder informelle Führer (nicht offiziell vorgesehene Personen) unterschieden werden. Führung ist ein dynamischer Prozess zwischen den Vorgesetzten und den Mitarbeitern. Der Führungsstil bestimmt die Art und Weise, wie Vorgesetzte mit ihren Mitarbeitern bezüglich der Zielbestimmung, Kontrolle, Information oder Konfliktlösung umgehen (SCHMALZL & RIEDEL 1998). Hierbei können autoritärer und kooperativer Führungsstil unterschieden werden (KUPSCH & MARR 1991). Unterscheidungsmerkmale sind z. B. der Grad der Partizipation der Mitarbeiter an der Zielfindung, das Ausmaß der Delegation von Entscheidungen oder das Ausmaß an Eigen- bzw. Selbstkontrolle der Mitarbeiter. Für eine erfolgsorientierte Führung sind relativ große Handlungsspielräume der einzelnen Mitarbeiter wichtig (NIPPA & REICHWALD 1990). SCHMALZL & RIEDEL (1998) zeigen die Bedeutung des kooperativen Führungsstils an verschiedenen Kriterien auf. Maßgeblich für die Möglichkeit aus Fehlern zu lernen ist das *Recht auf Fehler*.

---

1 Ebenso wie EHRLENSPIEL (1995) definieren PAHL & BEITZ (1997) Konstruktionsmethodik als konkrete Handlungsanweisung zum Entwickeln und Konstruieren technischer Systeme, die sich aus den Erkenntnissen der Konstruktionswissenschaft und der Denkpsychologie, aber auch aus den Erfahrungen mit unterschiedlichen Anwendungen ergeben haben.

2 Eine detaillierte Betrachtung einer methodischen Unterstützung wird in Kapitel 5 durchgeführt, die Beschreibung rechnergestützter Hilfsmittel in Kapitel 6. Deshalb wird an dieser Stelle auf eine detaillierte Ausführung verzichtet.

Nach LINDEMANN ET AL. (1999A) sind Entscheidungen im Managament ein wichtiger Bestandteil der Wertschöpfung. EHRLENSPIEL (1995) sieht die Entscheidung als wesentlichen und abschließenden Schritt der Problemlösung. Als Gestaltungsmaßnahmen empfehlen NIPPA & REICHWALD (1990) eine weitgehende Entscheidungsdezentralisierung und Selbstbestimmung, den Abbau von Hierarchien, flexible Teambildung und den verstärkten Einsatz von Entscheidungshilfen im Bereich der Unternehmensplanung.

2.2 Ausprägungen der Produktentwicklung

Um diese Einflussfaktoren entsprechend Hand zu haben, werden im Folgenden verschiedene Organisationsmodelle der Produktentwicklung vorgestellt. Nach der Beschreibung des Problemlösungsprozesses in der Produktentwicklung werden unterschiedliche Strategien der Produktentwicklung diskutiert und gegenübergestellt. Schließlich soll ein Modell für ein integriertes Vorgehen die zentrale Bedeutung der Managementfunktionen in der Entwicklung aufzeigen.

2.2.1 Modelle der Problemlösung in der Produktentwicklung

Die Richtlinie der VDI 2221 (1993, Bild 2-3) ist eine allgemeingültige und branchenunabhängige Vorgehensweise für das methodische Entwickeln und Konstruieren und stellt im Sinne des Projektmanagements eine Makrologik dar. Abgeleitet aus dem Vorgehensmodell des Systems Engineering (DAENZER & HUBER 1997) ist sie eine ablauforganisatorische Maßnahme zur Organisation und Bewältigung großer Arbeitsumfänge. Das Gesamtvorgehen ist in sieben Arbeitsabschnitte gegliedert, die je nach Aufgabenstellung nur teilweise oder mehrmals iterativ durchlaufen werden können. Jeder Arbeitsschritt endet mit einem definierten Arbeitsergebnis.

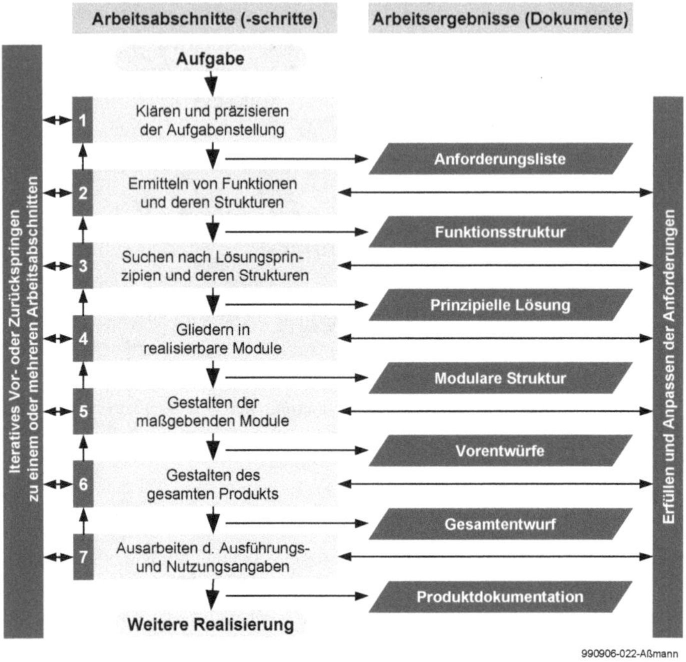

Bild 2-3: Generelles Vorgehen beim Entwickeln und Konstruieren (nach VDI 2221 1993)

Der in Bild 2-4 links dargestellte Vorgehenszyklus (EHRLENSPIEL 1995) ist ein Vorgehen der Problemlösung und kann ebenso für die Bearbeitung kleiner wie auch großer Arbeitsumfänge angewandt werden. Im Gegensatz zum Vorgehen der VDI 2221 (1993) stellt der Vorgehenszyklus zudem eine Mikrologik dar. Die theoretischen Grundlagen dieses Vorgehens bauen auf dem Systems Engineering (DAENZER & HUBER 1997), wie auch auf den Ergebnissen denkpsychologischer und empirischer Untersuchungen des Konstruktionsprozesses (z. B. DÖRNER 1987, DYLLA 1991) auf. Der Vorgehenszyklus ist in die drei Phasen Aufgabe klären, Lösungen suchen und Lösungen auswählen gegliedert, die iterativ auf unterschiedlichen Abstraktionsebenen im Entwicklungsprozess durchlaufen werden können.

Ein Beispiel aus der angloamerikanischen Literatur (CLARK & FUJIMOTO 1992) für einen Problemlösungszyklus zeigt Bild 2-4 rechts. Dieser Zyklus, eingeteilt in die vier Phasen Problem erkennen, Alternativen erzeugen, Bewerten und Entscheidung fällen, wird ebenso wie der Vorgehenszyklus iterativ durchlaufen. Das wiederholte Durchlaufen der Zyklen stellt einen Lernprozess dar, bei dem das Wissen über die Probleme bzw. Lösungen mit der

Zeit zunimmt. Die Wiederholung wird so lange fortgesetzt, bis eine akzeptable Lösung gefunden ist. Vergleicht man die Vorgehensweisen, so stellt man eine Ähnlichkeit in folgenden Punkten fest:

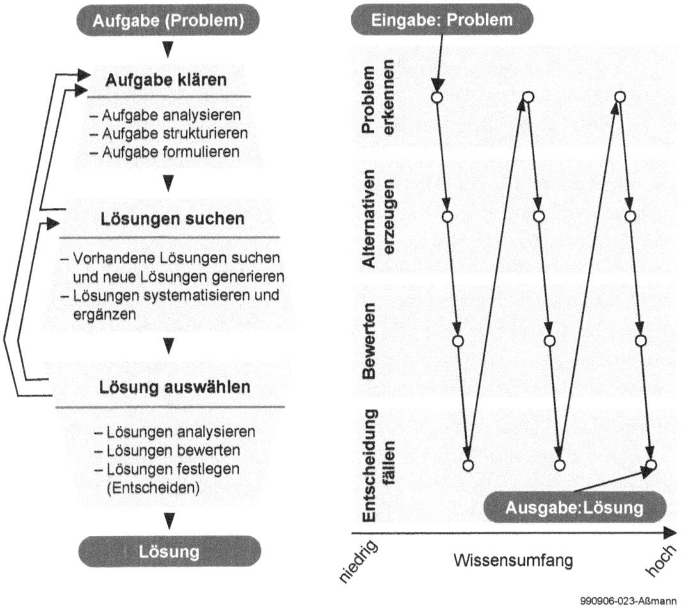

Bild 2-4: Vorgehenszyklus (nach EHRLENSPIEL 1995) und Problemlösungszyklus (CLARK & FUJIMOTO 1992)

- Phasenorientierung:
  Die Trennung von Problemanalyse, Lösungssynthese, Lösungsanalyse und Lösungsentscheidung ist Grundlage eines methodischen Vorgehens und regelbarer Prozesse.
- Iteration als Lernprozess:
  Die iterative Wiederholung der einzelnen Schritte korrigiert Fehler und unterstützt den Lernprozess.
- Bildung von Alternativen:
  Die Betrachtung unterschiedlicher Lösungsalternativen ermöglicht einen umfassenderen Überblick über den theoretisch denkbaren Lösungsraum. Ziel ist die Synthese einer Erfolg versprechenden Lösung und nicht die Beschränkung auf die erstbeste Lösung.

2.2.2 Strategien der Produktentwicklung

Integrierte Produktentwicklung

EHRLENSPIEL (1995) definiert Integrierte Produktentwicklung als enge Zusammenarbeit aller am Entwicklungsprozess beteiligten Abteilungen einschließlich der betroffenen Spezialisten mit dem Ziel, Qualität, Zeit und Kosten der Produktentwicklung und des Produkts positiv zu beeinflussen. Zur Zeiteinsparung wird eine Parallelisierung von früher sequentiell bearbeiteten Tätigkeiten angestrebt, insbesondere die Parallelisierung von Produkt-, Produktions- und Vertriebsentwicklung. VAJNA (1998) sieht die Integrierte Produktentwicklung als umfassendes Rahmenwerk, bei der aufgrund der Humanzentrierung eine neue, veränderte Unternehmenskultur entsteht, die von teamorientierter und interdisziplinärer Zusammenarbeit geprägt ist. Die Integrierte Produktentwicklung umfasst dabei die Schritte von der Ideenfindung bzw. Erfassung der Marktbedürfnisse bis hin zur Fertigungsfreigabe/Markteinführung. Sie ist nach AMBROSY (1997) eine Möglichkeit, auf Probleme der konventionellen Produktentwicklung Einfluss zu nehmen. Im Gegensatz zum Taylorismus[1] steht bei der Integrierten Produktentwicklung die Problemlösung im Team im Vordergrund. Die Zusammenarbeit aller an der Produkterstellung beteiligter Abteilungen und Organisationseinheiten ist notwendig, um unterschiedliche Aspekte der Produktentwicklung zu betrachten und Wissen und Kompetenz zu bündeln.

Die negativen Auswirkungen (REICHWALD & DIETEL 1991) des arbeitsteiligen Vorgehens, wie z. B. die Unterforderung qualifizierter Arbeitskräfte, fehlende Identifikation mit dem Unternehmen und Schwierigkeiten bei der Anpassung an Produkt- oder Prozessinnovationen, können durch die Integrierte Produktentwicklung minimiert werden. Wesentlicher Vorteil ist jedoch die Verbesserung der Informationsqualität und der Kommunikation im Unternehmen. STUFFER (1994) wiederum beschreibt die Notwendigkeit, nachgeschaltete Fachbereiche, wie z. B. Fertigung und Montage, frühzeitig in den Entwicklungsprozess zu integrieren.

Erweitert wird dies durch den Ansatz von BICHLMAIER & GRUNWALD (1999), eine enge Verzahnung der dispositiven und ausführenden Tätigkeiten über flexibel kombinierbare Prozessbausteine - am Beispiel der Integration von Konstruktion und Montageplanung - zu erreichen. Zielsetzung ist auch hier die Integration aller Prozessbeteiligten so früh wie möglich in den Produktentwicklungsprozess, um gemeinsam Ziele zu definieren, Fehler frühzeitig zu erkennen und Änderungen zu vermeiden.

LINDEMANN & KLEEDÖRFER (1997) beschreiben die Integrierte Produktentwicklung als Zusammenspiel der unterschiedlichen Teilsysteme: Prozesse und Vorgehensweisen (Vor-

---

[1] Der Ansatz des Taylorismus beruht auf den Prinzipien der Trennung von dispositiver und ausführender Arbeit sowie der Zerlegung des Arbeitsprozesses in Einzelarbeitsschritte (REICHWALD & DIETEL 1991).

gehenszyklus), Projektmanagement, Mensch und Aufbauorganisation, Strategien und Methoden sowie Werkzeuge zur Entwicklungsunterstützung. Dabei stellt die Optimierung des Zusammenspiels der Teilsysteme die Herausforderung der heutigen Produktentwicklung dar (ZANKER 1999).

Simultaneous Engineering

Grundidee des Simultaneous Engineering (EVERSHEIM ET AL. 1995) ist, dass vormals streng sequentiell durchgeführte Abläufe zeitlich parallel bzw. überlappt durchgeführt werden, mit dem Ziel, die Entwicklungs- und Herstellkosten zu reduzieren, die Entwicklungszeit zu verkürzen und die Qualität des Produktes zu steigern. Dabei wird eine simultane Produkt- und Prozessgestaltung angestrebt.

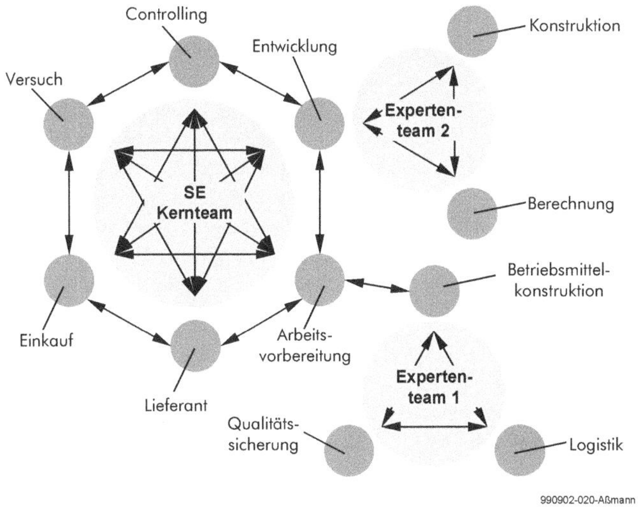

Bild 2-5: Aufbau von SE-Teams (KROTTMAIER 1995)

Aufbauorganisatorischer Schwerpunkt ist das Simultaneous Engineering Team (auch SE-Team, Bild 2-5), dem für die Dauer eines Projektes Mitarbeiter aus allen am Produktentstehungsprozess beteiligten Bereichen zugeordnet sind. Die Mitarbeiter können bei dieser Organisationsform fest oder auch temporär dem SE-Team für die Dauer des Projektes zugeordnet werden. Je nach Projektstand können die Teammitglieder wechseln. Da die Mitarbeiter aus der bestehenden Organisationsstruktur herausgelöst werden, sind sie auch disziplinarisch den Produktverantwortlichen unterstellt. Durch diese aufbauorganisatorische Maßnahme kann eine frühzeitige Weitergabe von Information zwischen den verschiedenen

Organisationseinheiten erfolgen, der Informationsfluss verbessert, Entwicklungstätigkeiten parallelisiert und somit Entwicklungszeiten verkürzt werden.

Kritisch zu beurteilen sind nach AMBROSY (1997):

- die starke Methodenfixierung,
- die Reibungsverluste und fehlende Zielorientierung aufgrund des mangelnden gesamtheitlichen Bezugs auf das Produkt und
- die geringen Synergieeffekte aus der Teamarbeit durch örtlich und organisatorisch getrennt voneinander arbeitenden Entwicklern und projektspezifisch gegründeten Teams.

EVERSHEIM ET AL. (1995) sehen auf Unternehmensebene weitere Schwierigkeiten bei der Findung einer geeigneten unternehmens- wie projektspezifischen Organisationsform.

Concurrent Engineering

Während die Vorgehensweise des Simultaneous Engineering aus den japanischen Formen des Lean Managements (s. u.) abgeleitet wurde und hauptsächlich im deutschen und europäischen Raum verbreitet ist, wurde das Concurrent Engineering in Nordamerika entwickelt (EVERSHEIM 1996). Die ursprüngliche Zielsetzung des Concurrent Engineering war auf die Minimierung der Produktentwicklungszeiten ausgerichtet. Mittlerweile sind in der Literatur (BULLINGER & WARSCHAT 1995, CLEETUS 1993, PRASAD 1996, STRITZKE 1999) verschiedenste Interpretation nachzulesen. Die Erwartungen reichen von der Verbesserung der Produktivität in der Produktentwicklung bis hin zur einer kompletten Automatisierung von Entwicklung und Produktion. Wie das Simultaneous Engineering ist auch das Concurrent Engineering ein Ansatz, der die Parallelisierung von Tätigkeiten anstrebt.

Concurrent Engineering ist ein systematisches Vorgehen der Integrierten Produktentwicklung, das den Ansprüchen der Kunden gerecht wird und die Teamwerte wie Zusammenarbeit, Vertrauen und Informationsaustausch beinhaltet (nach CLEETUS 1993). Damit können Entscheidungsprozesse mit langen, parallel durchgeführten Arbeitsabschnitten unter Berücksichtigung aller Perspektiven des Lebenszyklusses koordiniert einhergehen.

Ebenso wie im Simultaneous Engineering ist Teamarbeit ein wichtiger Ansatz, der gepaart mit der Parallelisierung von Entwicklungstätigkeiten auf dem Konsens der Mitarbeiter und deren Kooperation beruht. HÄRTLEIN ET AL. (1999) stellen als wichtiges Merkmal die informellen Beziehungen und Informationsflüsse des Concurrent Engineering zwischen den unterschiedlichen Prozessen in den Vordergrund. Sie sind die Basis für einen informationsbasierten Entwicklungsprozess.

Eine inhaltliche Unterscheidung von Simultaneous und Concurrent Engineering ist nach BULLINGER & WARSCHAT (1995) nicht möglich (vgl. auch Tabelle 2-2). Als Kombination aus beiden Strategien wurde daher das Concurrent Simultaneous Engineering erarbeitet, welches

- die Parallelisierung der Prozesse zur Vermeidung von Verzögerungen,
- die Standardisierung der Entwicklungsprozesse zur Verbesserung der Transparenz und
- die Integration der Abteilungen und Personen über Matrixteams zur Verbesserung der Kommunikation in Produktentwicklungsprozessen

als Zielsetzung definiert.

Fraktales Unternehmen

Die Idee der Fraktale zur Gestaltung der Aufbauorganisation von Produktionsunternehmen leitet sich aus der Chaos-Theorie ab. WARNECKE (1996) definiert ein Fraktal als eine selbstständig agierende Unternehmenseinheit, deren Ziele und Leistung eindeutig beschreibbar sind. Fraktale weisen hierzu folgende Merkmale auf:

- Fraktale sind selbstähnlich und jedes Fraktal leistet Dienste.
- Fraktale betreiben operative bzw. taktische und strategische Selbstorganisation. Abläufe werden mittels angepasster Methoden auf der operativen Ebene optimal organisiert. Auf der taktischen und strategischen Ebene formulieren Fraktale in einem dynamischen Prozess ihre Ziele sowie ihre internen und externen Beziehungen. Fraktale können sich dabei neu formieren, entstehen oder sich auflösen.
- Das sich aus den Fraktalen ergebende Zielsystem ist widerspruchsfrei und dient der Erreichung der Unternehmensziele.
- Fraktale sind über ein leistungsfähiges Informations- und Kommunikationssystem vernetzt. Sie bestimmen selbst Art und Umfang ihres Zugriffs auf Daten.
- Die Leistung des Fraktals wird kontinuierlich gemessen und bewertet.

Kennzeichen fraktaler Organisationsstrukturen ist eine interdisziplinäre Zusammenarbeit, die durch den Einsatz moderner Informations- und Kommunikationstechnologien unterstützt werden kann. Fraktale besitzen wie SE-Teams einen einfachen Aufbau (KROTTMAIER 1995). Als Erweiterung zum Simultaneous Engineering werden Abläufe nicht nur parallelisiert und über Teams koordiniert, sondern auch die Abstimmungszeitpunkte durch die Fraktale selbst organisiert und dadurch die Abläufe synchronisiert.

Lean Management

Lean Management, als Erweiterung der Lean Production, ist zurückzuführen auf Studien am Massachusetts Institute of Technology (MIT) über die Automobilindustrie in den USA, Japan und Europa (WOMACK ET AL. 1992). Durch eine Reduzierung des Ressourceneinsatzes und den Abbau von Hierarchieebenen soll das gesamte Produktionsergebnis hinsichtlich Qualität und Ausbringung verbessert werden. Wesentliche Merkmale sind hierbei

- die Konzentration der Wertschöpfung,
- die Vermeidung jeglicher Verschwendung,

- die Gestaltung flacher Hierarchien,
- der Einsatz von Just-in-Time,
- die Festlegung von Arbeitsgruppen und
- die selbststeuernde Fehlererkennung.

Im Lean Management werden alle Mitarbeiter in den kontinuierlichen Verbesserungsprozess mit eingebunden. Deshalb ist die Qualifikation und Weiterbildung der Mitarbeiter neben einem effektiven Projektmanagement von wesentlicher Bedeutung. Durch die Motivation der Mitarbeiter aufgrund des partizipativen Ansatzes ist die Informationsabstimmung innerhalb einer anforderungsgerechten und kundenorientierten Produktentwicklung gewährleistet.

Die Offenheit gegenüber Störungen zur kontinuierlichen Weiterentwicklung und Verbesserung durch Produkt- und Prozessinnovationen kann im Lean Management aufgrund traditioneller hierarchischer Strukturen zu Problemen führen (STRITZKE 1999).

Virtuelle Produktentwicklung

Bislang werden bei der Rechnerunterstützung der Integrierten Produktentwicklung nur einzelne Aspekte des gesamten Produktlebenszyklusses abgebildet. Auf der Grundlage dreidimensionaler, rechnergestützter Modelle ist eine realitätsnahe Visualisierung und Simulation möglich. Dabei werden derzeit hauptsächlich Werkzeuge zur Geometrie- und Produktmodellierung, Zeichnungserstellung und -verwaltung, Bereitstellung und Bewertung von Informationen sowie zur Durchführung von Berechnungen und Simulationen genutzt (KRAUSE & KIND, 1996).

Als Weiterentwicklung der rechnergestützten Produktmodellierung versteht KRAUSE (1997) die Virtuelle Produktentwicklung, die eine ganzheitliche digitale Beschreibung von Produkten und Prozessen vorsieht. Wesentliche unterstützende Elemente, die in Zusammenhang mit der Virtuellen Produktentwicklung genannt werden können, sind:

- das virtuelle Entwickeln und Konstruieren,
- das Rapid Prototyping und Rapid Tooling,
- die virtuelle Planung und Fertigung,
- die Darstellung und Simulation von Prozessketten und Prozessflüssen,
- die vollständige digitale Beschreibung von Produkten (Virtuelles Produkt) und
- die vollständige digitale Beschreibung von Produktentwicklungsprozessen.

Den Kern der Virtuellen Produktentwicklung bildet das Virtuelle Produkt, eine vollständige digitale Produktbeschreibung, die das Produkt über den gesamten Produktlebenszyklus beschreibt. SPUR & KRAUSE (1997) definieren ein Virtuelles Produkt als ein digitales Modell des Produkts, dessen Eigenschaften dem realen Verhalten entsprechen. (Bild 2-6).

Das Virtuelle Produkt kann dabei je nach Entwicklungsstand anhand unterschiedlicher digitaler Modelle repräsentiert werden.

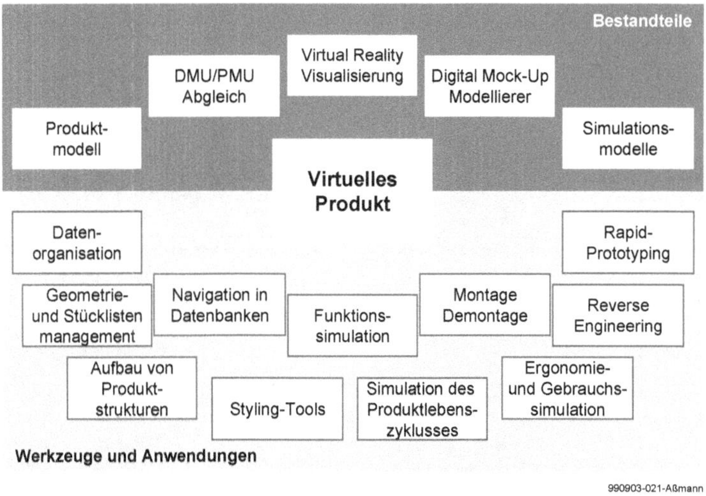

Bild 2-6: Bestandteile, Werkzeuge und Anwendungen virtueller Produkte (KRAUSE 1997)

Mit der Virtuellen Produktentwicklung soll die Anzahl der Medienbrüche[1] im Entwicklungsprozess reduziert werden. Da Medienbrüche Fehlermöglichkeiten darstellen, sind positive Auswirkungen auf die Entwicklungszeit, Entwicklungs- und Fertigungskosten und die Produktqualität zu erwarten. Ebenso können Entwickler bei der Gestaltung des Produktes frühzeitig über die festgelegten Produkteigenschaften informiert und somit Fehler vermieden werden (VAJNA 1999A).

Zusammenfassung und Vergleich

Die oben beschriebenen Strategien verfolgen mit der Minimierung der Kosten, der Reduzierung der Entwicklungszeit und der Erhöhung der Produktqualität ähnliche Ziele. Voraussetzung für diese Strategien sind flache hierarchische Strukturen in den Unternehmen. LINDEMANN ET AL. (1999C) sehen die Integrierte Produktentwicklung als Weiterentwicklung des Simultaneous oder Concurrent Engineerings.

---

[1] Als Medienbruch kann der Wechsel von einem Medium zum andern verstanden werden, z. B. der Wechsel von papiergebundene auf EDV-gebundene Daten.

Wesentliches Merkmal der Virtuellen Produktentwicklung ist im Gegensatz zu den anderen Strategien der Einsatz rechnergestützter Methoden und Werkzeuge, die das Arbeiten mit physischen Modellen weitgehend ersetzen soll (KRAUSE 1997). Aufbau- und Ablauforganisatorische Maßnahmen sowie eine Betrachtung der Humansituation im Unternehmen wird nicht vorgenommen (Tabelle 2-2).

	Aufbauorganisation	**Ablauforganisation**	**Humansituation**	**Information und Kommunikation**
Integrierte Produktentwicklung	Temporäre Projektteams	Zeitparallele Abläufe Integrierte, gemeinsame Bearbeitung von Aufgaben (LINDEMANN ET AL. 1999C)	Humanzentrierung der Unternehmenskultur geprägt durch Kooperation (VAJNA 1998)	Kontinuierlicher Austausch von Zwischenergebnissen
Simultaneous Engineering	Temporäre Projektteams	Zeitparallele Abläufe	Kooperation der Mitarbeiter	Abteilungsübergreifende Zusammenarbeit
Concurrent Engineering	Temporäre Projektteams	Zeitparallele Abläufe	Konsens und Kooperation der Mitarbeiter (CLEETUS 1993)	Rechnergestützte, gleichzeitige Bearbeitung von Objekten durch mehrerer Konstrukteure (STRITZKE 1999)
Fraktales Unternehmen	Produktteams (HÜSER & KAUN 1995) Vernetzte Organisationsform (KÜHNLE ET AL. 1995)	Zeitparallele Abläufe Synchronisation der Abläufe Selbstorganisation	Mitarbeiter beeinflussen den Auf- und Abbau von Wissen/Können im Fraktal Führungsqualifikation der Mitarbeiter (WARNECKE 1995)	Einsatz moderner IuK-Systeme (STRITZKE 1999) Beziehungsgeflecht der Fraktale (WARNECKE 1995)
Lean Management	Projektteams dezentrale Organisation (BÖSENBERG & METZEN 1993)	Zeitparallele Abläufe	Qualifikation und Weiterbildung der Mitarbeiter wichtig Partizipation der Mitarbeiter Konsens der Mitarbeiter Eigenverantwortung (BÖSENBERG & METZEN 1993)	Abteilungsübergreifende Zusammenarbeit
Virtuelle Produktentwicklung	Keine Angaben	Keine Angaben	Keine Angaben	Ganzheitliche digitale Produkt- und Prozessbeschreibung (KRAUSE 1997)

Tabelle 2-2: Vergleich zwischen den verschiedenen Ausprägungen der Integrierten Produktentwicklung

Die hier aufgezeigten Strategien der Produktentwicklung geben einen Überblick über aktuelle Veränderungen der Organisation, wie sie in der Literatur oder in der Praxis beschrieben und durchgeführt werden. Die Unterschiede sind bis auf die Virtuelle Produktentwicklung nur minimal, vielmehr verschmelzen diese Strategien zunehmend und werden immer weiter angeglichen.

2.2.3 Modell eines integrierten Vorgehens

Nach CLARK & FUJIMOTO (1992) ist für die Erbringung der heute geforderten Leistung in der Produktentwicklung nicht die Beherrschung einer speziellen Technologie, sondern die abgestimmte Vorgehensweise entscheidend. Die zeitgleiche Einbindung von Entwicklungsspezialisten und benachbarten Fachdisziplinen ist dabei von kritischer Bedeutung für die Produktentwicklung. CLARK & FUJIMOTO (1992) beschreiben hierzu fünf Dimensionen der Schnittstellen im Unternehmen, die die Art der Integration kennzeichnen (Tabelle 2-3). Für die Erreichung einer integrierten Vorgehensweise sind parallele Aktivitäten, gekoppelt durch eine termingerechte, frühzeitige Abstimmung anzustreben.

Dimension	**Ausprägung 1: Serielle Aktivitäten gekennzeichnet durch begrenzte Kommunikation**	**Ausprägung 2: parallele Aktivitäten, gekoppelt durch frühzeitige Abstimmung und Informationsaustausch**
Zeitliche Abstimmung der vor/nachgelagerten Aktivitäten	Sequenziell, phasenweise	Stufenüberlappung, parallel
Aussagekraft des Informationsmediums	Dokumente, Rechnernetz (niedrige Bandbreite)	*Face-To-Face* (hohe Bandbreite)
Häufigkeit der Informationsübertragung	Blockübertragung (einmalig)	Fragmentiert (stückweise)
Richtung der Kommunikation	Einseitig	Bilateral (Rückkopplung)
Zeitliche Abstimmung des vor-/nachgelagerten Informationsflusses	Späte Freigabe kompletter Informationen	Frühe Freigabe vorläufiger Informationen

Tabelle 2-3: Dimensionen der Integrierten Produktentwicklung (CLARK & FUJIMOTO 1992)

Der von der Deutschen Management Gesellschaft aufgestellte Management-Regelkreis (HESSE 1976, MÜLLER 1995) ist Grundlage für das von LINDEMANN ET AL. (1999A) abgeleitete Modell eines integrierten Vorgehens (Bild 2-7).

Dieser Regelkreis beinhaltet die in Zyklen abzuwickelnden Tätigkeiten *Ziele setzen*, *Planen*, *Organisieren*, *Führen* und *Kontrollieren*. Die Funktionen *Informieren*, *Analysieren*, *Bewerten* und *Entscheiden* sind kontinuierlich auszuführen und sind die Schnittstelle unterschiedlicher Regelkreise. IRLINGER (1998) beschreibt die Kommunikation (bzw. Informieren) als Grundvoraussetzung für das Management. Kommunizieren ist die Grundlage zur Bereitstellung der nötigen Informationen zum Analysieren und Entscheiden in einem von Teams ausgeführten Problemlösungsprozess.

Das von AMBROSY (1997) und LINDEMANN ET AL. (1999A) abgeleitete Modell hilft der Koordination und Integration von SE-Besprechungen und Abstimmungsgesprächen. Das Modell repräsentiert die Optimierungsschleifen der integrierten Produktentwicklung, die mit der frühen Zieldefinition beginnen und mit der Kontrollfunktion enden. Dieses Modell kann sowohl zur Integration der hierarchisch vernetzten Projektstruktur des Unternehmens als auch zur Integration externer Entwicklungspartner eingesetzt werden.

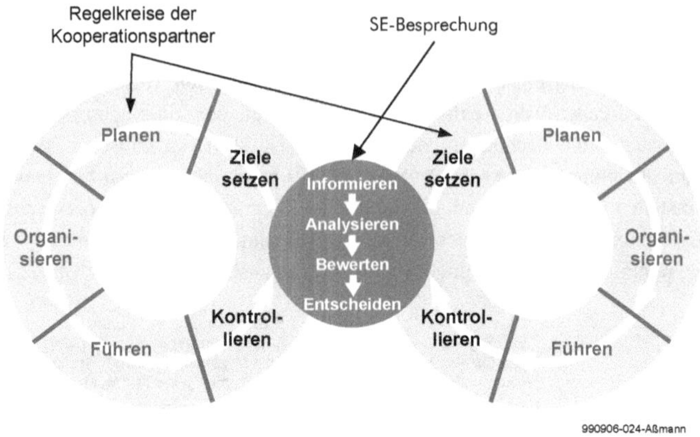

Bild 2-7: Modell eines integrierten Vorgehens (LINDEMANN ET AL. 1999A)

REINHART ET AL. (1997) zeigen am Beispiel des Integrierten Vorgehensplans ein Modell zur Parallelisierung von Konstruktion und Montageplanung durch die Vernetzung von Arbeitspaketen über Zwischenergebnisse und benötigte Eingangsinformationen. Der Vorgehensplan orientiert sich an den Vorgehensplänen der Konstruktion und der Montageplanung (z. B. VDI 2221, 1993), die Detaillierung des Vorgehens wird durch Arbeitspaketen zugeordneten Vorgehenszyklen erreicht.

2.3 Änderungen in der Produktentwicklung

2.3.1 Grundlagen der Analysen

Die folgenden Erhebungen und Analysen von Änderungen und Änderungsprozessen bauen sowohl auf Recherchen in der Literatur (z. B. PFLICHT 1989, SAYNISCH 1989, LINDEMANN & REICHWALD 1998) als auch auf Umfragen und Fallstudien in der Praxis auf.

GEMMERICH (1995) führte eine Umfrage und diverse Fallstudien in nicht näher differenzierten Unternehmen durch und ermittelte wesentliche Kenngrößen der Durchlaufzeit von Änderungen und deren Ursachen. CONRAT (1998) führte eine detaillierte Umfrage in der elektromechanischen Kleingeräteindustrie (Schalter, Relais, kleinere Haus- und Heimwerkergeräte etc.) durch. Diese Ergebnisse detaillierte er durch Expertengespräche in nicht näher genannten Unternehmen.

Weitere Ergebnisse lieferten detaillierte Expertengespräche und Fallstudien in der Automobil- und Automobilzulieferindustrie (vgl. auch Kapitel 3.2). Ergänzend hierzu wurden im Rahmen einer Umfrage (ASSMANN ET AL. 1999A) 26 Fragebögen unterschiedlicher Unternehmen ausgewertet. 56% hiervon konnten der Branche Maschinenbau, 36% der Elektrotechnik und 24% dem Automobilbau zugeordnet werden.

Bei der Durchführung der Analysen konnte die Komplexität und Unterschiedlichkeit der Änderungsfälle festgestellt werden. Eine Messbarkeit und Vergleichbarkeit der Änderungen war dem zu Folge nur auf abstraktem Niveau möglich.

2.3.2 Definition von Änderung – Stand der Forschung

Innovative Neukonstruktionen, für die keine ähnlichen Vorläuferprodukte bekannt sind, sind nach EHRLENSPIEL (1995) sehr selten. Ausnahmen sind Implementierungen physikalischer Effekte, die bei einer Produktart erstmalig angewandt werden, wie z. B. die Neukonstruktion der ersten Magnetschwebebahn (SCHWÄRZLER 1982). Alle anderen Entwicklungs- bzw. Konstruktionsprozesse - Varianten- oder Anpassungskonstruktionen – sind Änderungen bestehender Produkte oder Konzepte. PFLICHT (1989) schätzt den Anteil an Innovationen[1] bei einer Neukonstruktion auf maximal 10%.

Als Beispiel technischer Änderungen[2] werden in der Literatur z. B. Richtigstellungen von Dokumenten/Zeichnungen, konstruktive Veränderungen von Einzelteilen oder Baugruppen, Veränderungen von Funktionselementen, Mengen- oder Strukturänderungen genannt (PFLICHT 1989, SAYNISCH 1989, GEMMERICH 1995, HILLER 1997, CONRAT 1998). Im Folgenden soll der Begriff *Änderung* anhand verschiedener Definitionen analysiert und schließlich für diese Arbeit festgelegt werden.

---

[1] Seinen Ursprung hat das Wort *Innovation* im Lateinischen, was mit „Erneuerung“ bzw. „Neuerung“ zu übersetzen ist (DROSDOWSKI 1990). MEISSNER (1989) definiert Innovation im weiteren Sinne als jede Neuerung im wirtschaftlichen, sozialen und technischen Kontext. BARNETT (1953) bezeichnet als Innovation eine objektiv neue Idee bzw. Technologie, die eine Verbesserung des bisherigen „status-quo“ in der Gesellschaft, der Technik oder Wirtschaft darstellt. Im Gegensatz zu diesen wissenschaftlichen Definitionen betrachtet MILBERG (1998) „Innovation als was uns [dem Unternehmen, Anm. des Autors] mehr Kunden und damit mehr Arbeit bringt. Dementsprechend kann Innovation gleichermaßen high-tech oder low-cost sein!“. Aufbauend auf diesen Definitionen soll eine Innovation auch eine maßgebliche Veränderung eines bestehenden Produktes und dessen erfolgreiche Markteinführung darstellen. Der Innovationsprozess beginnt in der Produktplanung und endet mit der Produktentwicklung.

[2] Neben technischen Änderungen treten in Unternehmen auch organisatorische Änderungen, Änderungen der Aufbau- oder Ablauforganisation, auf. Der Schwerpunkt dieser Arbeit wird auf technische Änderungen gelegt (Kapitel 3 und 4).

Definition	Quelle
„Modifikationen (=Änderungen, Anm. des Autors) an Geräten, Produkten oder Teilen und ihren Dokumenten, die nach Festlegung einer Referenzkonfiguration vorgenommen werden."	SAYNISCH (1989)
„Technische Änderungen sind Veränderungen an den materiellen und immateriellen Produktionsfaktoren, das sind Mensch, Maschine, Material, Methode, Information und Kapital."	PFLICHT (1989)
„Eine Änderung ist jeder Eingriff in eine technische Produktdokumentation und damit in den festgelegten Zustand des mit dieser Dokumentation beschriebenen Gegenstands."	PFLICHT (1989), Entwurf zur geplanten DIN 6772
„Als technische Änderung [...] werden alle nachträglichen Modifikationen an freigegebenen (d. h. verbindlich festgelegten) Arbeitsergebnissen innerhalb eines zusammenhängenden technischen Entwicklungsprozesses betrachtet. Sie beinhalten immer eine Änderung der technischen Dokumentation bzw. Datenbasis, schließen aber auch alle damit zusammenhängenden Produkt- und Prozessänderungen [Produktionsprozesse, Anm. des Autors] ein. Sie sind nach den gültigen Normen prüfungs-, genehmigungs- und dokumentationspflichtig."	CONRAT (1998)
„Eine Änderung ist die vereinbarte Festlegung eines neuen Zustands anstelle des bisherigen Zustands und die zugehörige Transformation."	LINDEMANN & REICHWALD (1998), DIN 6789 TEIL 3 (1990)

Tabelle 2-4: Definitionen von Änderung

Die in Tabelle 2-4 aufgezeigten Definitionen geben eine Überblick über die unterschiedlichen Sichtweisen auf Änderungen. SAYNISCH (1989) setzt den Schwerpunkt auf Änderungen der Hardware (Geräte, Bauteile etc.). Dies entspricht nicht mehr den typischen Zusammensetzungen heutiger Industrieprodukte. Des Weiteren werden, wie in dem vorgeschlagenen Entwurf der DIN 6772 (PFLICHT 1989), die Änderungen technischer Dokumentationen verfolgt.

2.3.3 Definition und Abgrenzung von Änderungen für diese Arbeit

Ist der Begriff *Änderung* zu definieren, so müssen ebenso die Freigaben von Daten- und Dokumentenumfängen z. B. *Konstruktionsfreigaben* berücksichtigt werden. Diese festgelegten Meilensteine stellen in den Unternehmen den formellen Übergang vom Entwicklungs- zum Änderungsprozess dar. Die Freigabe ist dabei „die Genehmigung zur Nutzung von Dokumenten nach abschließender Prüfung" (DIN 6789 TEIL 2 1990). Das bedeutet, dass Änderungen erst nach einem meist bürokratischen Freigabeprozess als solche interpretiert und abgewickelt werden. Änderungen vor einer Dokumentenfreigabe sind nicht in dieser Definition eingeschlossen und werden deshalb nicht als solche abgewickelt. Als Folge werden zeit- und kostenintensive Produktänderungen im Entwicklungsprozess von einer Erfassung und einer verursachergerechten Zuordnung ausgeschlossen (CONRAT 1998).

Bislang werden hauptsächlich detaillierte papiergebundene oder rechnergestützte Dokumente (Zeichnungen etc.) durch die Freigabe berücksichtigt. Dagegen wird die Freigabe von wenig detaillierten Informationen (z. B. Skizzen) oder von physischen Modellen (z. B

Prototypen) meist nur unzureichend betrachtet. Jedoch sind diese Informationen ebenso bedeutend für den Entwicklungsprozess wie ausgearbeitete Zeichnungen, da diese als Grundlage für die aufwandsreiche Detaillierung genutzt werden[1]. Aufgrund dieser Defizite ist die Freigabe von Dokumenten neu zu definieren.

Die Freigabe ist die Offenlegung bzw. Festlegung von Informationen (z. B. Modelle[2]) zur weiteren Nutzung oder Bearbeitung. Die Prüfung der Modelle wird von den Erstellern selbst durchgeführt[3].

Mit dieser Definition werden alle im Entwicklungsprozess generierten Informationen, unabhängig von deren Detaillierungsgrad, betrachtet. Die Freigabe ist im Gegensatz zu Definition nach DIN 6789 TEIL 2 (1990) ein Prozess der Informationsweitergabe und der Entscheidung. Durch die Aufteilung in viele kleinere Freigabeschritte kann die Eigenverantwortung der Mitarbeiter (Motivator) gefördert werden. Der einzelne Konstrukteur/Entwickler ist nun für seine Teilaufgabe verantwortlich[4]. Aufgrund dieser Definition werden ebenso Änderungen vor der klassischen Freigabe mit eingeschlossen. Des Weiteren ist dies auch die Vorgabe, Änderungsauswirkungen in der Entwicklung präziser als bisher zu erfassen.

Diese Definition schließt größere Freigabestufen (z. B. Konstruktionsfreigabe) nicht aus. Stattdessen können Entwicklungsprozesse aufgrund vieler kleiner Freigaben von Zwischenergebnissen besser abgestimmt und synchronisiert werden. Dieser Prozess kann, da er in Eigenverantwortung durchgeführt wird und keine Kontrollinstanzen benötigt, unbürokratisch und schnell abgewickelt werden.

Die aufwendigen und dokumentenbasierten Änderungsabläufe, wie sie noch vielfach in Unternehmen anzutreffen sind, können dadurch weitgehend verhindert werden, vor allem, wenn rechnergestützte Systeme die Konsistenzsicherung und Datenverwaltung unterstützen. Die zusätzliche Dokumentation und Erfassung wirtschaftlicher wie technischer Auswirkungen zeigt als Maßnahme zur Fehlervermeidung großen Nutzen, da Auswirkungen

---

[1] An folgendem Beispiel soll die Bedeutung wenig detaillierter Informationen für den weiteren Entwicklungsprozess verdeutlicht werden: Lösungsskizzen beschreiben als Ergebnisse der frühen Phasen Prinzip und Wirkstruktur des künftigen Produkts. Da auf diesen Informationen mit der Konkretisierung und Detaillierung aufgebaut wird, ist es notwendig, auch diese Dokumente einer Freigabe zu unterwerfen. Da es sich bei der konstruktiven Detaillierung um einen aufwandsintensiven Prozess handelt, ist die Bedeutung dieser frühen Freigabe offensichtlich.

[2] Nach EHRLENSPIEL ET AL. (1995B) können zur Repräsentation im Produktentwicklungsprozess unterschiedliche Modelle eingesetzt werden. Diese können nach ihrer Darstellungsform in mentale, grafische, physische und rechnergestützte Modelle unterschieden werden.

[3] Vgl. hierzu das Simultaneous oder Concurrent Engineerings Kapitel 2.2.2 hinsichtlich der Freigabe vorläufiger Informationen als Grundlage von Besprechungen.

[4] In Anlehnung an die Modelle zur Steigerung des Qualitätsbewusstseins in der Produktion im Lean Management (CLARK & FUJIMOTO 1992, WOMACK ET AL. 1992).

auf das Produkt oder die Produktion frühzeitig entdeckt werden können. Basierend auf dieser Definition von Freigabe können Änderungen im Weiteren nach LINDEMANN & REICHWALD (1998, Tabelle 2-4) definiert und nach der in Bild 2-8 dargestellten Einteilung gegliedert werden.

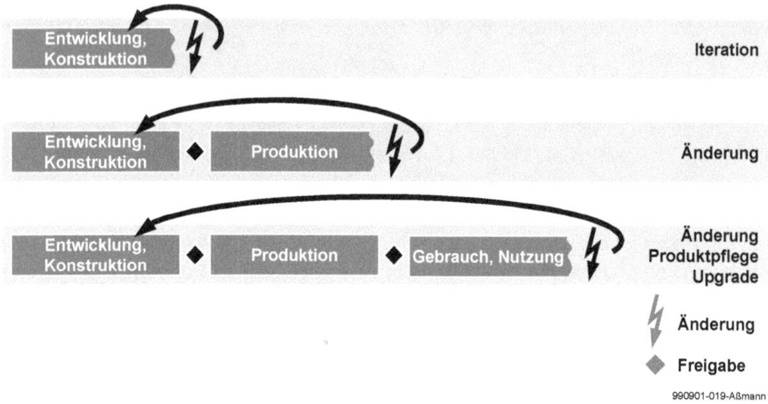

Bild 2-8: Einordnung der Begriffe *Iteration, Änderung, Produktpflege und Upgrading*

Eine Iteration ist ein schrittweises Verfahren zur Annäherung und Erreichung einer Lösung vor deren Freigabe (nach DROSDOWSKI 1990). Wird das Modell freigegeben, d. h. offen gelegt, kann von einer Änderung gesprochen werden.

Eine weitere Unterscheidung bezüglich des Änderungsbegriffes ist notwendig, sobald das Produkt produziert wird. Hier sind die Begriffe Änderung, Upgrading und Produktpflege zu unterscheiden. Upgrading und Produktpflege sind Ausprägungen von Änderungen, wobei man beim *Upgrading von einer Steigerung des Nutzens eines bestehenden Produkts aus Kundensicht durch Ergänzung oder Änderung von Funktionen* spricht, *bei dem die neuen Funktionen bei Auslieferung des Produkts so noch nicht vollständig ausgearbeitet sind* (Phleps 1999). Als Produktpflege können geplante und festgelegte Änderungen definiert werden, die nach Serienreife und zur Verbesserung des Produkts durchgeführt werden und bestehende auf dem Markt befindliche Produkte nicht verändern.

Der Fokus dieser Arbeit ist auf *Änderungen* nach einer *Modellfreigabe* gerichtet. Das bedeutet, dass auch Änderungen in der Entwicklungsphase, vor der klassischen Freigabe von Dokumenten an die Produktionsvorbereitung, (vgl. Bild 2-9) betrachtet werden. Die Definition von Änderungen schließt ebenso Änderungen im weiteren Produktlebenslauf bis zur Produktnutzung mit ein.

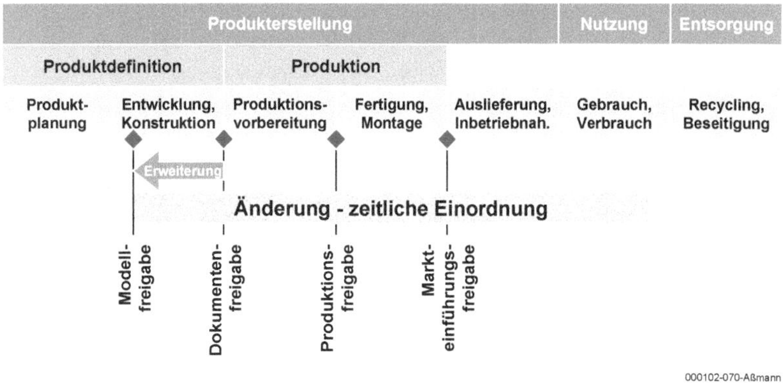

Bild 2-9: Zeitliche Einordnung von Änderungen am Lebenszykluses eines Produkts (Lebenszyklus nach EHRLENSPIEL 1995, PHLEPS 1999)

Die im Weiteren vorgestellten Ergebnisse bauen auf dieser Festlegung und Einordnung des Änderungsbegriffs auf. Eine Adaption auf Iterationen, Upgrading oder Produktpflege ist fallspezifisch kritisch zu erörtern.

2.3.4 Zusammenhang zwischen Entwicklungs- und Änderungsprozess

Änderungen sind Iterationen im Produktentwicklungsprozess und können als Regelkreise interpretiert werden (Bild 2-10). GEMMERICH (1995) bezeichnet dabei das Änderungswesen als den Regler, der anhand eines SOLL-IST-Vergleichs zwischen der Führungsgröße (die SOLL-Eigenschaften des Produkts) und der Regelgröße (IST-Produktmerkmale) Abweichungen feststellt und beseitigt.

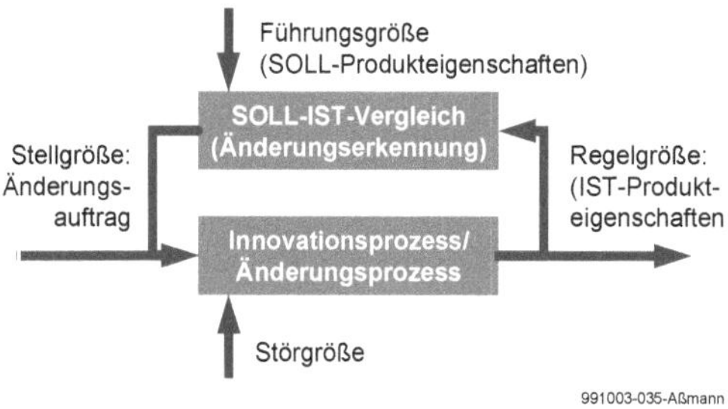

Bild 2-10: Änderungsprozess als Regelkreis

CONRAT (1998) zeigt anhand des Änderungsprozesses nach DIN 199 (Kapitel 3.1.1) den Zusammenhang zwischen Änderungs- und Entwicklungsprozess auf und definiert als Anknüpfungspunkte die Festlegung und Freigabe des Gestaltungsmerkmals (Teilprozesse der Produktentwicklung, in denen das änderungsrelevante Merkmal festgelegt wird), die Erkennung des Änderungsbedarfs und die Umsetzung der Änderungslösung. Dabei können folgende Unterschiede zwischen Änderungs- und Entwicklungsprozessen festgehalten werden:

- Der Änderungsprozess kann als in sich abgeschlossen innerhalb des Entwicklungsprozesses modelliert werden (CONRAT 1998).
- Änderungsprozesse zeichnen sich durch eine Vielzahl von administrativen Schritten aus, um mögliche Aus- bzw. Nebenwirkungen zu minimieren (z. B. GEMMERICH 1995, REICHWALD ET AL. 1997, CONRAT 1998).
- Änderungsprojekten werden in der Regel keine Ressourcen (Zeit, Budget etc.) zugeordnet (vgl. RIEDEL 1998).
- Der Schwerpunkt des Entwicklungsprozesses liegt in der Generierung von Daten. Im Änderungsprozess werden bereits vorhandene und freigegebene Daten modifiziert.
- Aufgrund der Vielzahl zusätzlicher Randbedingungen (z. B. vorhandene Daten, erhöhter Termindruck) ist die Änderungsplanung und die Koordination mit dem Entwicklungsprozess sehr komplex.
- Ebenso wie der Entwicklungsprozess besitzt der Änderungsprozess bei einer hohen Aufgabenneuheit eine hohe Komplexität (REICHWALD ET AL. 1997, CONRAT 1998). In der Regel jedoch werden Änderungen nur wenig detailliert abgewickelt. Dies ist auf den Termindruck und die demotivierende Wirkung des Störungs- und Fehlercharakters von Änderungen zurückzuführen. Eine Folge davon ist die unzureichende Erkennung der Auswirkungen.

Trotz der vielen Unterschiede weisen Entwicklungs- wie Änderungsprozesse eine hohe Ähnlichkeit im Ablauf auf, denn der im Änderungsprozess einzusetzende Methodenumfang ist nahezu identisch mit den im Entwicklungsprozess genutzten Methoden. Deutlich wird dies am Problemlösungsprozess.

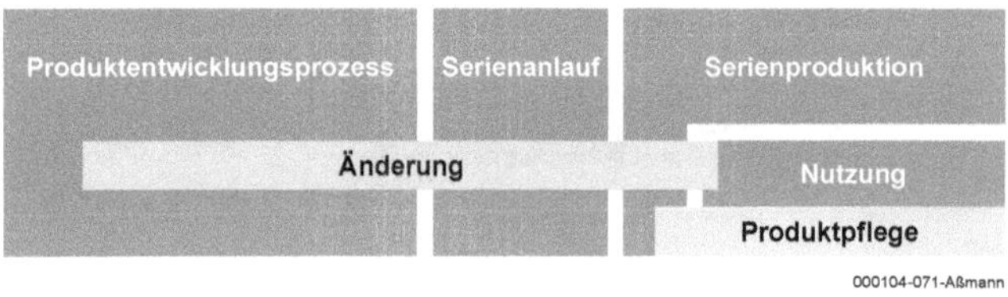

Bild 2-11: Änderungen als Bestandteil des Produktentwicklungsprozesses

Änderungen sind wesentlicher Bestandteil des Produktentwicklungsprozesses (vgl. Bild 2-11) und sollten nur einen geringen bzw. keinen Anteil im Serienanlauf oder in der Serienproduktion aufweisen. Bis ein Produkt seine Serienreife erlangt, durchläuft es zahlreiche Änderungen (REICHWALD ET AL. 1998). Man kann deshalb den Produktentwicklungsprozess auch als Folge iterativer Änderungen verstehen, in dem der Lösungsraum auf unterschiedlichen Detaillierungs- bzw. Konkretisierungsebenen mehrfach durchlaufen wird (DYLLA 1991, HILLER, 1997, GÜNTHER 1998).

2.3.5 Auswirkungen von Änderungen

Die vielschichtigen Auswirkungen von Änderungen auf die Wirtschaftlichkeit im Unternehmen, gemessen an den Faktoren Kosten, Zeit, Qualität, Humansituation und Flexibilität, bestätigen den Störungscharakter von Änderungen auf Entwicklungs-, Produktions-, Beschaffungsprozesse etc. Die starke Vernetzung der Auswirkungen und die Überschneidung der Einflussgrößen zeigt die Bedeutung der Problematik.

Monetäre Auswirkung von Änderungen werden in der Literatur umfangreich beschrieben. Die Werte reichen von durchschnittlich 500 € pro Änderung (PFLICHT 1989) bis zu 10.000 US $ (BOZNAK 1994). Dabei ist jedoch anzumerken, dass bei der Kostenerfassung nur wenige Einflussfaktoren berücksichtig werden. Aus einer Fallstudie (REICHWALD 1998) wurde deutlich, dass nur 25% der tatsächlich auftretenden Änderungskosten ermittelt wurden. Dies legt natürlich auch Zweifel an den oben genannten Werten nahe. CONRAT (1998) erstellte hierzu ein Modell zur ganzheitlichen Berücksichtigung der Änderungskosten basierend auf der Prozesskostenrechnung und nennt als fünf Einflussgrößen die Prozess- und Folgekosten des Änderungsvorlaufs, die Prozess- und Folgekosten der Änderungsdurchführung sowie fallübergreifende Änderungsfolgekosten.

DÖRR (1977) spezifiziert den in der Konstruktionsabteilung erbrachten Arbeitsaufwand für Änderungen in Unternehmen auf 50% gemessen am Gesamtaufwand. MILLER & VOLLMAN (1985) geben an, dass 20%-40% der Gemeinkosten durch Änderungsanträge ausgelöst werden. BULLINGER (1993) beziffert über 30% des gesamten Entwicklungsaufwands als vermeidbaren Änderungsaufwand. WILDEMANN (1993) stellt fest, dass 67% der befragten Unternehmen 10%-20% ihrer Entwicklungskosten für Änderungen aufwenden, 25% der Unternehmen sogar mehr als 20%.

Die Angaben zeigen trotz aller Abgrenzungs- und Vergleichsprobleme die Bedeutung von Änderungen in der Produktentwicklung. Ähnliche Zahlen können ebenso bei den Werkzeugkosten ermittelt werden. Studien in einem Unternehmen identifizierten die Werkzeugkosten als einen wesentlichen Anteil an den gesamten Änderungskosten (durchschnittlich 10.000 € pro Änderung). Weitere Kosten wie Nacharbeitungskosten oder Verschrottungskosten wurden nicht analysiert.

GEMMERICH (1995) zeigt die Defizite der Änderungsauswirkungen auf den Entwicklungsprozess an den zeitkritischen Durchlaufzeiten von Änderungsantrag und Änderungsauftrag (Bild 2-12). Ähnliche Effekte konnten bei den Genehmigungs- und Freigabeprozessen festgestellt werden (Kapitel 3.2.2.2). Die Verzögerungen im Änderungs- und somit im Entwicklungsprozess wirken sich negativ auf den Markteintritt der Produkte aus.

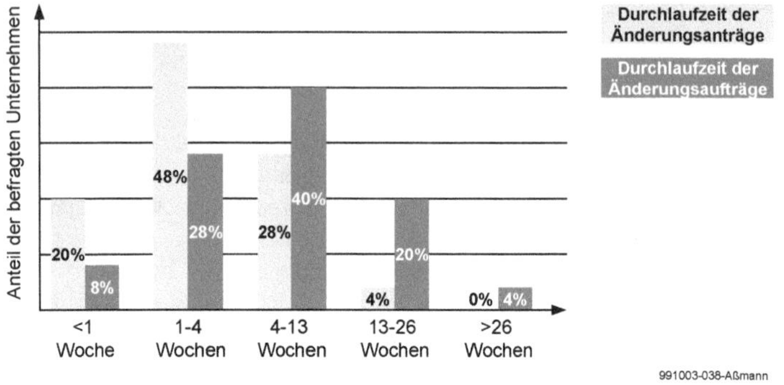

Bild 2-12: Durchschnittliche Durchlaufzeit der Änderungsanträge bzw. Änderungsaufträge (GEMMERICH 1995)

Aufgrund der Ressourcenbindung durch Änderungen im Unternehmen wird die Möglichkeit genommen, flexibel auf weitere Herausforderungen des Marktes zu agieren. WILDEMANN (1993) macht Produktänderungen als Hauptstörgrößen für Produktionsprozesse verantwortlich. Das Ausmaß der Störung ist abhängig von der Anzahl und Intensität der Störimpulse, also der Auswirkungen der Produktänderungen auf den Produktionsprozess. Weitere Auswirkungen auf den gesamten Entwicklungs- bzw. Produkterstellungsprozess sind in den langen Abwicklungszeiten zu suchen. CONRAT (1998) bestätig das exponentielle Wachstum des durchschnittlichen Arbeitsaufwands abhängig vom Änderungszeitpunkt (Bild 2-13).

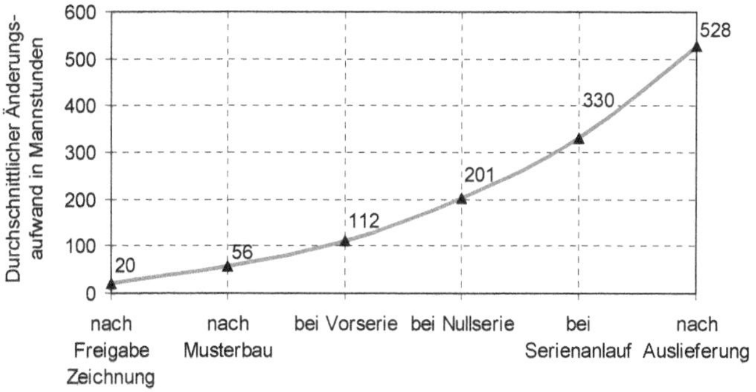

Bild 2-13: Durchschnittlicher Änderungsaufwand nach Änderungszeitpunkt je Änderung (CONRAT 1998)

Kosten und zeitliche Aufwendungen sind nur eine Auswirkungserscheinung unternehmensinterner Aufwendungen. Der Einfluss von Änderungen auf die Humansituation ist ein weiterer zu berücksichtigender Faktor. Änderungen haben negative Auswirkungen auf die Mitarbeitermotivation und können somit als Hygienefaktoren (vgl. HERTZBERG 1959, Kapitel 2.1.3) gewertet werden. Des Weiteren tragen sie zur zusätzlichen Belastung der Mitarbeiter am Produktentwicklungsprozess bei. CONRAT (1998) gibt hierzu die demotivationsbedingte Verschlechterung der Arbeitseffizienz und die geringere Qualität der Entwicklungsleistung als Folgeerscheinungen an.

Änderungen werden durchgeführt, um positive Effekte auf das Produkt zu erreichen, wie z. B. Funktionsverbesserung, Kostenreduzierung etc. Neben den beabsichtigten positiven Effekten können weitere negative Erscheinungen am Produkt auftreten. Hierzu gehören Auswirkungen auf die Produktstruktur und damit initiierte Folgeänderungen. CONRAT (1998) unterscheidet Auswirkungen auf die technische Dokumentation, auf Produktbestandteile oder Prozesselemente. Als Beispiel für Auswirkungen auf Produktbestandteile nennt PFLICHT (1989) die Produktgeometrie (Funktion, Fertigbarkeit, Design), das Material, die Verbindungstechnik, die Mengen oder die Struktur.

Aufgrund der zuvor beschriebenen demotivierenden Wirkung von Änderungen auf die Mitarbeiter sind negative Auswirkungen auf die Arbeitseffizienz und somit auf die Produktqualität festzustellen. Die änderungsauslösenden Produktfehler werden nur noch mit geringer Eigenmotivation beseitigt, was wiederum zu einer erhöhten Fehleranfälligkeit führt.

Die zunehmende Variantenvielfalt ist eine weitere Folge technischer Änderungen in der Produktnutzungsphase. Deren Auswirkungen auf den organisatorischen Aufwand schätzt WILDEMANN (1994B) als bedeutend ein. Neben den unternehmensinternen Auswirkungen von Änderungen können Auswirkungen auf unternehmensexterne Prozesspartner ebenso kritisch bewertet werden. Mögliche Folgen von Änderungen stellen unmittelbare Aufwendungen wie erhöhte Kosten oder Gewährleistungsansprüche des Kunden dar, sowie verspätete Liefertermine oder sogar Rückrufaktionen. Weitere Folgen sind Imageverluste bei Kunden und damit einhergehende Auftragsrückgänge und sinkende Absatzmöglichkeiten.

2.4 Ursachen von Änderungen

2.4.1 Probleme der Ursachenanalyse

Die Analyse von Änderungen hinsichtlich deren Ursachen gibt wertvolle Hinweise auf Schwachstellen und Defizite im Entwicklungsprozess. Im Vordergrund stehen fehlerbedingte Änderungen, da diese aus Defiziten unternehmensinterner Prozesse resultieren und durch Nicht-Erfüllung von expliziten oder impliziten Anforderungen ausgelöst werden. Im Gegensatz hierzu sind neuerungsbedingte Änderungen auf Neuerungen in den Bereichen Technik, Markt, Normung, Gesetzgebung etc. zurückzuführen, die zum Zeitpunkt der Freigabe nicht vorhersehbar waren.

Mit Hilfe detaillierter Ursachenanalysen können diese Defizite erkannt und gegebenenfalls Maßnahmen zur Vermeidung ergriffen werden. Methodisch kann die Ursachenanalyse durch Fallstudien, Fragebögen, Interviews oder Beobachtungen erfolgen. Durch mehrfaches, wiederholtes Nachfragen können im weiteren die Grundursachen ermittelt werden. CONRAT (1998) schlägt hierzu ein Vorgehen in vier Schritten vor. Zuerst ist der Auslöser der Änderung (die SOLL-IST-Abweichung) festzustellen, als nächstes der Verantwortliche im Entwicklungsprozess, schließlich die Mängel im entsprechenden Teilprozess und zuletzt sind die kritischen Aufgabenmerkmale und Ressourcen der möglichen Änderungsursachen zu identifizieren.

Aufgrund der gegenseitigen Beeinflussung von Ursachen und Wirkungen ist die Erfassung der relevanten, d. h. veränderbaren Grundursachen problematisch. Deshalb definieren AMBROSY (1997) und ZANKER (1999) *Erscheinung* als einen Systemzustand in einem kausalen Netz, der sowohl Ursache als auch Wirkung sein kann. Ausgehend von den erkennbaren Symptomen sind nun sukzessiv die eigentlichen Ursachen zu hinterfragen.

Bei der Ursachenanalyse können verschiedene Erscheinungen hinsichtlich ihres zeitlichen Auftretens im Prozess unterschieden werden. Der Änderungsauslöser ist die erkennbare SOLL-IST-Abweichung, die zur Meldung eines Änderungsbedarfs führt (REICHWALD & CONRAT 1994). Der Änderungsgrund ist die Begründung für eine Änderung aus unternehmerischer Sicht (CONRAT 1998). Für die Erfassung der Änderungsursache sind die kausalen Einflussfaktoren für die Entstehung des Änderungsbedarf zu analysieren (LINDEMANN & REICHWALD 1998).

2.4.2 Ursachen – Stand der Forschung

CONRAT (1998) differenziert Änderungen anhand deren Ursachen bzw. Verursachern nach fehler- und neuerungsbedingten Änderungen. Als fehlerbedingte Änderungen werden diejenigen Änderungen bezeichnet, die durch Nicht-Erfüllung von expliziten oder impliziten Anforderungen ausgelöst werden und ursächlich auf Fehler im Entwicklungsprozess zurückzuführen sind (CONRAT 1998, LINDEMANN & REICHWALD 1998). Beispiele hierzu sind Abweichungen von den Forderungen des Kunden, mangelnde Funktionsfähigkeit des Produkts, Sicherheitsrisiken oder Unvollständigkeit und Fehler in technischen Dokumenten und Arbeitsunterlagen.

Dagegen sind neuerungsbedingte Änderungen auf Neuerungen aus dem Bereich Technik, Markt, Normung, Gesetzgebung etc. zurückzuführen, die zum Zeitpunkt der Freigabe nicht vorhersehbar waren (CONRAT 1998, LINDEMANN & REICHWALD 1998). Hierzu können neue Gesetze, Normen, Richtlinien, Technologien, Werkstoffe oder veränderte Markt- und Kundenanforderungen als Beispiele genannt werden.

FRICKE (1998) gliedert Änderungsursachen nach Ursachenklassen und unterscheidet Bedürfnisse/Anforderungen, Rückmeldung/Reklamation, Komplexität, Innovationsgrad, Änderungsfortpflanzung (Folgeänderungen und Auswirkungen), Kommunikation, Zeit, Realisierbarkeit und Entscheidungsdisziplin. Dieses abstrakte Niveau eignet sich zur Klassifizierung der Ursachen, zeigt aber die eigentlichen Grundursachen und die daraus resultierenden Fehler im Entwicklungsprozess nicht auf. Ähnliche Ursachentypen wurden auch von CONRAT (1998) festgelegt.

Wie sich bei einer Umfrage von WILDEMANN (1995B) herausstellte (Bild 2-14), sind Qualitätsverbesserungen am Produkt und Prozess, Rationalisierungspotentiale der Fertigung und die direkte Kostenreduktion häufigste Änderungsursachen. In einer weiteren Untersuchung (s. u.) wurden diese Ursachen hinsichtlich des Verursachers „Produktentwicklung“ analysiert.

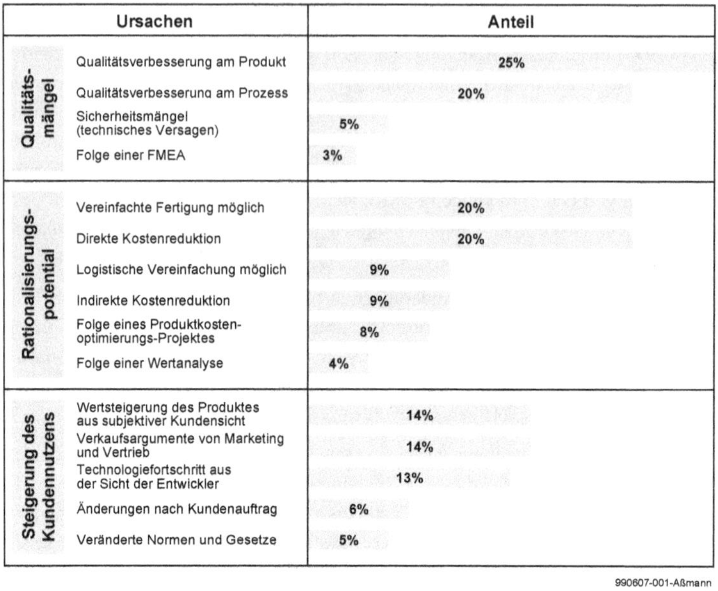

Bild 2-14: Ursachen von Änderungen (WILDEMANN 1995B)

2.4.3 Organisations- und produktbezogene Änderungsursachen

Bei der Untersuchung nach Änderungsursachen wurden zwei Themenschwerpunkte unterschieden (vgl. auch Kapitel 2.3.1, ASSMANN ET AL. 1999A): Mit der Frage nach organisatorischen bzw. prozessbezogenen Ursachen sollten Defizite im Entwicklungsprozess selbst identifiziert werden, die Frage nach produktbezogenen Ursachen beabsichtigte die Darlegung konstruktiver Probleme.

Die Fragen nach den organisatorischen Ursachen (Bild 2-15) bestätigen die Ergebnisse bisheriger Analysen: Kosteneinsparungen oder Qualitätsprobleme sind bedeutende Ursachen von Änderungen. Des Weiteren stellten sich der fehlende Erfahrungstransfer sowie die ungenügenden Dokumentation und Informationsweitergabe als wesentlich heraus. Ebenso interessant ist der Einfluss fehlender oder falscher Entscheidungen als Änderungsursache. Nach Ansicht der Befragten ist ein unklar definierter Verantwortungsbereich keine signifikante Änderungsursache.

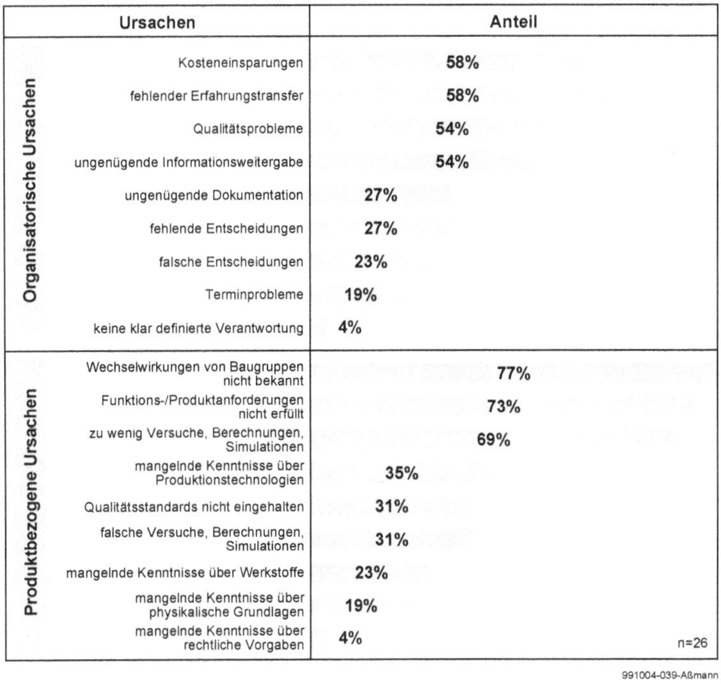

Bild 2-15: Ursachen von Änderungen (ASSMANN ET AL. 1999A, Mehrfachnennungen waren möglich)

Bedeutendste produktbezogene Änderungsursache ist nach Ansicht der Befragten die fehlende Erkennung der Wechselwirkung von Baugruppen. Ebenso einflussreich sind nicht erfüllte Produktanforderungen oder Produktfunktionen. Hier ist ein Zusammenhang mit der geringen Anzahl durchgeführter Versuche, Berechnungen oder Simulationen zur Absicherung der Produkteigenschaften feststellbar. Ebenso werden fehlende Kenntnisse über Produktionstechnologien, Werkstoffe oder physikalischer Grundlagen genannt. Dagegen sind mangelnde Kenntnisse über rechtliche Vorgaben nur unbedeutende Änderungsursachen.

Abgeleitet aus diesen Defiziten werden in Kapitel 6 Verbesserungsmaßnahmen zur Abbildung der Wechselwirkungen im Produkt und zur Darstellung der Änderungsauswirkungen aufgezeigt.

Die in dieser Umfrage aufgezeigten Ursachen sind ein weiterer Schritt zur Identifizierung der Grundursachen. Der Einfluss dieser Ursachen auf den Entwicklungsprozess wird im

Folgenden an den Einflussfaktoren Information und Kommunikation, Organisation, Mitarbeiter, technische Hilfsmittel und Führung und Entscheidung reflektiert.

2.4.4 Zusammenhang zwischen Änderungsursachen und Entwicklungsprozess

Information und Kommunikation

Ein in der Literatur (z. B. EHRLENSPIEL 1995, MÜLLER 1995, GRABOWSKI & GEIGER 1997, PROBST ET AL. 1997, CONRAT 1998, IRLINGER 1999) häufig genanntes Problem wurde auch in dieser Umfrage bestätigt: mangelhafte Weitergabe von Arbeitsergebnissen, Informationen und Erfahrung. Effiziente Abstimmungsprozesse sind die Voraussetzung für eine optimale Produktentwicklung (WILDEMANN 1993). Fehlen diese Abstimmungsprozesse oder wird die Abstimmung unzureichend durchgeführt, führt dies zu Fehlern und damit zu Änderungen im späteren Prozess.

Nach MÜLLER (1995) stimmen Angebot und Nachfrage von Information im Unternehmen nicht überein. Das Angebot an Information ist entweder ungenügend oder zu umfangreich. Dabei dient das Informieren der Erhöhung der Transparenz von Problemsituationen oder Lösungsansätzen (AMBROSY 1997). Zwischen der Änderungshäufigkeit der Produktdokumente und dem Mangel an Informationsaustausch ist nach EHRLENSPIEL (1995) ein eindeutiger Zusammenhang zu erkennen. IRLINGER (1999) differenziert die Defizite bei der Bewältigung der Informationsflüsse und nennt den Umgang mit unscharfen Informationen, die erhöhte Informationsdichte, die fehlende Nutzung von Erfahrung aus abgeschlossen/parallelen Projekten oder die gestiegene Eigenverantwortung als Beispiele.

Organisation

Eine Verbesserung des Informationsflusses kann erreicht werden, wenn die Schnittstellen im Unternehmen richtig gehandhabt werden. Trotz umfangreicher Restrukturierungsmaßnahmen der Geschäfts- und Entwicklungsprozesse (BULLINGER 1993; GAITANIDES ET AL. 1994; NIPPA & PICOT 1995) zur Minimierung der organisatorischen Schnittstellen durch die Einführung teamorientierter Vorgehensweisen wie dem Simultaneous oder Concurrent Engineering sind viele Ursachen von Änderungen auf organisatorische Defizite zurückzuführen. So ist die Anzahl der Schnittstellen im Entwicklungsprozess aufgrund der fachspezifischen Aufgabenteilung nach wie vor sehr hoch. Es fehlen Vorgehensweisen zur Beseitigung dieser Barrieren. Die zunehmende Parallelisierung von Tätigkeiten erfordert eine erhöhte Koordination und Abstimmung der parallelen Prozesse. Jedoch sind unterstützende Methoden wie das Projektmanagement nur unzureichend auf diese Anforderungen ausgerichtet (KLEEDÖRFER 1998A).

Mitarbeiter

Die genannten Ursachen wie *mangelnde Kenntnisse über Werkstoffe* oder *mangelnde Kenntnisse über physikalische Grundlagen* sind Defizite der Produktentwicklung, die nicht nur allein organisatorischen Defiziten zugeordnet werden können. Hier ist ebenso anzumerken, dass die Qualifikation der Mitarbeiter nicht den Ansprüchen der Produktentwicklung und der Innovationsdynamik des Marktes gerecht wird. Diese fehlende Fachkompetenz ist unter anderem in den fehlenden Weiterbildungsmaßnahmen begründet, die vor allem in kleineren und mittelständischen Unternehmen beobachtet werden konnten[1]. Weiterbildungsmaßnahmen werden angeordnet, wenn sie einen direkten Nutzen auf die Entwicklungstätigkeit versprechen (z. B. CAD-Lehrgang). Die Weiterbildung hinsichtlich nicht direkt gewinnversprechender Maßnahmen (z. B. Moderation, Konfliktmanagement) wird nur selten unterstützt. Den Mitarbeitern werden nur wenig Ressourcen (z. B. Zeit) bereitgestellt, sich dieses Wissen anzueignen. Hieraus resultieren neue Anforderungen an die Unternehmensführung.

Technische Hilfsmittel, Methoden und Werkzeuge

Die häufige Nennung von Qualitätsproblemen oder Funktionsverbesserungen ist ein Indikator für die fehlende Absicherung der Produkt- und der Prozesseigenschaften (Produktionsprozess). In Fallstudien wurden diese Defizite weiter hinterfragt. Fehlende Methoden und Werkzeuge und die nicht termingerechte Durchführung von Absicherungsmaßnahmen stellten sich als Ursachen heraus. Die angewandten Methoden zeichneten sich durch eine hohe Komplexität und einen damit verbundenen hohen Arbeitsaufwand aus, wogegen die Anwender den eigentlichen Nutzen nicht erkannten.

Ebenso kritisch ist die fehlende Methodenunterstützung bei der Erfassung und Dokumentation der Kundenanforderungen. Basierend auf standardisierten, aus alten Projekten abgeleiteten Lastenheften werden Anforderungen festgelegt. Die Betrachtung weiterer marktinduzierter Anforderungen und Innovationen wird dabei nur selten berücksichtigt, da eine geeignete methodische Unterstützung in den Unternehmen fehlt.

Führung und Entscheidung

Die Nennung falscher und fehlender Entscheidungen als Ursachen von Änderungen kann den Managementaufgaben (vgl. Regelkreis Kapitel 2.2.3) im Unternehmen zugeordnet werden. Als Ursachen sind unzureichend durchgeführte Entscheidungsvorbereitungen, fehlende Kompetenzen oder Informationsmangel in der Produktentwicklung zu nennen.

---

1 Nicht veröffentlichte Fallstudien in kleineren und mittelständischen Unternehmen.

2.5 Zusammenfassung

Ausgehend von den Einflussfaktoren auf die Produktentwicklung – Information und Kommunikation, Organisation, Mitarbeiter, technische Hilfsmittel, Führung und Entscheidung - wurden verschiedene Ausprägungen der Produktentwicklung aufgezeigt und gegenübergestellt. Schwerpunkt dieses Vergleichs und weiterer Detaillierungen waren ablauf- und aufbauorganisatorische Modelle zur Problemlösung sowie Modelle für ein integriertes Vorgehen. Änderungen wurden im Weiteren als Störungen des Produktentwicklungsprozesses identifiziert und konnten Defiziten in der Produktentwicklung zugeordnet werden.

Neben den bisher betrachteten organisatorischen und wirtschaftlichen Einflussfaktoren sind ebenso produktspezifische Faktoren und deren Auswirkungen auf die Anzahl von technischen Änderungen festzustellen. Mit zunehmender Produktkomplexität, steigendem zur Entwicklung notwendigem Wissen oder höherem Innovationsgrad des Produkts nimmt die Anzahl von Änderungen zu.

Die Untersuchungen zeigten die Bedeutung von Änderungen hinsichtlich monetärer und zeitlicher Auswirkungen, aber auch deren Einflüsse auf die Produktqualität, die Flexibilität und die Humansituation. Als Folge davon sollten Änderungen differenziert und situationsspezifisch betrachtet (Kapitel 5) und methodisch bzw. rechnertechnisch unterstützt (Kapitel 6.5) werden.

3 Defizite im Änderungswesen

Die Abwicklung und Durchführung von Änderungen weist große Defizite in den Unternehmen auf. Ursache hierfür sind die immer noch stark formalisierten Konzepte und Vorgehensweisen, wie z. B. das Änderungswesen nach DIN 199 oder das Änderungsmanagement als Element des Konfigurationsmanagements. Fallstudien, die in verschiedenen Unternehmen durchgeführt wurden, zeigten weitere Defizite im Änderungswesen auf, die im folgenden dargestellt werden.

Bei der Durchführung dieser Untersuchungen wurde die in Kapitel 2.3.3 beschriebene Definition und Unterscheidung von Änderungen berücksichtigt und der Fokus auf Änderungen nach einer Freigabe von Dokumenten gerichtet. Diese Definition schließt Änderungen im gesamten Produkterstellungs- und Nutzungsprozess mit ein. Die im folgenden beschriebenen und bewerteten Änderungsprozesse werden somit von Änderungen ausgelöst, die während des Lebenszyklusses eines Produktes auftreten.

3.1 Ausprägungen des Änderungswesens

In der Literatur werden wenig präzisierte Vorgehensmodelle zur Abwicklung von Änderungen vorgeschlagen, da dies als Teilelement des Projektmanagements verstanden wird. Die Komplexität einer konkreten Unterstützung des technischen Änderungswesens wird in dem in Tabelle 3-1 dargestellten Funktionsumfang deutlich.

Definition der Ablauforganisation für technische Änderungen an materiellen Gegenständen und deren Dokumentation
Sicherstellung des Informationsflusses
Festlegung der Aufgaben und Verantwortlichkeiten
Prüfung der Notwendigkeit von Änderungen
Entwicklung der Änderungsvordrucke
Schriftliche Bearbeitung des Änderungsantrags, der Änderungsgenehmigung und der Änderungsmitteilung
Erfassung der Änderungsursachen und der Kosten
Gewährleistung der Pflege der Grunddaten für PPS
Planung der Änderungstermine
Entscheidungen über entfallende Teile und Baugruppen treffen
Rückverfolgbare Gestaltung der Änderung
Sicherstellung des Austauschs ungültiger Dokumente

Tabelle 3-1: Funktionsumfang des technischen Änderungswesens (PFLICHT 1989)

Im Folgenden werden zwei Verfahren, das Änderungswesen nach DIN 199 und das Konfigurationsmanagement (SAYNISCH 1984), näher diskutiert und gegenübergestellt. Beides sind gängige, in der Literatur häufig diskutierte Verfahren, die teilweise in der Praxis vollständig umgesetzt wurden.

3.1.1 Das Änderungswesen nach DIN 199

Ausgehend von den in der Industrie praktizierten Tätigkeiten im Änderungsprozess wurde das Verfahren zur Abwicklung von Änderungen nach DIN 199 TEIL 4 (1981, Bild 3-1) entwickelt. Der Änderungsvorgang beschreibt die notwendigen Aktivitäten zur Erstellung, Prüfung und Genehmigung des von der Norm geforderten Änderungsantrags und der Umsetzung der technischen Änderung am Produkt oder Prozess.

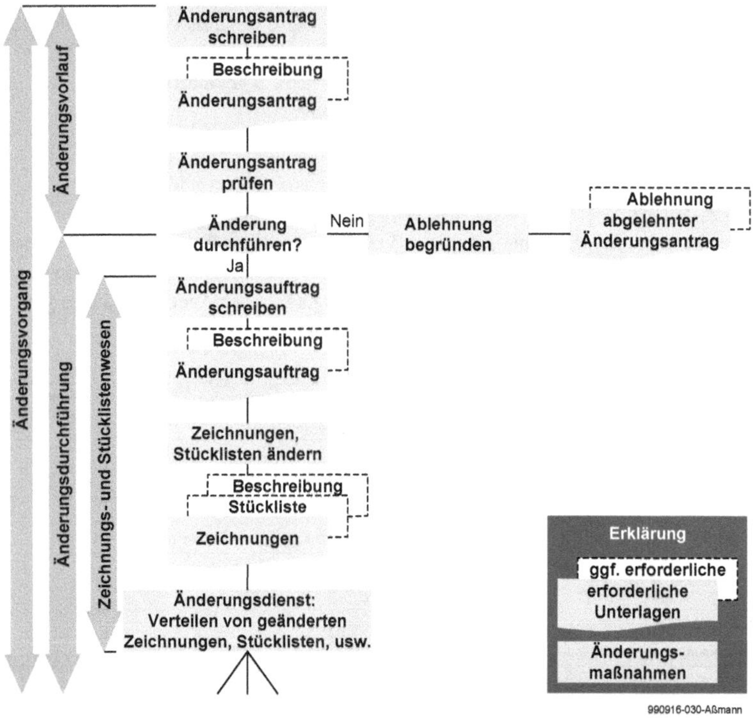

Bild 3-1: Der Änderungsprozess nach DIN 199, TEIL 4 (1981)

Der Änderungsvorgang ist in die zwei Phasen Änderungsvorlauf und Änderungsdurchführung gegliedert. Schwerpunkt des Vorlaufs ist die Erstellung des Änderungsantrags, d. h.

die systematische und vollständige Datenerfassung. Als Beispiele seien hier die Änderungsstammdaten (Bezeichnung, Ident.-Nr. etc.), die Änderungsbeschreibung, die Änderungsbegründung, die Begutachtungen durch die Fachabteilungen sowie die Genehmigung und Entscheidungsbegründung genannt (PFLICHT 1989). Nach der Genehmigung des Änderungsantrags wird mit dem Änderungsauftrag die eigentliche Änderung eingeleitet, d. h. die entsprechenden Zeichnungen und Stücklisten werden geändert und verteilt (vgl. auch Zeichnungs- und Stücklistenwesen). Dieses formalisierte Vorgehen ist eine gute Basis für eine rechnertechnische Umsetzung und Unterstützung (PFLICHT 1989, KAISER 1993, SCHMALZL 1993, CONRAT 1998).

Eine zentrale Stelle im Unternehmen, auch technisches Änderungswesen genannt, soll die Änderungsabwicklung koordinieren und ist für die Zielerreichung und die Dokumentationsverwaltung verantwortlich. Diese Aufgabe wird häufig auch von der Konstruktion (DEHN 1963) oder der Normenabteilung (PFLICHT 1989) übernommen.

Eine Erweiterung des Änderungsvorlaufs wird von PFLICHT (1987) durch „die Einführung von Stellungnahmen zur Dokumentation der Meinungen der unterschiedlichen betroffenen Fachstellen“ vorgenommen. Wird dabei in einer Stellungnahme ein Einwand gegen die Änderung erhoben, so geht der Änderungsantrag wieder an den Antragsteller zurück. Ähnlich modifiziert SAYNISCH (1984) den Ablauf des Änderungsprozesses im Konfigurationsmanagement (Kapitel 3.1.2). Nach einer negativen Entscheidung des Änderungsantrags am Ende des Änderungsvorlaufs kann dieser modifiziert wieder in den Prozess aufgenommen werden.

3.1.2 Das Änderungsmanagement als Teil des Konfigurationsmanagement

Das Konfigurationsmanagement entstand im Rahmen technischer Großprojekte der Luft- und Raumfahrtindustrie Anfang der 50er Jahre, um die zunehmend komplexeren Aufgabenstellungen bewältigen zu können. Als Teildisziplin des Projektmanagements versteht SAYNISCH (1989) unter dem Konfigurationsmanagement die vollständige, in Dokumenten niedergelegte Beschreibung eines Produkts (Konfiguration[1]), die benötigt wird, um das gesamte Produkt über seine gesamte Lebenszeit zu entwickeln, zu fertigen, zu testen, zu betreiben, zu warten und außer Dienst zu stellen.

Die DIN EN ISO 10007 (1996) beschreibt das Konfigurationsmanagement als eine Managementdisziplin, die über die gesamte Lebensdauer eines Produkts angewandt wird, um die Transparenz und Überwachung seiner funktionellen und physischen Merkmale sicherzustellen. Hierzu gliedert sich das Konfigurationsmanagement in die Grundfunktionen Kon-

[1] Als Konfiguration werden alle Entwicklungsergebnisse, die in dokumentierter Form während des Projektablaufs entstehen, bezeichnet (HILLER 1997). Diese können sowohl in materieller Form (z. B. Prototypen) oder in immaterieller Form (als Rechnermodell) existieren.

figurationsbestimmung (Identifikation und Referenzkonfiguration), Änderungssteuerung (auch Konfigurationssteuerung oder Änderungswesen), Änderungsüberwachung und Buchführung (Dokumentationsmanagement) (Bild 3-2, Tabelle 3-2).

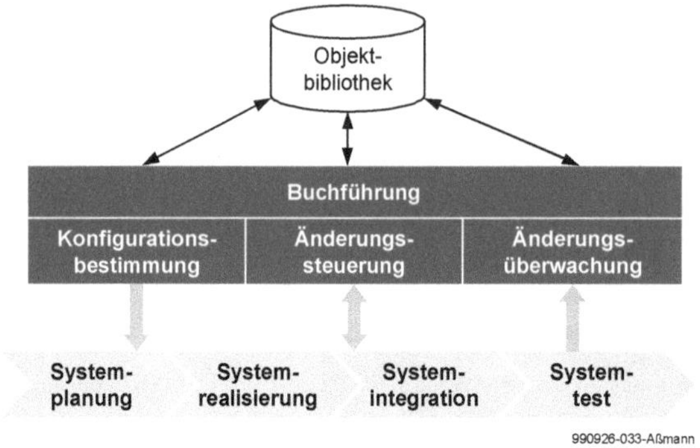

Bild 3-2: Grundfunktionen des Konfigurationsmanagements (BURGHARDT 1993)

Konfigurationsbestimmung	Die Bestimmung bzw. Definition der Konfiguration ist die Voraussetzung für weitere Aktivitäten im Konfigurationsmanagement. Hierzu gehören der Prozess, in dem die Konfigurationen eines Systems bestimmt und ihre Eigenschaften beschrieben werden, die freigegebene Dokumentation, die eine Konfiguration definiert, und die vollständige oder bedingt freigegebene technische Dokumentation einer Konfiguration.
Änderungssteuerung	Die Änderungssteuerung hat die Aufgabe eines geregelten Vorgehens bei der Änderungsbearbeitung. Damit wird das kontrollierte Einbringen von Änderungen in den Entwicklungsprozess geregelt und eine unkontrollierte Steuerung des Projekts verhindert. Die Änderungssteuerung des Konfigurationsmanagements wirkt nicht phasen- sondern ergebnisbezogen auf eine Menge aller Arbeitergebnisse einer Konfiguration und bietet dabei die Möglichkeit eines methodischen Vorgehens.
Änderungsüberwachung	Die Änderungsüberwachung ist ein Prozess zum Nachweis der Erstellung aller geforderten Konfigurationen, der Übereinstimmung aktueller Versionen mit den zugehörigen Spezifikationen, der vollständigen Dokumentation und der Durchführung aller beschlossenen Änderungen.
Buchführung	Die Konfigurationsbuchführung dient der Aufzeichnung und Wiedergabe aller Informationen, die zur effektiven Verwaltung von Konfigurationen benötigt werden. Ebenso sind diese Informationen allen Prozessbeteiligten verfügbar zu machen.

Tabelle 3-2: Grundfunktionen des Konfigurationsmanagements (SAYNISCH 1984, BURGHARDT 1993)

Das Konfigurationsmanagement beinhaltet die Erzeugung, Verwaltung und Modifikation der verschiedenen Erscheinungsformen eines Produkts. Dabei existiert das Erzeugnis während des Entwicklungsprozesses in unterschiedlichen Versionen und Varianten. Mit dem Konfigurationsmanagement versucht man Konsistenzprobleme des Datenbestands zu vermeiden (BURGHARDT 1993, SAYNISCH 1984).

Die Koordination der Änderungen im Konfigurationsmanagement übernimmt die Änderungskonferenz (oder auch Änderungsausschuss), die in regelmäßigen Intervallen Änderungen überprüft und entscheidet. Als Teilnehmer schlägt SAYNISCH (1984) Experten zur Beurteilung der technischen Fragen, Kosten, Termine, Qualität etc. vor.

Mit der Erweiterung des Konfigurationsmanagements zur Unterstützung neuer Organisationsformen wie dem Simultaneous Engineering beschreibt SCHREIBER (1994) einen Ansatz, unterschiedliche SE-Teams durch übergeordnete Kontrollinstanzen (Konfigurations-Kontroll-Ausschüsse) zu steuern und Änderungen zu koordinieren.

3.1.3 Vergleich: Konfigurationsmanagement – Änderungswesen nach DIN199

Ein Vergleich der oben aufgezeigten Ausprägungen des Änderungswesens erfolgt anhand der Kriterien Produktadaption, Unternehmensadaption und Prozessadaption.

Produktadaption

Das Anwendungsfeld des Konfigurationsmanagements ist im Vergleich zum Änderungswesen nach DIN 199 TEIL 4 (1981) deutlich eingeschränkt, da es an den charakteristischen Prozessen der Luft- und Raumfahrtindustrie und der Softwareentwicklung ausgerichtet wurde. Die Übertragbarkeit auf weitere Produkte ist kritisch und nach HILLER (1997) nur schwer möglich. Dagegen ist das Änderungswesen weitgehend produktunabhängig, da eine hohe unternehmensspezifische Anpassung des organisatorischen Lösungsansatzes notwendig ist.

Unternehmensadaption

Das Änderungswesen beschreibt einen in der Praxis entstandenen Lösungsansatz, der zeitlich vor der Entstehung des Konfigurationsmanagements einzuordnen ist. Es baut auf den funktionsorientierten Organisationsstrukturen auf und wird in großen Unternehmen eingesetzt. Deshalb ist es ein stark unternehmensspezifischer Lösungsansatz, dem aber generalisierte Konzeptbausteine fehlen (HILLER 1997), die eine unternehmensspezifische Anpassung erleichtern. Dagegen zeigt das Konfigurationsmanagement einen Ansatz, der eine hohe Strukturiertheit hinsichtlich der eindeutigen Abgrenzung der Funktionen und deren Zusammenspiel aufzeigt (BURGHARDT 1993) und somit eine Übertragbarkeit auf unterschiedliche Unternehmensstrukturen zulässt.

Prozessadaption

Der Einsatz des Änderungswesens auf Iterationen (vgl. Kapitel 2.3.1) im Entwicklungsprozess ist aufgrund des stark formalisierten Ablaufes kritisch. Ebenso unterstützt das Änderungswesen, da es auf Änderungen bereits in der Serie befindlicher Produktumfänge ausgerichtet ist, eine frühzeitige Erkennung und Vermeidung von Änderungen nicht (HILLER

1997). Das Konfigurationsmanagement dagegen betrachtet Änderungen als festen Bestandteil evolutionärer Entwicklungsprozesse. Deshalb ist es auf die effiziente Abwicklung von Änderungen im gesamten Prozess ausgerichtet. Ebenso wenig unterstützt es die Vermeidung und Früherkennung von Änderungen.

Das Änderungswesen legt den Schwerpunkt der Betrachtung auf die Änderung von Zeichnungen und Stücklisten. Im Konfigurationsmanagement werden dagegen systematisch alle Dokumente berücksichtigt, die über die gesamte Wertschöpfungskette entstehen (CONRAT 1998). Die Verfahrensanweisungen zur Änderungsabwicklung sind im Konfigurationsmanagement differenziert gestaltet, d. h. Änderungen werden nach Dringlichkeit oder Bedeutung klassifiziert und daraus Verfahren zur Abstimmung von Änderungen mit Kunden oder Lieferanten abgeleitet. Das Konfigurationsmanagement berücksichtigt die Organisationsstrukturen und Ablaufpläne als Teil des Projektmanagements und stellt im Gegensatz zum Änderungswesen einen ganzheitlicheren Ansatz zur Handhabung von Änderungen dar (CONRAT 1998).

Der Änderungsprozess des Änderungswesens ist durch den Änderungsantrag und den Änderungsauftrag festgelegt und zeichnet sich durch eine sequentielle und arbeitsteilige Anordnung aus. Nach CLARK & FUJIMOTO (1992) sind für den Durchlauf eines Änderungsantrags bis zu 20 Unterschriften notwendig. Die organisatorischen Maßnahmen des Konfigurationsmanagements (Änderungskonferenzen) können diesen Ablauf erheblich beschleunigen (SAYNISCH 1984).

Zusammenfassung

Beide Vorgehensweisen – Änderungswesen und Konfigurationsmanagement - stellen formalisierte und schwer an Produkt, Prozess und Unternehmen anpassbare Ansätze im Änderungsmanagement dar, denen zudem wichtige Elemente fehlen. Hierzu gehören Maßnahmen zur Vermeidung von Änderungen, die frühe Fehlererkennung, die Ursachenanalyse, die systematische Lösungssuche und die lernorientierte Auswertung von Änderungsdaten (vgl. Kapitel 4.1). Aus diesen Defiziten wurden die Ziele zur Gestaltung eines Änderungsprozesses abgeleitet (Kapitel 4.4.1).

3.2 Fallstudien in der Automobilindustrie

Am Beispiel zweier Fallstudien (Beobachtungen, Expertengespräche und Interviews in der Automobil- und Automobilzulieferindustrie) wird die Abwicklung des Änderungsprozesses in der Praxis dargestellt. Ausgehend von einer systematischen Einordnung und Klassifizierung der Unternehmen werden die verschiedenen Änderungsprozesse aufgezeigt und deren Defizite verdeutlicht.

3.2.1 Beispielunternehmen 1[1]

3.2.1.1 Kenngrößen des Unternehmens

Das Beispielunternehmen 1 (Tabelle 3-3), ein weltweit an 20 Standorten vertretenes Unternehmen mit Stammsitz in Deutschland, verfügt zwischen 5.000 und 10.000 Mitarbeiter, wovon 30% im Inland beschäftigt sind. Der dabei erzielte Umsatz betrug 1998 deutlich über 1 Mrd. €. Die Produktpalette reicht von elektronischen und elektromechanischen Produkten für die Automobilindustrie bis hin zur Prüftechnik. In der Automobilbranche ist das Unternehmen als Systementwicklungspartner in die Entwicklungsprozesse der Kunden eingebunden.

Merkmale des Prozesses		Ausprägung	Bemerkungen/Beispiele
Äußere Einflüsse	Branche	Automobilzulieferindustrie	Systemlieferant
	Märkte	globaler Wettbewerb	
	Standort (Entwicklung, Produktion)	verteilt	20 Standorte weltweit
Arbeitsumgebung	Unternehmensgröße	5.000-10.000 Mitarbeiter weltweit	30% im Inland
	Organisationsstruktur	Matrixorganisation	
	Teamarbeit	selten	
Restriktionen	Zeitdruck	sehr hoch	
	Qualitätsdruck	hoch	
	Kostendruck	hoch	
Produkt	Teilezahl	gering	ca. 20-30 Einzelteile
	Stückzahl	Großserienfertiger	ca. 1000 Stück/Tag
	Komplexität	hoch	mechatronisches Produkt
	Variantenzahl	hoch	
	Konstruktionsart	Neu-, Anpassungs- und Variantenkonstruktion	
	Entwicklungstiefe	hoch	Systemlieferant, Vorgaben von der Automobilindustrie
	Fertigungstiefe	sehr hoch	Unterlieferanten für Werkzeugbau
Produktion	Fertigung	Serienfertigung	
	Anlieferung	Just in Time	
	Automatisierungsgrad	mittel	Handarbeit und Automatisierung

Tabelle 3-3: Einordnung des Beispielunternehmens 1 (Kriterien z. T. nach WACH 1994, ZANKER 1999)

[1] Die hier vorgestellten Daten sind Ergebnisse einer nicht veröffentlichten Studie zur Analyse des Änderungsprozesses (ASSMANN & GERST 1999).

3.2.1.2 Defizite im Änderungsmanagement (Beispielunternehmen 1)

Änderungsprozess

Die Bedeutung eines effizienten und flexiblen Änderungsprozesses wird unter dem gegebenen Umfang von über 2500 Änderungen im Jahr bei bis zu 100 Projekten deutlich. Bisher wurden Änderungen nach dem in Bild 3-3 dargestellten Verfahren abgewickelt.

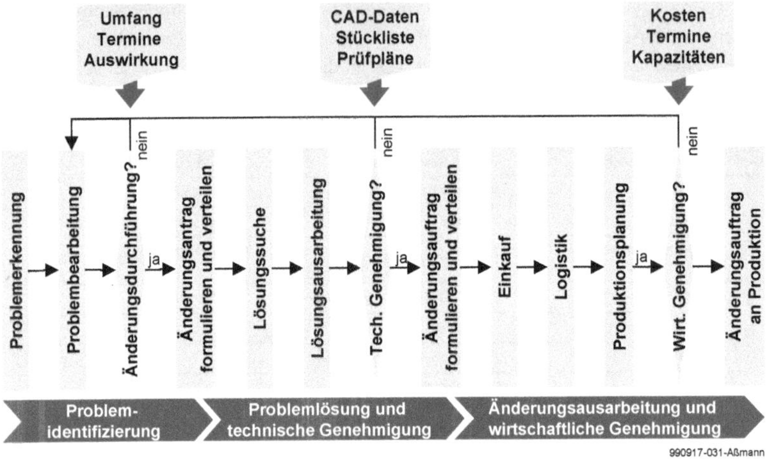

Bild 3-3: Der Änderungsprozess des Beispielunternehmen 1

Problemidentifizierung	Ausgehend von einer groben Abschätzung des Änderungsumfangs, der Terminsituation und möglicher Auswirkungen findet eine Entscheidung statt, ob die Änderung nun durchgeführt werden soll oder nicht. Bei einer positiven Entscheidung ist im Folgenden der Änderungsantrag zu formulieren und zu verteilen.
Technische Genehmigung	Auf der Grundlage der ausgearbeiteten technischen Lösung (CAD-Daten, Stücklisten, Prüfpläne, Versuchsergebnisse etc.) findet die technische Genehmigung der Änderung statt, auf die die Änderungsauftragserstellung folgt.
Wirtschaftliche Genehmigung	Nach der detaillierten Betrachtung von Kosten, Terminen und der Kapazität wird bei Einhaltung der vorgegebnen Ziele und unter Absprache mit den Kunden der Änderungsauftrag an die Produktion geleitet.

Tabelle 3-4: Änderungsphasen des Beispielunternehmens 1

Der Änderungsprozess[1] ist in drei Phasen, Problemidentifizierung, technische und wirtschaftliche Genehmigung untergliedert (Bild 3-3, Tabelle 3-4). Auffällig ist die stark sequentielle Vorgehensweise und die Trennung in technischer und wirtschaftlicher Bewertung. Aufgrund dieser Trennung und der fehlenden gesamtheitlichen Bewertung können Änderungen noch in den späten Phasen abgelehnt und so wiederholt Iterationen im Änderungsprozess angestoßen werden. Dies hat wiederum negative Auswirkungen auf die Entwicklungszeiten und die entstehenden Kosten.

Defizite in Produktion und Logistik

Die vom Unternehmen selbst identifizierten Probleme liegen überwiegend in den Bereichen Produktion und Logistik. Falsche Bestände, d. h. fehlende und/oder zu viele falsche Bauteile, sind das Ergebnis intern nicht abgestimmter Änderungsprozesse. Hier sind die monetären Auswirkungen besonders deutlich zu erkennen und zu messen. Des Weiteren wird der Änderungsaufwand in der Produktion größer als in der Konstruktion beschrieben. Das liegt unter anderem an dem erheblichen Aufwand, den die Beschaffung und Inbetriebnahme der Betriebsmittel bereiten.

Standortverteilte Produktentwicklung und Produktion

Ein weiteres Problem bei der Abwicklung und Koordination von Änderungen ist die Standortverteilung der Produktentwicklung und Produktion. Ursachen für diese Probleme sind in den langen Kommunikationswegen und den teilweise unzureichenden Kommunikationsmöglichkeiten zu suchen. So gibt es keine einheitliche Konzernsprache, keine einheitlichen Prozesse und Verfahren, keine einheitlichen Werkzeuge (z. B. PPS) etc.

Neben langen Kommunikationswegen sind auch lange Transportwege gerade bei Änderungen an Werkzeugen von großer Bedeutung und führen zu massiven Zeitverlusten im Änderungsprozess. Beispielsweise werden Werkzeuge, die vom Produktionsort verlagert wurden (z. B. von Deutschland nach Brasilien), wieder an den ursprünglichen Standort transportiert und dort geändert. Die Ursachen hierzu liegen in der mangelnden Einbindung der externen Tochterunternehmen, da

- die Entwicklungshoheit für jedes Produkt einem Standort und einer Entwicklungsgruppe, und das Recht das Produkt zu ändern nur der verantwortlichen Gruppe zugeordnet ist,
- alte Konfigurationen eines Produktes aufgrund unterschiedlicher Märkte an unterschiedlichen Standorten produziert werden und dies zu einer Erhöhung der Varianten führt.

---

[1] Der hier dargestellte Änderungsprozess zeigt den zeitlichen Ablauf aller wichtigen Arbeitsschritte bis zum Änderungsauftrag an die Produktion. Die weiteren Schritten sind hier nicht dargestellt.

Aufbau- und Ablauforganisation

Die Koordination von Änderungen und deren Bearbeitung kann durch Teamarbeit effizient bewältigt werden. Grundlage hierzu sind zum einen teamorientierte Aufbau- und Ablaufstrukturen, zum anderen die Qualifikation der Mitarbeiter, im Team zu arbeiten. Diese Strukturen sind aber im Unternehmen erst im Entstehen. Weitere Probleme wurden im zeitlichen Ablauf der Änderungsdurchführung identifiziert. Das betrifft vor allem die mangelnde Einbindung und Koordination von Musteraufbau, Produktprüfung, Lebenslauftest etc.

Obwohl Änderungsprozesse abhängig von dem Erkennungszeitpunkt der Änderung unterschieden werden, wird diese Differenzierung nicht konsequent eingehalten. Des Weiteren werden bei Änderungsprozessen, die in späten Phasen eingeleitet werden, die erhebliche Kostenauswirkungen aufgrund des vorgeschriebenen Ablaufs nur unzureichend erkannt.

Produkt

Eine kritische Betrachtung des Änderungsprozesses darf sich nicht nur auf Prozesse oder Methoden beschränken, sondern muss ebenso das technische Objekt mit einbeziehen, gerade dann, wenn dessen Komplexität hoch ist. Da es sich bei den entwickelten Produkten fast ausschließlich um komplexe mechatronische Produkte handelt, sind verschiedene Disziplinen (Mechanik, Elektronik, Informationstechnik) in den Änderungsprozess zu integrieren, um möglichst frühzeitig Auswirkungen zu erkennen. Diese Situation wird durch die standortverteilte Entwicklung und Produktion verschärft.

3.2.2 Beispielunternehmen 2

3.2.2.1 Kenngrößen des Unternehmens

Das Beispielunternehmen 2 (Tabelle 3-5) ist ebenso ein mittelständischer Systemlieferant der internationalen Automobilindustrie mit mehreren Standorten in Deutschland und in Europa (England, Frankreich, Italien), den USA und Japan. Mit 5.000 Mitarbeiter erzielte das Unternehmen 1998 einen Umsatz von 500 Mio. €. Die Produkte zeichnen sich durch einen hohen Anteil an Mechanik und einen geringeren an Elektronik oder Software aus.

Merkmale des Prozesses		Ausprägung	Bemerkungen/Beispiele
Äußere Einflüsse	Branche	Automobilzulieferindustrie	Systemlieferant
	Märkte	globaler Wettbewerb	
	Standort (Entwicklung, Produktion)	verteilt	ca. 10 Standorte weltweit
Arbeitsumgebung	Unternehmensgröße	5.000 Mitarbeiter weltweit	
	Organisationsstruktur	Matrixorganisation	
	Teamarbeit	häufig	
Restriktionen	Zeitdruck	sehr hoch	
	Qualitätsdruck	hoch	
	Kostendruck	sehr hoch	
Produkt	Teilezahl	mittel	ca. 100 Einzelteile
	Stückzahl	Serienproduzent	ca. 300 Stück/Tag
	Komplexität	mittel	hoher mechanischer Anteil
	Variantenzahl	mittel	
	Konstruktionsart	Neu-, Anpassungs- und Variantenkonstruktion	
	Entwicklungstiefe	hoch	Systemlieferant, Vorgaben von der Automobilindustrie
	Fertigungstiefe	gering	hauptsächlich Montage
Produktion	Fertigung	Serienfertigung	
	Anlieferung	Just in Time	
	Automatisierungsgrad	mittel	Handarbeit und Automatisierung

Tabelle 3-5: Einordnung des Beispielunternehmens 2 (Kriterien z. T. nach WACH 1994, ZANKER 1999)

3.2.2.2 Defizite im Änderungsmanagement (Beispielunternehmen 2)

Änderungsprozess

Bild 3-4 gibt einen Überblick über den Änderungsprozess des Beispielunternehmens 2. Ebenso wie der zuvor diskutierte Prozess ist dies eine abstrahierte Darstellung des über 100 Einzelschritte umfassenden Prozesses (ALTMANN 1996). Die Einzelschritte zeichnen sich durch eine meist sequentielle Anordnung aus. Dies ist auch eine Ursache für die lange Prozessdauer von durchschnittlich 40 Wochen pro Änderung[1].

[1] Dieses Ergebnis basiert auf dem Mittelwert von 56 auswertbaren Änderungsdaten und reicht von der Fehlererkennung bis zur Umsetzung in der Serie.

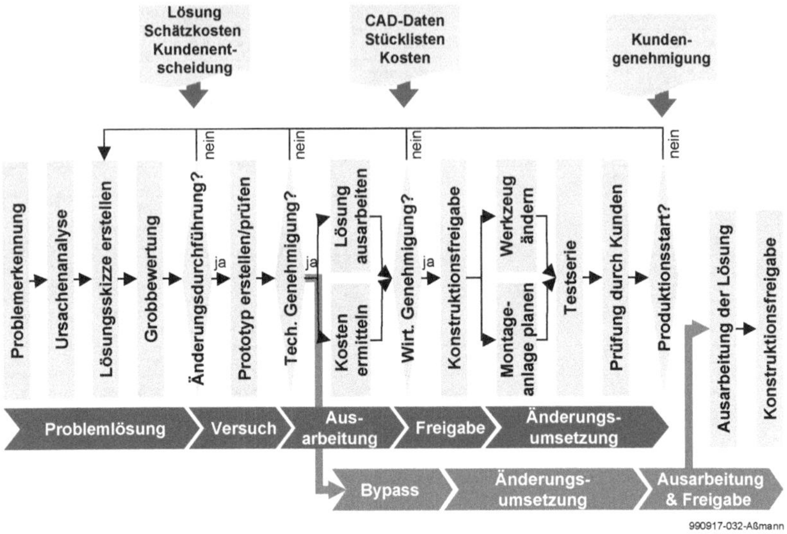

Bild 3-4: Der Änderungsprozess des Beispielunternehmen 2

Problemlösung	Nach dem Erkennen der Änderung werden die Ursachen erarbeitet und erste Lösungen als Skizzen erstellt. Diese sind Grundlage für eine grobe Kostenbewertung. Parallel hierzu wird der Kunde von der durchzuführenden Änderung informiert.
Versuch	Anhand erster Prototypen wird die Funktion der Lösung abgesichert.
Ausarbeitung	In der Ausarbeitung findet die Detaillierung der Lösung durch die Konstruktion sowie zeitparallel eine detaillierte Kostenerfassung statt. Lieferanten werden in den Änderungsprozess integriert und Kosten (bzgl. Werkzeugänderungen etc.) angefragt. Diese Daten sind Grundlage für die Genehmigung der Änderungslösung.
Freigabe	Basierend auf der Genehmigung der Änderungslösung werden nun die konstruktiven Daten, Stücklisten etc. freigegeben.
Änderungsumsetzung	In der Änderungsumsetzung werden Aufträge an die Lieferanten zur Werkzeugänderungen erteilt und die Montageanlage geplant. Nach dem Umbau der Anlage wird anhand einer Testserie die Funktion und Qualität des geänderten Produktumfangs überprüft. Der Kunde entscheidet schließlich die Freigabe des Serienstarts.
Bypass	Der Bypass-Prozess dient der schnellen Abwicklung von Änderungen bei zeitlich kritischen Situation (Bandstillstand des Kunden etc.). Anhand der zuvor erarbeiteten Lösungsskizzen findet die Umgestaltung der Montageanlage etc. statt.
Ausarbeitung & Freigabe	Erst nach dem Serienstart werden die Ergebnisse dokumentiert, die Skizzen am CAD ausgearbeitet und die Kosten erfasst.

Tabelle 3-6: Änderungsphasen des Beispielunternehmens 2

Defizite in der Ursachenanalyse

Aufgrund des hohen Zeitdrucks wird die vorgeschriebene Ursachenanalyse meist nur unzureichend oder gar nicht durchgeführt. Anstelle der Ursachen werden demzufolge nur die Symptome der Änderung bearbeitet. Als weitere Folge der unzureichend durchgeführten Ursachenanalyse können die Änderungskosten nicht verursachergerecht zugeordnet werden. Beispielweise werden 80% der Werkzeugkosten vom eigenen Unternehmen und 20% vom Kunden gezahlt, dagegen nur 30% der Änderungen vom Unternehmen selbst verursacht oder ausgelöst.

Defizite in Dokumentations- und Genehmigungsprozessen

Eine weitere Ursache langer Änderungsprozesse ist die zeitintensive Dokumentation und Genehmigung, wie z. B. die Kostenerfassung (durchschnittlich 11 Wochen) oder die Konstruktionsfreigabe (durchschnittlich 4 Wochen). Ursache dieser Verzögerungen sind die sequentiell angeordneten Einzelschritte, die Vielzahl an Schnittstellen zwischen den Einzelschritten und die daraus abzuleitenden langen Liegezeiten der Dokumente. Aufgrund dieser Defizite wurde im Unternehmen ein Prozess zur scheinbar schnelleren Abwicklung von Änderungen geschaffen, der Bypass-Prozess.

Defizite des Bypass-Prozesses

Der Bypass-Prozess verlagert die zeitintensiven Dokumentations- und Genehmigungsprozesse an das Ende des Änderungsprozesses. Damit werden Zeitpotentiale bei der frühen Änderungsabwicklung geschaffen. Diese vermeintliche Beschleunigung hat jedoch folgende Nachteile:

- Die Ausarbeitung und Dokumentation der Änderung, ein notwendiger Schritt nach DIN EN ISO 9001 (1994), wird erst am Ende des Änderungsprozesses durchgeführt. Viele notwendigen Daten zur Bewertung und Nochvollziehbarkeit der Änderung sind zu diesem Zeitpunkt bereits vergessen. Des Weiteren wird die Notwendigkeit der Dokumentation nicht mehr erkannt und diese deshalb nur oberflächlich oder gar nicht durchgeführt.[1]
- Die Kostenerfassung und die Kostenerstattung wird mit fortschreitendem Prozess schwieriger, da die Verursacher nicht mehr nachgewiesen werden können (fehlende/unzureichende Ursachenanalyse). Ein Übergang vom Änderungsmanagement zu einem Management der Nachforderung der entstehenden Kosten ist unabdingbar (Claimmanagement).

---

[1] Beispielsweise dauerte eine Änderung ca. 600 Kalendertage! Dieser Extremfall ist ausschließlich in der verzögerten Dokumentation begründet.

Defizite im Projektcontrolling

Die Probleme der Ablauforganisation im Änderungswesen werden durch Defizite im Projektcontrolling verschärft. Das sind u. a. die mangelhafte Festlegung und Überwachung der Termine oder die unzureichende Priorisierung der Änderungen. So werden kundeninduzierte Änderungen generell als wichtig eingestuft, ohne deren tatsächliche Relevanz zu hinterfragen. Eine Folge der nicht differenzierten Bearbeitung von Änderungen sind erhöhte Arbeitsbelastungen aufgrund vieler parallel abzuwickelnder Änderungen. Dies führt wiederum zu einer unzureichenden Problemanalyse und -lösung bei Änderungen und Neuentwicklungen. Durch wiederholte Einarbeitung und Rückfragen im Änderungsprozess selbst werden die zeitlichen Verzögerungen weiter verschärft.

Fehlende standardisierte Dokumente

Aufgrund einer kundenorientierten Aufbauorganisation in Projektteams bzw. kundenspezifischer Geschäftsbereiche ist eine einheitliche standardisierbare Dokumentation des Entwicklungs- bzw. Änderungsprozesses nicht immer gegeben. Die Kunden fordern vom Lieferanten die Einhaltung einer spezifischen Dokumentation zur Minimierung der Schnittstellen bzw. Medienbrüche in den Abstimmungsprozessen. Dieser Forderung entsprechend sind in Tabelle 3-7 am Beispiel der Problemdokumentation die verschiedenen Formulare nach Einsatz in der Entwicklung bzw. im Serieneinsatz strukturiert. Die Aufstellung erhebt keinen Anspruch auf Vollständigkeit, da viele Bearbeiter weitere individuelle Lösungen nutzen.

Projektteam	Entwicklung	Serie
Team 1	Maßnahmenblatt	Problemblatt
Team 2		Product Change and Release
Team 3	To-Do-Liste	To-Do-Liste, Protokoll eines teamorientierte Problemlösungsverfahrens
Team 4	Statusliste, Entwicklungsstatus (Kunde)	Protokoll eines teamorientierte Problemlösungsverfahrens
Team 5	Entwicklungsstatus	Protokoll eines teamorientierte Problemlösungsverfahrens
Team 6	List of Open Problems, Statusliste (Teilestatus), Liste Aufgabenpakete, Liste SE-Besprechung	List of Open Problems, Concern & Corrective Action Report
Team 7	Open Issues Action List	
Team 8	Statusliste, Problemblatt, Liste Funktionsstand	Protokoll eines teamorientierte Problemlösungsverfahrens
Team 9	Statusliste, Problemblatt, Reisebericht	Protokoll eines teamorientierte Problemlösungsverfahrens, Reisebericht

Tabelle 3-7: Eingesetzte Dokumente zur Problemerfassung (nach ALTMANN 1996, MÜLLER-WILFING 1997)

Defizite aufgrund der Standortverteilung

Das Beispielunternehmen ist weltweit auf verschiedene Entwicklungs- und Produktionsstandorte verteilt, wobei diese auf die spezifischen, lokalen Marktanforderungen ausgerichtet sind. Aufgrund von Standardisierungsbestrebungen der Automobilindustrie (z. B. Plattformstrategie) müssen standortübergreifende Entwicklungs- und Produktionskooperationen abgewickelt werden. Den hierbei auftretenden Problemen wie z. B. der inkonsistenten Datenhaltung an den verschiedenen Standorten, Doppelarbeit (Formulare müssen in jedem Standort wiederholt für eine Änderung ausgefüllt werden) oder fehlender Information im Unternehmen, können folgende Ursachen zugeordnet werden:

- unterschiedliche Teile- und Identifizierungsnummern in den verschiedenen Produktionsstandorten,
- redundante Zeichnungsverwaltung,
- unterschiedliche Prozesse und Verfahrensanweisungen (Zeichnungsverwaltung, Änderungsprozess),
- standortverschiedene Methoden, Werkzeuge und Formulare,
- lange Kommunikationszeiten aufgrund papiergebundener Kommunikation,
- langsame und z. T. fehlende Netzwerke zum Informationsaustausch und -abgleich zwischen den Standorten und
- kulturelle Barrieren (Sprachen etc.).

3.3 Zusammenfassung

Aufbauend auf den Ergebnissen von Fallstudien, Literaturrecherchen und Umfragen (vgl. Kapitel 2.3.1) konnten folgende Defizite im Änderungswesen identifiziert und zu Problemfeldern zusammengefasst werden.

Späte Änderungserkennung

Nach BOZNAK (1994) werden in westlichen Unternehmen die meisten Änderungen erst kurz vor Serienanlauf und in der Serie erkannt. CONRAT (1998) stellte fest, dass 27% der Änderungen nach dem Musterbau und 40% der Änderungen erst nach der Erstellung der Serienwerkzeuge, also bei der Nullserie, beim Serienanlauf und nach der Auslieferung, erkannt werden. Änderungen sind deshalb maßgeblich für Terminverzögerungen im Entwicklungsbereich verantwortlich (RADERMACHER & PARTNER 1990).

Die späte Erkennung von Änderungen in der unternehmerischen Praxis konnte auch in den oben beschriebenen Fallstudien bestätigt werden. Das Änderungswesen oder das Konfigurationsmanagement als bisher publizierte Formen des Änderungsmanagements betrachten die frühzeitige Änderungserkennung nicht.

Nach GERST (1998) liegen die Ursachen für das späte Erkennen von Änderungen in Informationsdefiziten bei der Verifizierung der Produkteigenschaften, die in den frühen Phasen festgelegt werden, jedoch erst mit zunehmender Konkretisierung des Produkts bzw. des Produktmodells abgesichert werden können. Ebenso kritisch verhalten sich späte Änderungen der Produktanforderungen.

Fehlende Ursachenanalyse

Als weiteres Problemfeld im Änderungswesen konnte die fehlende Ursachenanalyse identifiziert werden. Diese Tatsache wurde von CONRAT (1998) bestätigt, wonach nur 25% der befragten Unternehmen eine Ursachenanalyse von Änderungen durchführten. Die Bedeutung der Ursachenanalyse als Voraussetzung für die Verbesserung des Entwicklungsprozesses wurde in Kapitel 2 nachgewiesen. Als weitere Folge einer fehlenden Ursachenanalyse ist die ausschließliche Symptombehandlung bei der Problemlösung zu nennen.

Unsystematische Problemlösung

Aufgrund der zeitkritischen Prozesse und der fehlenden Ursachenanalyse findet eine Alternativenbildung bei der Problemlösung selten statt. Vielmehr wird die Problemlösung unstrukturiert und unsystematisch durchgeführt. In den Beispielunternehmen konnte beobachtet werden, dass für viele scheinbar ähnliche Problemstellungen identische Standardlösungen eingesetzt wurden. Die Entwicklung von Alternativen auf Basis von Standardlösungen einerseits und die Generierung neuer, innovativer Ideen zur Beseitigung der Ursachen andererseits wird dagegen nur selten verfolgt. Eine Folge des Einsatzes von Standardlösungen sind Folgeänderungen bzw. Änderungen in den Ausgangszustand, da man sich irrtümlich auf scheinbar bewährte Lösungen verlässt und diese nicht hinsichtlich technischer Auswirkungen absichert. Dabei ist situativ abzuwägen, ob nicht Standardlösungen eine risikoarme Möglichkeit der Problemlösung bei kritischen Änderungen darstellen.

Fehlende ganzheitliche Bewertung

Die hohe Anzahl von Folgeänderungen – nach einer Studie (ASSMANN ET AL. 1999A) sind durchschnittlich 15% aller Änderungen Folgeänderungen, Spitzenwerte erreichen sogar 40% - ist auf die unzureichende Erkennung potentieller Änderungsauswirkungen zurückzuführen.

Dies, so bestätigten Fallstudien, liegt an unzureichend durchgeführten oder fehlenden Bewertungen von Änderungen hinsichtlich technischer und wirtschaftlicher Aspekte. Ebenso finden nur mangelhafte Wirtschaftlichkeitsbewertungen im Vorfeld der Änderungsentscheidung statt. In diesem Zusammenhang zeigte eine Umfrage (ASSMANN ET AL. 1999A) die Abhängigkeit der Auswirkungserkennung vom Fortschrittsgrad der Änderungsabwicklung. Bereits während der Änderungsbearbeitung steigt die Häufigkeit, Auswirkungen zu erkennen (Bild 3-5). Die frühzeitige und umfassende Erkennung von Auswirkungen und

Maßnahmen auf angrenzende Produktbereiche und Funktionen ist Voraussetzung für die sichere Bewertung von Änderungen (BILLINGER 1998).

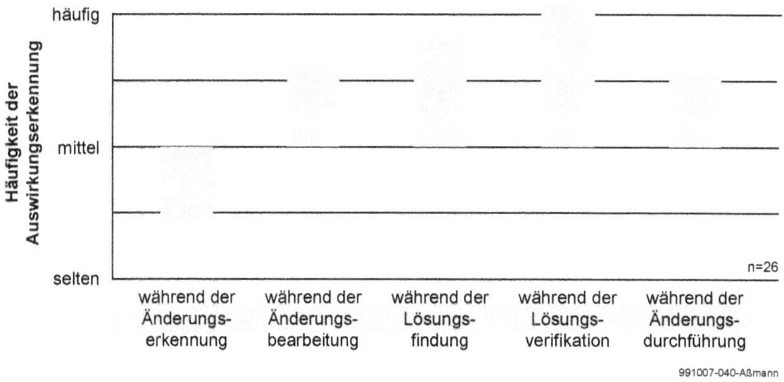

Bild 3-5: Zeitpunkt der Auswirkungserkennung von Änderungen (ASSMANN ET AL. 1999A)

Defizite in der Abwicklung von Änderungen

Die beobachteten Prozesse zeichnen sich durch eine hohe Arbeitsteiligkeit und Bürokratismus aus (vgl. auch HOFER-ALFEIS 1998). Dabei werden die im Entwicklungsprozess realisierten Ansätze der Parallelisierung oder der Einsatz interdisziplinärer Teams nur wenig berücksichtigt. Es besteht eine formale Trennung von Entwicklungs- und Änderungsprozessen (Kapitel 2.2.3).

Neben dem arbeitsteiligen, sequentiellen Vorgehen ist die fehlende Integration betroffener Personen oder Fachabteilungen eine weitere Schwachstelle derzeit durchgeführter Prozesse. Dies geht mit der fehlenden gesamtheitlichen Betrachtung von Prozess und technischer Änderungslösung einher. Sichtbar ist dies in der Trennung von wirtschaftlicher und technischer Bewertung. Die Folgen sind offensichtlich: einseitige Bewertung, lange Rückkopplungsschleifen aufgrund fehlerbedingter Entscheidungen und Folgeänderungen.

Ein weiteres Defizit ist die unzureichende Koordination der Prozesse. Dabei ist die Koordination bezüglich der Änderungsprozesse untereinander und in Zusammenhang mit dem laufenden Entwicklungsprozess zu unterscheiden. Der festgestellte Änderungsaktionismus und das fehlende Hinterfragen der Priorität und der Notwendigkeit unterstützen diese negativen Effekte, ebenso wie die fehlende Methoden- oder Werkzeugunterstützung. Die in der industriellen Praxis aufgefundenen Bypass-Prozesse als Verbesserungsmaßnahmen in der Änderungsabwicklung vermindern zudem die Transparenz und erhöhen die Komplexität, da mit Bypass-Prozessen zwar kurzfristige Optimierungspotentiale erreicht werden können, die dabei übergangenen Tätigkeiten jedoch im Anschluss wiederholt werden müssen oder die Informationen (z. B. Kosten) gänzlich fehlen.

Schwachstellen in der Dokumentation und Auswertung

Als Beispiel für eine unzureichende Dokumentation und Auswertung von Änderungen kann die fehlende Erfassung wichtiger Änderungsdaten, wie Beschreibungen der Fehler, Grundursachen etc., genannt werden. So werden diese Daten auch nicht hinsichtlich möglicher Ursachen zur Verbesserung zukünftiger Entwicklungsprozesse ausgewertet.

Zudem verschärft der nicht standardisierte Datenaustausch mit Kunden oder Lieferanten aufgrund unterschiedlicher Datenformate oder nicht standardisierter Schnittstellen diese Problematik. Nach ALTMANN (1996) verbringen die Konstrukteure ca. 30% ihrer Zeit damit (Fallstudie in der Automobilzulieferindustrie), die fehlerhaft vom Kunden geschickten CAD-Modelle auf den geforderten Standard zu bringen.

Diesen Defiziten wird derzeit in der Industrie mit einseitig ausgerichteten Verbesserungsmaßnahmen, wie der Einführung von Workflow- oder Produktdaten-Management-Systemen oder der Gestaltung von Bypass-Prozessen, entgegen getreten. Bei dieser einseitigen Betrachtung werden jedoch weitere wichtige Randbedingungen außer Acht gelassen, wie die Qualifikation der Mitarbeiter, die Anpassung der Ablauf- und Aufbauorganisation oder die grundlegende methodische Unterstützung. Zudem fehlen flexible, situationsgerechte Prozesse und daran adaptierbare Methoden und Werkzeuge.

4 Integriertes Änderungsmanagement als Grundlage des Änderungsprozesses

Bislang werden Änderungen und Änderungsprozesse in der Praxis als Störungen und Behinderungen der Produktentwicklung oder Produkterstellung verstanden. Mit dem Integrierten Änderungsmanagement (LINDEMANN & REICHWALD 1998) wird ein Konzept vorgestellt, das den Änderungsprozess als wichtigen Bestandteil sowohl des aktuell betroffenen als auch zukünftiger Entwicklungs- und Produkterstellungsprozesse hervorhebt. Voraussetzung hierzu ist die Betonung des Projektcharakters von Änderungsprozessen und ein verändertes Verständnis gegenüber Änderungen. Änderungen sollen nicht nur als Störungen des Entwicklungsprozesses betrachtet werden, vielmehr sind sie eine Weiterentwicklung und somit eine Chance zu lernen.

Anhand diesem Managementkonzept zur Abwicklung technischer Änderungen wird ein Änderungsprozess abgeleitet, der ein Vorgehen für die Durchführung von Änderungen vorgibt. Die Umsetzbarkeit dieses Prozesses in die Praxis konnte bereits in Industrieprojekten nachgewiesen werden (Kapitel 4.5). Basierend auf den bei der Umsetzung gewonnen Erkenntnissen findet ein abschließender Vergleich statt.

4.1 Zielsetzung des Integrierten Änderungsmanagements

Die in Kapitel 3.1 und 3.2 beschriebenen Prozessmodelle für die Änderungsabwicklung bestimmen den Änderungsprozess durch stark sequenziell geprägte Vorgehensweisen. Diese arbeitsteilig organisierten Prozesse entsprechen nicht mehr dem Umfeld, in dem die Unternehmen heute agieren (vgl. Kapitel 2.2). Die Beherrschung von Änderungen in teamorientierten Strukturen erfordert ein Änderungsmanagement, das eine vernetzte und integrierte Arbeitsweise unterstützt und folgende Rahmenbedingungen der Produktentwicklung berücksichtigt:

- höhere Anforderungen an die Produkte hinsichtlich Funktion, Kosten und Qualität,
- kürzere Lebenszyklen der Produkte und damit kürzere Entwicklungszeiten,
- durch steigenden Einsatz unterschiedlicher Technologien geforderte interdisziplinäre Produktentwicklung,
- steigender Entwicklungsaufwand aufgrund komplexerer Produkte und
- Globalisierung der Märkte und Standortverteilung von Entwicklung und Produktion.

Gleichzeitig hat die Ressource Mitarbeiter in den Unternehmen zunehmend an Bedeutung gewonnen. Konsequenterweise erfordern diese neuen Randbedingungen deshalb auch eine Optimierung des klassischen Änderungswesens. Die einseitige Betrachtung des Änderungsprozesses hinsichtlich Kosten, Zeit und Qualität muss um die Elemente Flexibilität und Humansituation ergänzt werden (REICHWALD ET AL. 1996).

WILDEMANN (1994A) definiert für ein effektives und effizientes Änderungsmanagement das Ziel, Lernprozesse zu beschleunigen und Störungen durch technische Änderungen zu vermeiden. Ausgehend von der Tatsache, dass Änderungen Bestandteile des Entwicklungsprozesses sind, sollte der Änderungsprozess als ein wesentlicher Bestandteil in den Entwicklungsprozesses integriert werden. Dieses ganzheitliche Denken ist gerade bei technischen Änderungen notwendig, um die negativen Folgen (z. B. Auswirkungen von Änderungen) zu begrenzen. Deshalb muss die Verbesserung der Änderungsprozesse auch mit der Verbesserung des Entwicklungsprozesses einhergehen. Dieser Strategie folgend wurde das Konzept für das Integriertes Änderungsmanagement entworfen.

Die Ergebnisse zahlreicher Fallstudien und Umfragen (CONRAT 1998, REICHWALD ET AL. 1998) und die daraus abgeleiteten typischen Defizite des Änderungswesens (Kapitel 3) bilden die empirische Grundlage für die Entwicklung des Integrierten Änderungsmanagements. Diese Defizite wurden zunächst in acht Kategorien, im Folgenden Problemfelder genannt, strukturiert. Aus diesen acht Problemfeldern konnten acht Aktionsfelder eines gesamtheitlichen Integrierten Änderungsmanagements abgeleitet werden (Bild 4-1).

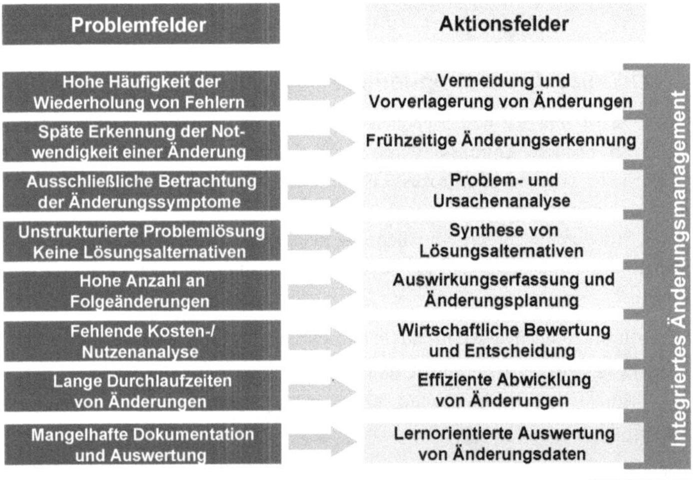

Bild 4-1: Problemfelder und Aktionsfelder des Integrierten Änderungsmanagements (nach ASSMANN & CONRAT 1998)

Die Aktionsfelder sind als Teil des ganzheitlichen Ansatzes eines Integrierten Änderungsmanagements zu verstehen und zeigen konkrete Handlungsfelder zur Verbesserung des Änderungs- und Entwicklungsprozesses auf. Im einzelnen werden dabei folgende Ziele verfolgt (nach GEMMERICH 1995):

- die schnelle und zuverlässige Abwicklung notwendiger Änderungen,
- die Vermeidung unwirtschaftlicher Änderungen sowie
- die Vermeidung fehlerbedingter Änderungen.

Betrachtet man die Herausforderungen, die mit diesem Integrationsansatz[1] verbunden sind, so ergeben sich weitere Ziele wie die Reduzierung der Schnittstellen und der damit verbundenen „Reibungsverluste", die Minimierung der Doppelarbeit und die Erhöhung der Prozesstransparenz.

4.2 Aufbau des Integrierten Änderungsmanagements

Im Konzept des Integrierten Änderungsmanagements werden die Ressourcen Management, Mensch sowie Methoden und Hilfsmittel durch drei Bausteine repräsentiert (Bild 4-2). Bausteine und Aktionsfelder können nicht getrennt voneinander betrachtet werden. Sie sind stark vernetzt und beeinflussen sich gegenseitig. Im Weiteren werden die einzelnen Aktionsfelder und Bausteine kurz erläutert.

Bausteine des Integrierte Änderungsmanagements

Die Bausteine des Integrierten Änderungsmanagements stellen die im Unternehmen vorhandenen Ressourcen dar, die zur Implementierung und Ausführung eines Integrierten Änderungsmanagements herangezogen werden müssen.

Im Baustein *Management und Organisation* (RIEDEL & VOIGT 1998) liegt der Schwerpunkt der Betrachtung auf dem flexiblen Management technischer Änderungen und der dazu notwendigen ablauf- bzw. aufbauorganisatorischen Ansätze. Die Bedeutung des Themas Qualifikation und Motivation im Baustein *Mensch* (SCHMALZL & RIEDEL 1998) wird an der Notwendigkeit klar, dass die Art der Einbindung der Mitarbeiter im Änderungsmanagement entscheidend für die zielgerichtete und effiziente Abwicklung ist. *Methoden und Hilfsmittel* sind die Grundlagen für die konkrete Abwicklung von Änderungen. Das beinhaltet u. a. Methoden für die Problemlösung (ALLMANSBERGER & WULF 1998), sowie die EDV-technische Unterstützung zur Verbesserung des Informationsflusses im Unternehmen (Kapitel 6).

---

[1] Der Integrationsansatz beschreibt die gesamtheitliche Betrachtung des Änderungsmanagements unter Berücksichtigung der Unternehmensressourcen Mensch, Management und Methoden der Aktionsfelder.

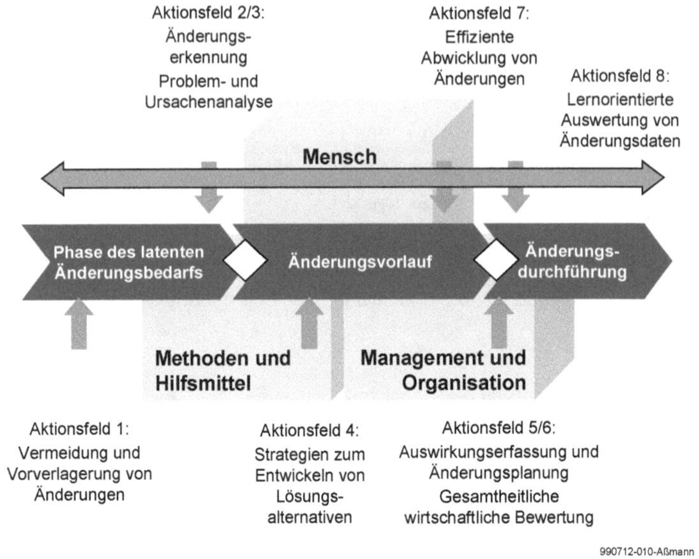

Bild 4-2: Aufbau des Integrierten Änderungsmanagements (LINDEMANN & REICHWALD 1998)

Aktionsfelder des Integrierten Änderungsmanagements

Aktionsfelder sind zusammenhängende Handlungsfelder, die zu einer gesamtheitlichen Optimierung des Änderungsmanagements berücksichtigt werden müssen. Das sind sowohl Strategien zur Vermeidung von Änderungen, deren optimierte Abwicklung wie auch die prozessbegleitende, lernorientierte Auswertung der Änderungsdaten.

Schwerpunkt des ersten Aktionsfelds sind Strategien und Methoden zur *Vermeidung und Vorverlagerung von Änderungen* (ASSMANN 1998) in den frühen Phasen der Produktentwicklung. Um *Änderungen frühzeitig erkennen* zu können (GERST 1998), sind durchgängige Analysen der Produkt- und Prozesseigenschaften erforderlich, um rechtzeitig Abweichungen vom vorgegebenen SOLL-Zustand festzustellen. Hierzu ist ein Verantwortungstransfer hinsichtlich der Problemmeldung, Problemdokumentation und Priorisierung von erkannten Problemen erforderlich. Die *Problem- und Ursachenanalyse* (GERST & STETTER 1998) ist Bestandteil der Aufgabenklärung. Sie ist vor allem bei der Bearbeitung fehlerbedingter Änderungen (Ist-Abweichungen) von Bedeutung. Ziel der Problemanalyse ist es daher, ein vorliegendes Problem zu strukturieren und seine Komplexität zu reduzieren, bis es als definierte Aufgabe bewältigt werden kann.

Für die geeignete *Synthese von Lösungsalternativen* schlägt ALLMANSBERGER (1998) situationsspezifische Ansätze wie das korrigierende oder generierende Vorgehen vor, für eine aufwandsgerechte Lösungssuche und Umsetzung. Die Betrachtung technischer wie wirtschaftlicher Auswirkungen der konstruktiven Problemlösung und ihre Berücksichtigung bei der Planung sind die Schwerpunkte der Aktionsfelder *Auswirkungserfassung und Änderungsplanung* (KLEEDÖRFER 1998B) und *Wirtschaftliche Bewertung und Entscheidung* (RIEDEL 1998). Ausgangspunkt sind die unmittelbar geänderten Komponenten und deren Auswirkungen im Produkt und im technischen Umfeld. Auf dieser Grundlage können organisatorische Aspekte geplant werden, um dann im folgenden Aktionsfeld die wirtschaftlichen Auswirkungen aufzuzeigen. Mit dem Aktionsfeld der *Effizienten Abwicklung von Änderungen* (RIEDEL & VOIGT 1998) werden aus den Bereichen Aufgabe, Organisation, Mitarbeiter und Hilfsmittel Maßnahmen zur Optimierung des Änderungsprozesses aufgezeigt. Diese Verbesserungsvorschläge zielen dabei auf die operative Ebene im Unternehmen.

Die Chance, aus technischen Änderungen zu lernen, wurde in der Vergangenheit kaum ergriffen. Entsprechende Ansätze zur Gestaltung der Änderungsdatenerfassung und der Auswertung der Daten sind die Schwerpunkte des Aktionsfelds *Lernorientierte Auswertung von Änderungsdaten* (CONRAT & VOIGT 1998).

Aufgrund der starken Vernetzung von Aktionsfeldern und Bausteinen kann ein zielgerichtetes und somit effizientes Änderungsmanagement nur dann erfüllt werden, wenn alle Bausteine und Aktionsfelder in dem Änderungs- und Entwicklungsprozess des Unternehmens berücksichtigt werden. Mit dem folgenden Änderungsprozess wird ein Konzept vorgeschlagen, das die Umsetzung der im Integrierten Änderungsmanagement aufgezeigten Ziele darstellt.

4.3 Bewertung wissenschaftlicher Verbesserungsmaßnahmen

4.3.1 Ansätze wissenschaftlicher Arbeiten

HILLER (1997) stellt zur Optimierung des Änderungsprozesses folgende Anforderungen an die Änderungsabwicklung:

- Detaillierte Beschreibung des Änderungsprozesses als Handlungsanleitung zur effizienten Abwicklung.
- Erklärendes Modell zur Problemlösung und Entscheidungsunterstützung.
- Klar strukturierter Ablauf und modularer Aufbau zur einfachen Anwendbarkeit.
- Generelle Gültigkeit des Prozessmodells zur Übertragbarkeit auf unterschiedliche Änderungstypen.

Der Änderungsprozess (Bild 4-3) gliedert sich hierzu in die vier Phasen Änderung identifizieren, Änderung bewerten, Änderung konzipieren und Änderung realisieren. Diesen Prozessphasen (Tabelle 4-1) ordnet HILLER (1997) eine Mikrologik zu, die wiederum aus drei Schritten (Phasenspezifische Aktivitätendurchführung, Dokumentation der Ergebnisse und Entscheidung über Prozessfortführung) aufgebaut ist und die zyklisch durchlaufen werden.

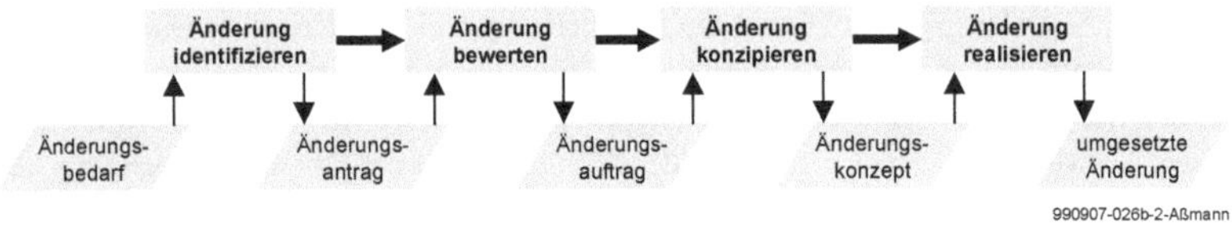

Bild 4-3: Änderungsprozess nach HILLER (1997)

Änderung identifizieren	Ziel ist die Vorklärung der Änderung hinsichtlich deren Bedarf, bekannter Auswirkungen auf das Produktkonzept und der Bearbeitungspriorität. Dabei steht die Aufwandsminimierung im Vordergrund.
Änderung bewerten	Tätigkeiten hierzu sind die Definition der Anforderungen an das Lösungskonzept, die Erfassung möglicher Auswirkungen und die Bewertung von Aufwand und Nutzen der Änderung.
Änderung konzipieren	In dieser Phase ist ein geeignetes Lösungskonzept auf Konzeptebene zu erarbeiten und die Lösungsverträglichkeit mit dem gesamten Produktkonzept zu prüfen.
Änderung realisieren	Die Überführung des bereits festgelegten Änderungskonzepts in das bestehende Produktkonzept bildet den Abschluss des Änderungsprozesses. Hierzu sind ebenso Betroffene zu informieren wie auch die Änderung zu planen.

Tabelle 4-1: Änderungsphasen nach HILLER (1997)

Der Prozessschritt phasenspezifische Aktivitätendurchführung beinhaltet die Durchführung der einzelnen Arbeitsschritte einschließlich des damit zusammenhängenden Informationsflusses. Voraussetzung für den Informationsfluss im Änderungsprozess ist die Dokumentation der Ergebnisse (zweiter Prozessschritt der Mikrologik). Die Korrektur des Prozesses hinsichtlich einer Weiterführung oder eines Abbruchs bzw. der Übernahme der Änderung in die Modellpflege wird mit der Entscheidung über die Prozessfortführung festgelegt.

KLEEDÖRFER (1998A) orientiert sich bei seiner Gestaltung des Änderungsprozesses (Bild 4-4, Tabelle 4-2) an den Vorgehenszyklus nach EHRLENSPIEL (1995). Der Prozess ist folglich in die Phasen Aufgabe klären, Lösungen suchen und Lösungen auswählen gegliedert. Zusätzlich führt KLEEDÖRFER die Phase Änderung verwirklichen ein.

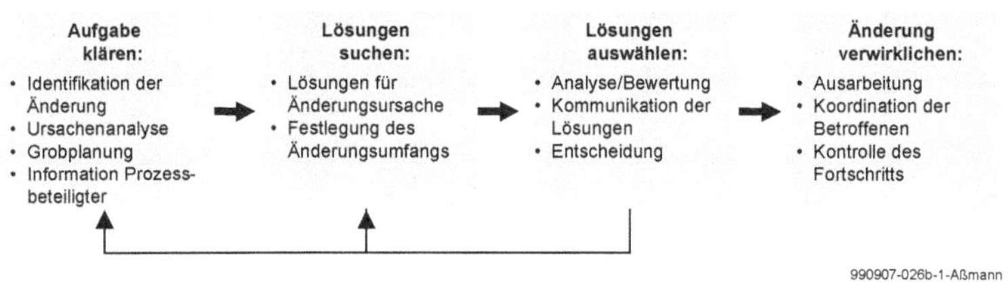

Bild 4-4: Änderungsprozess nach KLEEDÖRFER (1998A)

Aufgabe klären	Diese Phase umfasst die Identifikation des Änderungsauslösers basierend auf einem SOLL-IST-Vergleich. Im Weiteren ist eine detaillierte Analyse des Änderungsauslösers und die Ermittlung der Ursachen durchzuführen. Gefolgt von einer Grobplanung der Änderung und deren Einteilung in Änderungsklassen ist der Änderung ein spezifischer Prozess zuzuordnen. Schließlich sind Termine festzulegen, ein Verantwortlicher zu bestimmen und die Änderung mit beeinflussenden Änderungen zu abzustimmen.
Lösungen suchen	Für die zuvor definierten Ursachen der Änderung sind konstruktive Verbesserungsmaßnahmen zu erarbeiten und notwendige Änderungsumfänge festzulegen.
Lösungen auswählen	Auf der Grundlage einer gesamtheitlichen Analyse der Änderungsauswirkungen ist die Entscheidung zu treffen, welche der Lösungen als geeignet erscheint. Die Bewertung ist hierzu hinsichtlich technischer, wirtschaftlicher und organisatorischer Einflusskriterien durchzuführen.
Änderungen verwirklichen	Schwerpunkt dieser Phase ist die konstruktive Ausarbeitung der Änderungslösung und die Kosten- und Prozessplanung. Dabei sind alle Betroffenen der Änderung zu informieren und zu koordinieren, um Einflüsse auf parallel durchgeführte Änderungen aufzudecken und diese gegebenenfalls zu bündeln. Abschließend zeigt ein SOLL-IST-Vergleich die Ergebnisse der Änderung hinsichtlich deren Zielereichung.

Tabelle 4-2: Änderungsphasen nach KLEEDÖRFER (1998A)

Aufbauend auf den Vorgaben der DIN 199 TEIL 4 (1981) entwickelte CONRAT (1998) ein erweitertes Prozessmodell des Änderungsvorlaufs. Zwischen der Erkennung des Änderungsbedarfs und der Erstellung des Änderungsantrags liegen wichtige Vorprüfungs- und Entscheidungsprozesse des Problementdeckers oder des Antragstellers. Deshalb ergänzte Conrat den Änderungsvorlauf um die in Bild 4-5 dargestellten Phasen.

Bild 4-5: Änderungsprozess nach CONRAT (1998) – erweiterte Sicht des Änderungsvorlaufs

Vorprüfung des Änderungsbedarfs	Die Integration erster Entscheidungsprozesse ist, ausgehend von dem Änderungsprozess der DIN 199 (1981), notwendig um frühzeitig den Änderungsbedarf abzuschätzen. Ziel ist die Kostenreduzierung aufgrund der Eliminierung nicht notwendiger Änderungen.
Formulierung des Änderungsantrags	Erstellung des Änderungsantrags als Unterlage, in der gewünschte Änderungen beschrieben und/oder begründet und zur Entscheidung vorgelegt werden.
Vorprüfung und Klassifizierung des Änderungsantrags	Vorprüfung und Klassifizierung des Änderungsantrags durch eine Koordinationsinstanz für die Änderungen (z. B. dem Projektleiter)
Technische und organisatorische Änderungsplanung	In dieser Phase findet die konstruktive und detaillierte Ausarbeitung der technischen Lösung sowie die organisatorische Planung des Änderungsvorschlags statt. Grundlage sind Lösungsskizzen im Änderungsantrag
Änderungsbewertung	Die Bewertung des Änderungsvorschlags durch die Fachabteilungen ist Grundlage für die abschließende Genehmigung durch den zuständigen Entscheidungsträger.

Tabelle 4-3: Änderungsphasen nach CONRAT (1998)

FRICKE (1998) wiederum baut bei der Definiten des Änderungsprozesses auf dem systemtechnischen Problemlösungsprozess des Systems Engineering auf (DAENZER & HUBER 1997) und teilt den Änderungsprozess in sieben Phasen (Bild 4-6, Tabelle 4-4).

Bild 4-6: Änderungsprozess nach FRICKE (1998)

Problemzustand als Änderungsauslöser	Die Problemphase dient der Beschreibung des Problemzustand bzw. der Änderungsursache und der Definition des Defizits. Bereits hier sollte ein Verantwortlicher festgelegt werden, der sich um den folgenden Änderungsprozess kümmert.
Zielformulierung der Änderung	In der Zielformulierung werden in einer „positiven" Formulierung Wünsche und Anforderungen der Änderung festgelegt.
Modellierung und Simulation einer Änderung und der Auswirkungen	Parallel zur Zielformulierung findet die Modellierung und Simulation der Änderungsalternativen unter Berücksichtigung der Eigenheiten des technischen Systems und der zur Verfügung stehenden Ressourcen statt.
Bewertung der Änderungsmöglichkeiten	Basierend auf den definierten Zielen (Auswahlkriterien) und den Ergebnissen der Modellierung und Simulation werden die Lösungsalternativen bewertet.
Entscheidung	Basierend auf der Bewertung wird die Änderungsmaßnahme mit der Entscheidung festgelegt.
Implementierung	Nach der Festlegung erfolgt deren Implementierung, wobei ab diesen Zeitpunkt eine Person die Verantwortung für die Implementierung übernimmt (vgl. dem Prozessverantwortlichen aus der Phase Zieldefinition).
Erfolgskontrolle	Abschließend findet eine Erfolgskontrolle der Änderungsmaßnahme statt.

Tabelle 4-4: Änderungsphasen nach FRICKE (1998)

4.3.2 Bewertung der wissenschaftlichen Ansätze

Die aufgezeigten Verbesserungsmaßnahmen werden anhand der Kriterien:

- Integrität des Ansatzes (Integration wesentlicher Unternehmensabteilungen),
- Teamorientierte Vorgehensweise,
- Problemspezifische Anpassbarkeit (Differenzierbarkeit der Prozesse),
- Formalismus (Aufwand der Änderungsdokumentation) und
- Durchgängigkeit (Berücksichtigung der gesamten Prozesskette)

gegenübergestellt. Eine vergleichende Bewertung (Tabelle 4-5) der Änderungsprozesse ist schwierig, da die Umsetzung unter unterschiedlichen Randbedingungen erfolgte, die teilweise nur unvollständig in den Arbeiten angegeben wurde.

	Integrität des Ansätze	Teamorientierte Vorgehensweise	Problemspezifische Anpassbarkeit	Formalismus	Durchgängigkeit
Prozess nach CONRAT (1998)	gering	gering	gering	hoch	gering
Prozess nach FRICKE (1998)	keine Angabe	keine Angabe	gering	keine Angabe	mittel
Prozess nach KLEEDÖRFER (1998A)	gering	mittel	gering	keine Angabe	mittel
Prozess nach HILLER (1997)	mittel/hoch	hoch	gering	hoch	hoch

Tabelle 4-5: Vergleich der Prozesse

Integrativer Ansatz – Integration wesentlicher Unternehmensbereiche

Schwerpunkt der analysierten Ansätze liegt in der Unterstützung der frühen Phasen des Änderungsprozesses, der Ursachenanalyse und der Problemlösung. Dies wirkt sich positiv auf den weiteren Prozess aus. Jedoch werden die ebenso notwendigen nachgelagerten Bereiche (z. B. Produktion, Logistik etc.) nur unzureichend betrachtet und in die frühen Phasen integriert (z. B. durch Parallelisierung oder Teamarbeit). Die Potentiale der im Entwicklungsprozess bereits realisierten integrierenden Ansätze werden zu wenig für den Änderungsprozess berücksichtigt.

Teamorientierte Vorgehensweise

Aufgrund der positiven Effekte des Simultaneous und Concurrent Engineerings sind diese Ansätze ebenso im Änderungsmanagement zu nutzen. Denn durch eine teamorientierte Vorgehensweise können Abstimmungs- und Planungsprozesse optimiert, sowie die Zieldefinition, Lösungsentwicklung und Lösungsbewertung unter der ganzheitlichen Berücksichtigung der Randbedingungen durchgeführt werden. Diese Ansätze werden in den unterschiedlichen Verbesserungsalternativen nur selten aufgezeigt.

Problemspezifische Anpassung – Detaillierung und Anpassung des Änderungsprozesses

Die diskutierten Änderungsprozesse sind auf einem sehr hohen Abstraktionsniveau, so dass sie prinzipiell an unterschiedliche eng gestreute Randbedingungen anpassbar sind, jedoch deren problem- oder unternehmensspezifische Adaptierbarkeit an alle Änderungen kritisch zu hinterfragen ist. Von den Autoren werden im Weiteren keine Maßnahmen für eine problemspezifische Anpassbarkeit oder situative Detaillierung des Änderungsprozesses vorgeschlagen.

Formalismus

Aufgrund fehlender teamorientierter Vorgehensweisen und integrativer Ansätze ist ein hoher Formalismus bei vielen Prozessvorschlägen vorhanden. Bei CONRAT (1998) handelt es sich z. B. um eine Erweiterung der DIN 199 TEIL 4 (1981), deren formale Defizite nicht beseitigt wurden. Ein hoher Formalismus ist ebenso eine Ausprägung mangelnder Flexibilität.

Durchgängigkeit

Die Durchgängigkeit berücksichtigt die Unterstützung der gesamten Prozesskette, von der Problemerkennung über die Problemlösung bis hin zur Durchführung und Umsetzung der Änderung. Hier konnte, wie oben genannt, eine detaillierte Ausprägung der frühen Phasen (Problemerkennung, Problemlösung) und eine nur wenig detaillierte Ausprägung der späten Phasen (Produktion, Logistik) bei allen Verbesserungsvorschlägen identifiziert werden.

4.4 Änderungsprozess für das Integrierte Änderungsmanagement

4.4.1 Anforderungen an den Änderungsprozess

Für die Gestaltung des Änderungsprozesses ist die Festlegung der Ziele unablässig. Deshalb werden in folgender Anforderungsliste (Tabelle 4-6) die Grundlagen für die Erarbeitung des Prozesses definiert. Übergeordnete Zielsetzung ist die effiziente (die richtigen Dinge tun) und die effektive (die Dinge richtig tun) Abwicklung von Änderungen (VOIGT & RIEDEL, 1998).

Nr.	Anforderung	Quelle
1	**Umfassende und durchgängige Beherrschung von Produktänderungen in allen Phasen des Produktentwicklungsprozesses**	HILLER (1997)
1.1	Unterstützung eines methodischen, systematischen Vorgehens bei der Bearbeitung	LINDEMANN & KLEEDÖRFER (1998)
1.2	Integration der Aspekte der Problemlösung, also die Unterstützung der frühen Phasen (Problemerkennung, Lösungssuche)	LINDEMANN & KLEEDÖRFER (1998)
1.3	Verdeutlichung und konzeptionelle Berücksichtigung der Ursachen-Wirkungs Zusammenhänge von Änderungen	HILLER (1997)
1.4	Durchgängige Unterstützung von der Fehlererkennung bis zur Produktion	
1.5	Vorverlagerung der Änderungsentscheidung	
1.6	Definierter Abschluss zur Erfolgskontrolle und Erfahrungsaufbereitung	
2	**Beseitigung der Schnittstellenproblematik aufgrund der funktionalen Trennung der Unternehmensbereiche**	LINDEMANN & KLEEDÖRFER (1998)
2.1	Integration unterschiedlicher Funktions- wie auch Technologiebereiche	
2.2	Koordination der standortverteilten Entwicklung und Produktion (auch externe Entwicklungspartner)	
2.3	Transparenz des Änderungsprozesses	
2.4	Optimierung des Informationsflusses und der Kommunikation	
2.5	Kurze Regelkreise zur Reduzierung des Koordinationsaufwands und zur Minimierung des unternehmerischen Risikos	KROTTMAIER (1995), KLEEDÖRFER (1998A)
3	**Übertragbarkeit und universelle Anwendbarkeit im Produktentwicklungsprozess mit weitgehender Unabhängigkeit von der Branche sowie den unternehmens- und projektspezifischen Kriterien**	HILLER (1997)
3.1	Eignung zur Integration in bestehende Strukturen des Produktentwicklungsprozesses, des Projektmanagements und der vorhanden Methoden	
3.2	Flexible Anwendbarkeit hinsichtlich projektabhängiger Aufgabenstellung	
3.3	Schaffung kreativer Freiräume (kein Formalismus)	
4	**Administrative Abwicklung von Änderungen**	LINDEMANN & KLEEDÖRFER (1998)
4.1	Bereitstellung eines Leitfadens und von Hilfsmitteln zur Umsetzung des Konzepts in konkrete Anwendungssituationen	HILLER (1997)
4.2	Vermeidung von „Bypass-Lösungen"	ASSMANN ET AL. (1999B)
4.3	Standardisierte Teilprozesse	VOIGT & RIEDEL (1998)

Tabelle 4-6: Anforderungen an den Änderungsprozess

Aufbauend auf der Integrierten Produktentwicklung (Kapitel 2.2.1), des systematischen Vorgehens zur Problemlösung (Kapitel 2.2.1) und dem Konzept des Integrierten Änderungsmanagements (Kapitel 4.2) wurde in Zusammenarbeit mit der Industrie ein Konzept für einen Änderungsprozess (ASSMANN ET AL. 1999B) entwickelt, das im Folgenden beschrieben wird.

4.4.2 Geltungsbereich des Änderungsprozesses

Die heterogenen Unternehmensstrukturen erfordern differenzierte Prozesse zur Abwicklung von Änderungen. Eine Differenzierung sollte deshalb nicht nur hinsichtlich der Änderung sondern vielmehr bereits bei der Implementierung des zugrundeliegenden unternehmensspezifischen Prozesses erfolgen.

Prozesstyp der Fertigung	„Der Prozesstyp der Fertigung beschreibt die Wiederholung der Fertigungsvorgänge. Die Wahl des Prozesstyps hängt dabei von der Produktionsart, der Nachfragegegebenheiten und den Organisationstypen der Fertigung ab (REICHWALD & DIETEL 1991)."
Art der Auftragserteilung	„Die Art der Auftragserteilung beschreibt den Marktbezug zwischen Unternehmen und Kunde. Während der Fertigung komplexer Erzeugnisse häufig ein konkreter Auftrag zugrunde liegt, erfolgt die Fertigung vergleichsweise einfacher Erzeugnisse auf der Grundlage eines vom Kunden unabhängigen Absatzprogramms (REICHWALD & DIETEL 1991)."
Branche	„Unter einer Branche versteht man eine Menge von Unternehmen, die weitgehend substituierbare Produkte oder Leistungen herstellt (HEINEN 1991)."
Marktstrategie	„Gegenstand der Marktstrategie (im Sinne der Vorzeichnung eines globalen Weges zur Zielerreichung) ist die Entdeckung und Sicherung langfristiger Erfolgspotentiale, mit deren Hilfe eine Vorsteuerung der laufenden Zielerreichung möglich werden soll (MARR & PICOT 1991)."
Fehlerkultur	„Kultur umfasst die Gesamtheit der Werte, Normen und Symbole, die sich in einem sozialen System als Reaktion auf das Spannungsfeld zwischen den Anforderungen der Umwelt und den Bedürfnissen und Interessen der Mitglieder des Systems entwickelt. Die Fehlerkultur ist ein Teil der Unternehmenskultur und betrachtet die Auswirkungen von Fehlern auf die Humansituation (KUPSCH & MARR 1991)."
Technologieeinsatz	„Das Merkmal Technologieeinsatz gibt die Anzahl unterschiedlicher Disziplinen an, die zu einer Problemlösung notwendig sind. Dabei wird Technologie in diesem Zusammenhang als verfahrens- und produktbezogenes Problemlösungswissen definiert (KUPSCH ET AL. 1991)."
Standortverteilung der Entwicklungspartner	Basierend auf der Theorie des Systems Engineering (DAENZER & HUBER 1997) beschreibt die Verteilung die Kombination von Prozesselementen und die Art und Weise deren Verknüpfung. In diesem Zusammenhang ist die örtliche Verteilung ein wichtiger Aspekt (GIERHARDT ET AL. 1999).Mit diesem Beschreibungsmerkmal werden Umfang und Komplexität der verteilten Produktentwicklung angegeben, gemessen an der Anzahl der externen Entwicklungspartner (PICOT ET AL. 1998).

Tabelle 4-7: Beschreibungsmerkmale für die Differenzierung der Unternehmen

Mit den in Tabelle 4-7 aufgezeigten Kriterien zur Klassifikation und Einordnung von Unternehmen (z. T. nach WACH 1994) können die verschiedenen Ausprägungsformen heutiger Unternehmen abgebildet werden. Ausgehend von bekannten Kriterien, wie dem Prozesstyp der Fertigung, der Art der Auftragserteilung oder der Branche, zeigen sich Standortverteilung, Technologieeinsatz und Fehlerkultur als bisher unzureichend betrachtete Aspekte.

So sind neben dem klassischen, standortzentrierten Unternehmen (Entwicklung und Produktion) gerade Ausprägungen bilateraler oder komplexerer Kooperation unterschiedlicher Standorte festzustellen. Das Gleiche betrifft auch den Technologieeinsatz. Der Trend vom rein mechanischen Produkt zum mechatronischen Produkt aufgrund gestiegener Kundenanforderungen und internationalen Wettbewerbs ist eindeutig festzustellen (WULF 1998). Hierzu müssen entsprechende Prozesse geschaffen werden, die nicht nur den isolierten sondern auch den hybriden Technologieeinsatz (vgl. Mechatronik) in Aufbau- und Ablauforganisation berücksichtigen. Eine weitere Differenzierung der Unternehmen kann hinsichtlich der Fehlerkultur getroffen werden. Gibt es eine lernorientierte oder verantwortungsorientierte/sanktionsorientierte Unternehmenskultur? Inwieweit ist der Mitarbeiter in die Projekte eingebunden?

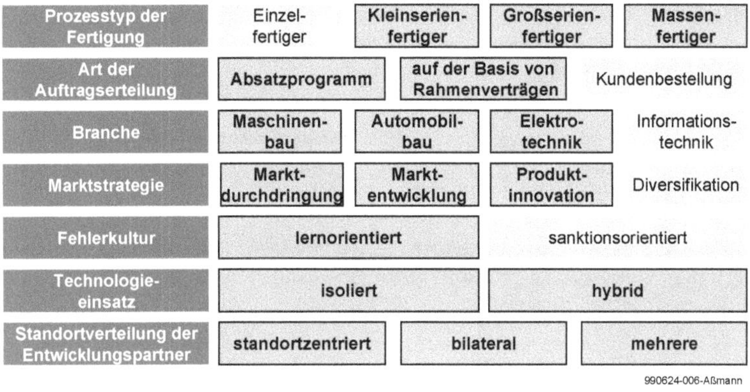

Bild 4-7: Geltungsbereich des Änderungsprozesses (dunkel hinterlegte Felder zeigen den Geltungsbereich auf, nach ASSMANN ET AL. 1999B)

Mit dem in Bild 4-7 dargestellten Schema können Unternehmen sich einordnen und überprüfen, inwieweit der nachfolgende Änderungsprozess übertragen werden kann. In den dunkel hinterlegten Felder ist der Geltungsbereich des Änderungsprozesses dargestellt. Die Einschränkung des Geltungsbereichs begründet sich in der eingebrachten Erfahrung (Kapitel 1.4). Für die Übertragung des Änderungsprozesses auf Unternehmen, die nicht in den Geltungsbereich fallen, ist eine Überarbeitung des Konzepts notwendig.

4.4.3 Konzept des Änderungsprozesses

Aufbauend auf dem in Kapitel 4.2 beschriebenen Konzepts des Integrierten Änderungsmanagements wurde der in Bild 4-8 dargestellte Prozess abgeleitet, dessen Praxistauglichkeit in diversen Industrieprojekten nachgewiesen werden konnte (Kapitel 4.5).

Ein wesentliches Ziel der Prozessdefinition ist es, die frühen Phasen des Änderungsprozesses, also die Problemerkennung und Ursachenanalyse, sowie die den Aufwand für Produktion, Logistik etc. festlegenden Phasen, die Problemlösung und die Auswirkungserfassung, gezielt zu unterstützen. Diese Prozessschritte werden, dies zeigten Untersuchungen in der Industrie, zu wenig berücksichtigt (REICHWALD 1998).

Ergänzend zur Unterstützung der frühen Phasen ist eine durchgängige Abwicklung von Änderungen ausgehend von der Problemidentifizierung bis zur Einführung in die Produktion eine wesentliche Forderung für den Integrierten Änderungsprozess. Mit der frühzeitigen Integration der Produktion können durch die Parallelisierung von Tätigkeiten Zeit- und Kostenpotentiale ausgeschöpft werden. Die ganzheitliche Betrachtung und das abschließende Review bieten Lernpotentiale für die Entwicklung. Hierzu gehört das Erfahrungs-Feedback hinsichtlich z. B. der Fertigbarkeit oder Montierbarkeit einer Änderungslösung. Dieser in der Wissenschaft häufig genannte Ansatz wird jedoch nur bislang unzureichend unterstützt (vgl. Kapitel 4.3.1.).

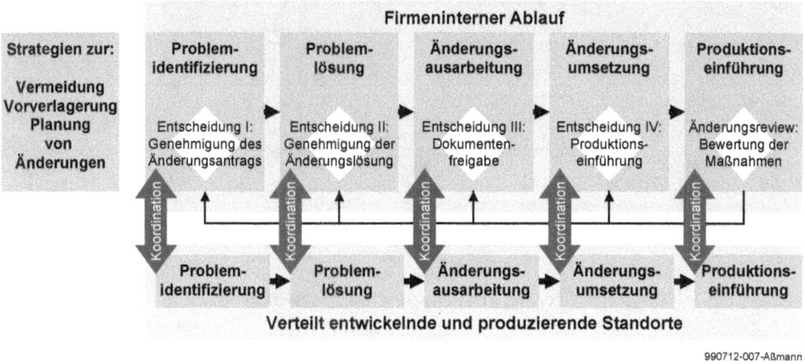

Bild 4-8: Konzept eines Änderungsprozesses (ASSMANN ET AL. 1999B)

Der Änderungsprozess (Bild 4-8) ist in die fünf Phasen Problemidentifizierung, Problemlösung, Änderungsausarbeitung, Änderungsumsetzung und Produktionseinführung gegliedert. Beendet wird jede Phase mit einer Entscheidung bzw. Bewertung der Ergebnisse. Ist ein Arbeitsergebnis nicht zufriedenstellend gelöst, kann eine vorhergehende Phase wiederholt werden. Die Vorteile dieser kurzen Rückkopplungsschleifen liegen in:

- der Chance, Lerneffekte schnell umzusetzen (GROSSE-OETRINGHAUS 1996, Bild 4-9) und dieses Feedback für die Vermeidung von Änderungen zu nutzen,
- der Koordination verteilter Entwicklungstätigkeiten zu definierten Zeitpunkten (CLARK & FUJIMOTO 1992),
- der Integrationsmöglichkeit der standortverteilten Entwicklungs- und Produktionspartner über definierte Arbeitsumfänge oder Datenpakete,
- den definierten Ausstiegspunkten aus dem Prozess zur Minimierung des unternehmerischen Risikos (KROTTMAIER 1995) und

- der kontrollierten Bewertung der Zwischenergebnisse zur Minimierung von Folgefehlern.

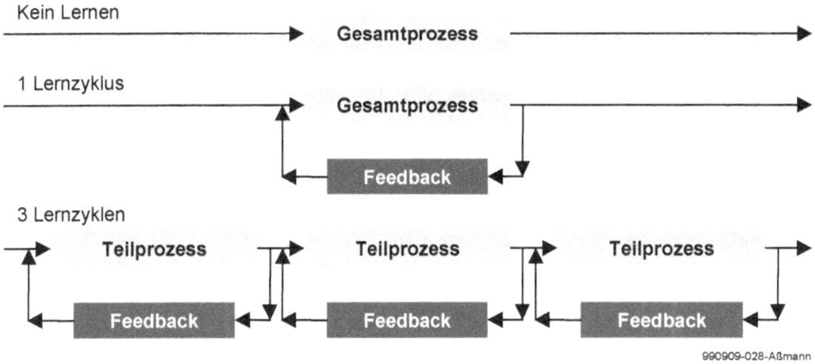

Bild 4-9: Lernen durch Rückkopplung (GROSSE-OETRINGHAUS 1996)

Die Unterstützung der standortverteilten Produktentwicklung kann durch die enge Koordination der Projekte und durch DV-technische Unterstützung (REICHWALD ET AL. 1998) erfolgen. Produzierende Standorte sind bereits bei der Fehlererkennung zu informieren, um notwendige Maßnahmen in der Materialwirtschaft oder Produktion einzuleiten. Die Koordination mit den entwickelnden Standorten sollte bereits bei der Problemidentifizierung stattfinden und kontinuierlich durchgeführt werden. Methodisch gestützt wird die Koordination und Integration von Prozessen über den in Kapitel 2.2.3 beschriebenen integrierten Vorgehensplan oder dem integrierten Vorgehen aufbauend auf dem Management-Regelkreis. Die Vernetzung standortverteilter Prozesse findet sowohl über einen definierten Austausch der Arbeitsergebnisse als auch über koordinierende SE-Sitzungen statt.

Eine weitere Anforderung bei der Gestaltung des Prozesses ist die Vermeidung von „Bypass"-Lösungen zur schnellen Änderungsabwicklung (Kapitel 3.2.2.2). Über aufbauorganisatorische Maßnahmen (z. B. flexible Teamzusammensetzung) und ablauforganisatorische Maßnahmen bei der Methodenanwendung (Kapitel 5.2.4) können problemspezifische, flexible Prozesse realisiert werden.

Die Flexibilität des Prozesses kann durch die Anwendung (Intensität, Art) der Methoden erreicht werden, indem die Intensität der Bearbeitung durch den Methodeneinsatz und deren Anwendung gesteuert wird (vgl. auch Kapitel 5.4). Wie in der Industrie beobachtet, sind für verschiedene Änderungen unterschiedliche, z. T. kundenspezifische Dokumente und Arbeitsergebnisse notwendig. Beispielsweise fordert der Kunde von seinem Zulieferer für bestimmte Änderungen die Durchführung einer FMEA oder kundenspezifischer Prüfverfahren. Durch eine änderungsspezifische Zuordnung von Methoden kann aufbauend auf einem standardisierten Prozess grober Detaillierung ein flexibler, problemangepasster Änderungsprozess geschaffen werden (Kapitel 5).

4.4.4 Phasen des Änderungsprozesses

Vermeidung, Vorverlagerung und Planung von Änderungen

Diese Phase ist die Umsetzung des ersten Aktionsfelds des Integrierten Änderungsmanagements und ist dem Entwicklungsprozess zuzuordnen. Grundsätzlich können drei Strategien unterschieden werden, Anzahl und Aufwand von Änderungen zu reduzieren. Das sind Strategien zur Änderungsvermeidung, zur Vorverlagerung von Änderungen und der Planung von Änderungen (ASSMANN 1998).

Änderungen zu vermeiden heißt Fehler zu vermeiden. Möglichkeiten hierzu bieten die Konstruktionsmethodik, die Verbesserung des Informationsflusses, die Nutzung von Erfahrungswissen (z. B. Wissensmanagement, PROBST ET AL. 1997) und fundierte Entscheidungen basierend auf einer gesamtheitlichen (wirtschaftlichen, organisatorischen und technischen) Bewertung. Als weitere Maßnahmen hierzu nennt GEMMERICH (1995) Methoden zur fertigungs-, montage- und logistikgerechten Entwicklung und Konstruktion (z. B. DFM, DFA) oder auch das Quality Function Deployment (QFD).

Die Vorverlagerung von Änderungen bedingt eine frühe Erkennung und Beseitigung von Fehlern und somit eine Verlagerung der Änderungsschleifen vor die Freigabe (Kapitel 2.3.1) von Dokumenten. Unterstützung bietet die präventive Qualitätssicherung, die Eigenschaftsfrüherkennung und die Nutzung von Erfahrungswissen.

Mit einer geeigneten Planung können Änderungen sinnvoll in den Entwicklungsprozess integriert und somit zeitlich optimal gehandhabt werden. Das bedingt eine Planung basierend auf der Verfügbarkeit und Änderungswahrscheinlichkeit der Randbedingungen (wie Anforderungen) oder der Abschätzung der Kenntnis hinsichtlich der Produkteigenschaften. FRICKE (1998) schlägt hierzu das Design for Changeability vor, eine Bewertung des Änderungsrisikos aufgrund der Änderungswahrscheinlichkeiten der Anforderungen.

Problemidentifizierung

Die Problemidentifizierung (Bild 4-10) dient der systematischen Problemerkennung, der Ursachenanalyse und der Klassifikation von Änderungen und ist die Umsetzung des zweiten und dritten Aktionsfelds des Integrierten Änderungsmanagements (vgl. Kapitel 4.2). Aufgabe der Klassifikation (vgl. auch Kapitel 5.2.5) ist die Vorbewertung nach wirtschaftlichen, organisatorischen und technischen Aspekten als Grundlage für eine Grobplanung des Änderungsprozesses.

Eine Klassifikation sollte vorab festlegen, mit welchem instrumentellen Aufwand die jeweilige Änderung abzuwickeln ist. Dabei sollte an dem prinzipiellen Ablauf des Gesamtprozesses festgehalten werden, um informelle und damit individuelle Bypass-Prozesse zu vermeiden. Je nach Klassifikation sind die einzelnen Prozessschritte hinsichtlich der anzuwendenden Methode und der Detaillierungstiefe der Methodenanwendung zu unterscheiden (Kapitel 5.4.4). Basierend auf dieser Differenzierung und einer Aufwandsabschätzung kann eine Grobplanung erfolgen, die prozessbegleitend detailliert wird (rollierende Planung). Eine Sammlung nicht dringlicher Änderungen in einer Datenbank kann zudem den Aufwand der Änderungsabwicklung reduzieren, wenn diese gebündelt bearbeitet werden. Die Problemidentifizierung endet mit der Erstellung des Änderungsantrags, der z. B. vom verantwortlichen Projektleiter genehmigt wird. Je nach Änderung sind hier bereits betroffene Kunden und/oder Entwicklungspartner/Lieferanten zu informieren.

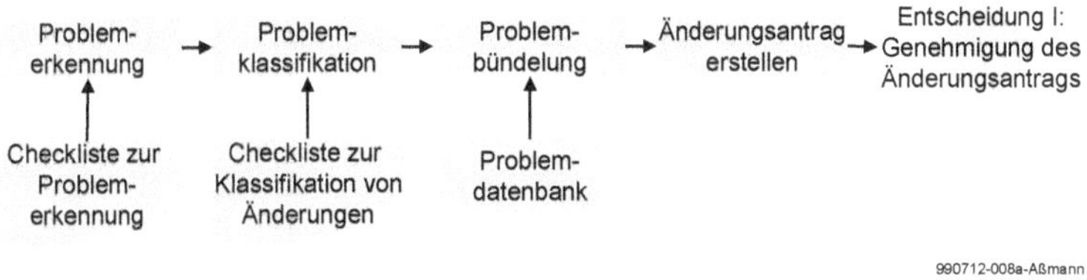

Bild 4-10: Phase 1: Problemidentifizierung im Änderungsprozess

Methodische Unterstützung bieten hier die Checkliste zur Problemerfassung (MÜLLER-WILFING 1997, GERST 1998) die Checkliste zur Klassifikation der Änderung und zur Planung des Prozesses (Kapitel 5.2.5) und Problemdatenbanken zur Bündelung von Änderungen.

Problemlösung

Der Schwerpunkt der zweiten Phase ist die systematische Problemlösung (Bild 4-11) auf Konzeptebene, in der die Auswirkungen der Änderungen festgelegt werden (vgl. Aktionsfeld 4 und 5, Kapitel 4.2). Die Konzeptphase wird ebenso wie die Phase Problemidentifizierung in der Literatur des klassischen Änderungswesens und in den analysierten Unternehmen unzureichend betrachtet. Die sowohl produkt- wie auch prozessbezogenen Änderungen (Fertigungsverfahren, Montageprozess) sind hierzu in interdisziplinären Teams zu erarbeiten, wobei auch externe Entwicklungspartner hinzugezogen werden müssen.

Die Lösungssuche selbst sollte auf Konzeptebene stattfinden. Konzeptebene bedeutet, dass konstruktive Lösungen nicht zwangsläufig z. B. am CAD-System ausgearbeitet werden müssen, sondern ebenso anhand von Skizzen, modifizierten Zeichnungen oder einfachen Modelle erarbeitet werden können. Es sollten unterschiedliche papiergebundene Lösungsideen generiert und im Team diskutiert werden. Bei der Zusammensetzung des Teams sind die unterschiedlichen Fachbereiche (vgl. Elektronik, Mechanik, Software etc.) wie auch die unterschiedliche Abteilungen (Konstruktion, Einkauf, Produktion etc.) im Unternehmen zu berücksichtigen. Basierend auf einer Grobbewertung hinsichtlich wirtschaftlicher (Schätzkalkulation) und technischer Konsequenzen ist die geeignetste Änderungslösung auszuwählen.

Die Trennung von Konzept und Ausarbeitung, wie sie auch im Entwicklungsprozess durchgeführt wird, ist wesentlicher Baustein für die Parallelisierung der folgenden Arbeitsschritte. Potential und Realisierbarkeit wurden bereits in Industrieprojekten nachgewiesen (Kapitel 4.5).

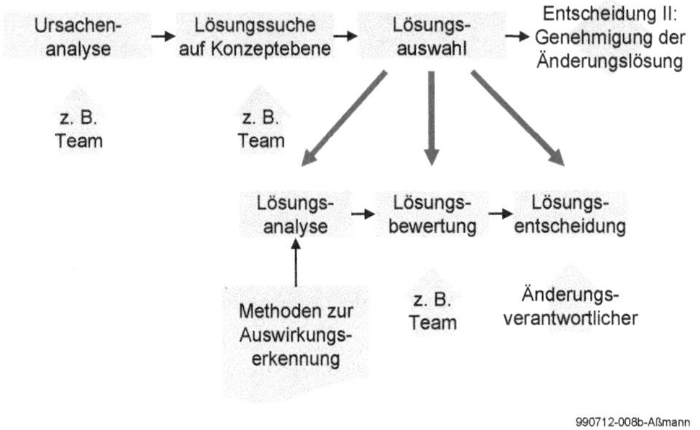

Bild 4-11: Phase 2: Problemlösung im Änderungsprozess

Für die Ursachenanalyse gibt es folgende Methoden zur Unterstützung: Problembeschreibung anhand des IST-/IST-NICHT-Vergleichs, Fehlerbaumanalyse oder kausale Wirkungsnetze (GERST & STETTER 1998). Für die Lösungssuche werden Kreativitätstechniken oder Methoden zur systematischen Lösungssuche (z. B. Konstruktionskataloge) vorgeschlagen (EHRLENSPIEL 1995, PAHL & BEITZ 1997, ROTH 1994). Ergebnis dieser Phase ist die Genehmigung der Änderungslösung, die zuvor im interdisziplinären Team bewertet und ausgewählt wurde.

Änderungsausarbeitung

Nach der Festlegung der Lösung kann die Änderungsausarbeitung erfolgen. Paralleles Vorgehen der involvierten Abteilungen ist hier möglich, da bereits in der vorgelagerten Phase alle Beteiligten hinsichtlich technischer Schnittstellen und Abhängigkeiten informiert wurden. Regelmäßige koordinierende Teamsitzungen unterstützen den Prozess ebenso wie der Einsatz einer rechnergestützter Dokumentenverwaltung (PDM/EDM, Kapitel 6.2.2).

Abgeschlossen wird diese Phase mit der Freigabe aller veränderten Dokumente (Fertigungszeichnungen, CAD-Daten, Stücklisten, Arbeitspläne etc.) durch eine technische und wirtschaftliche Bewertung. Die Möglichkeit der parallelen Bearbeitung erstreckt sich dabei auch auf externe Entwicklungspartner, wie z. B. Betriebsmittellieferanten. Aufgrund der langen Beschaffungszeiten für Werkzeuge[1] kann es sinnvoll sein, Betriebsmittellieferanten bereits vor der Dokumentenfreigabe von einer bevorstehenden Änderung zu informieren (Absichtserklärung zur Vergabe von Entwicklungs- und Produktionsauftrag), um Zeiteinsparungen zu erreichen. Externe Entwicklungspartner haben damit die Möglichkeit, frühzeitig notwendige Kapazitäten einzuplanen. Die Weiterentwicklung, Partner frühzeitig zu informieren, ist deren Integration in den Entwicklungsprozess. Aufgrund der Suche nach dem kostengünstigsten Entwicklungspartner/Lieferant und der Vermeidung von Abhängigkeiten wird eine derartige Integration nicht immer gewünscht.

Koordinierende Teamsitzungen sind für die Synchronisation des Prozesses sinnvoll. So können alle Prozessbeteiligten rechtzeitig und umfassend informiert werden. Parallel zur technischen Ausarbeitung ist eine detaillierte Wirtschaftlichkeitsbetrachtung auf Grundlage der zuvor erarbeiten Schätzkalkulation notwendig.

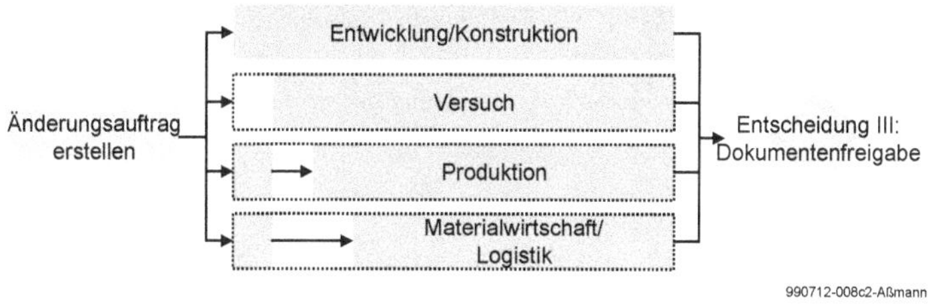

Bild 4-12: Phase 3: Änderungsausarbeitung und gestufte Anordnung paralleler Prozessschritte

Eine gestufte, zeitlich abgestimmte Anordnung paralleler Prozessschritte (Bild 4-12) ist die Folge einer zeitnahen Informationserfassung und -bereitstellung. Hierzu ist eine Rückwärtsterminierung ausgehend von der Dokumentenfreigabe geeignet. Beispielweise ist die Integration der Materialwirtschaft für die Bewertung und Planung der Änderung aufgrund des vorhandenen Lagerbestands frühzeitig notwendig. Für die organisatorische Umsetzung der Änderung (Disposition der neuen Materialbestände etc.) kann eine weitere Einbindung kurz vor der Änderungsumsetzung erfolgen, da zu diesem Zeitpunkt konkrete Daten (Termine, Materialbestand) vorliegen. Damit können die notwendigen Kapazitäten optimiert

[1] Die Beschaffung von z. B. Spritzgusswerkzeugen dauert 3-6 Monate, je nach Komplexität.

eingesetzt werden[1]. Mit der Integration z. B. der Produktion in die frühen Phasen ergeben sich weitere Vorteile:

- Reduzierung der Entwicklungszeit aufgrund paralleler statt sequentiellen Vorgehensweise,
- Einflussnahme der Produktion auf die technische Lösung zur Fehlervermeidung,
- optimale Nutzung des Materialbestands und
- Verkürzung der Entwicklungs-, Produktions- und Lieferzeiten externer Partner.

Die Ausarbeitung der Änderung ist die Umsetzung des Aktionsfelds 6, Gesamtheitliche wirtschaftliche Bewertung und Entscheidung und des Aktionsfelds 7, effiziente Abwicklung. Methodische Unterstützung gibt hier z. B. die Checkliste zu Erfassung der Änderungskosten (RIEDEL 1998).

Änderungsumsetzung

In der Änderungsumsetzung können aufbauend auf den freigegeben Daten die bereits geplanten Betriebsmittel beschafft und die Produktionseinrichtungen modifiziert werden. Aus der Absichtserklärung wird eine bindende Vereinbarung mit dem Entwicklungspartner/Lieferant. Die Einbindung der Materialwirtschaft/Logistik ist hier zur optimalen Nutzung des Materialbestands von großer Bedeutung. Nach Versuchen an werkzeugfallenden Teilen kann die Qualität der Produktionseinrichtung überprüfen und der Kunde informiert werden.

Produktionseinführung

Nach einer weiteren Freigabe durch die Qualitätssicherung, Materialwirtschaft/Logistik und den Kunden kann die Produktionseinführung stattfinden. Abschluss der Produktionseinführung ist ein Änderungsreview, um Maßnahmen und Erfolge zu bewerten, den Prozess zu reflektieren und die Erfahrung für folgende Projekte bereitzustellen. Im Team mit Entwicklung und Produktion können so Verbesserungsmaßnahmen in laufende Entwicklungsprozesse übertragen werden. Nach HILLER (1997) ergeben sich durch diese Rückkopplung Verbesserungsmöglichkeiten der Produktentwicklung, vergleichbar den kontinuierlichen Verbesserungsprozessen aus der Produktion (PRASAD 1996, SCHMALZL & SCHRÖDER 1998). Dieser kontinuierliche Lernprozess entspricht den aus dem Aktionsfeld 8 abgeleiteten Maßnahmen.

---

[1] Anmerkung: Diese gestufte Parallelisierung am Beispiel der Materialwirtschaft baut auf den Prozessen eines Massenfertigers auf. Die Übertragbarkeit auf andere Unternehmen ist entsprechend zu gestalten. Die gestufte Parallelisierung kann jedoch auch für Versuch, Musterbau etc. angewandt werden.

4.4.5 Aufbauorganisatorische Verbesserungsmaßnahmen

Für die Abwicklung von Änderungen werden in der Literatur verschiedene aufbauorganisatorische Konzepte vorgeschlagen. So beschreibt ALLMANSBERGER (1998) ein Änderungsgremium[1], welches individuell für jede Änderung zusammengestellt wird. KLEEDÖRFER (1998B) zeigt am Beispiel von Matrixteams die Beherrschung von schnittstellenübergreifenden Änderungen in großen Projektorganisationen. Durch den Einsatz der Moderation (SEIFERT 1996) kann die Koordination und Abstimmung der Teams ermöglicht werden. HILLER (1997) unterscheidet eine phasenbezogene Aufbauorganisation, die übergreifend vom Projektleiter koordiniert wird.

In der Praxis konnten ebenso verschiedene Organisationsformen beobachtet werden. So werden z. B. vom Beispielunternehmen 1 (Kapitel 3.2.1) Änderungen von einer unabhängigen Abteilung (dem Änderungswesen) durchgeführt und aus dem normalen Entwicklungsablauf ausgegliedert. Mit dieser Maßnahme wird zwar der Projektleiter bei der Entwicklung neuer Produkte nicht mehr zeitlich belastet, aber es ergeben sich folgende Defizite:

- Der Bezug zum ursprünglichen Entwicklungsprojekt fehlt, da aufgrund einer entwicklungsfremden Abteilung kein Erfahrungsträger vorhanden ist.
- Dieser Erfahrungsmangel kann zu weiteren Fehlern und Änderungen führen.
- Ebenso ist der Erfahrungsrückfluss aus der Änderung in den Entwicklungsprozess schwierig umzusetzen, da nur wenig Zusammenarbeit mit der Entwicklung stattfindet.
- Die aufbauorganisatorischen Ansätze sind stark institutionalisiert und lassen wenig Handlungsspielraum bei unterschiedlichen Änderungen zu.
- Der Kontakt zum Kunden ist problematisch, da Ansprechpartner häufig wechseln.
- Aufgrund der fehlenden, eindeutigen Festlegung der Verantwortlichkeit (Entwicklung = Projektleiter, Änderung = Änderungswesen), wird die Identifikation mit dem Produkt und der Aufgabe erschwert.

Bei der Erstellung des folgenden aufbauorganisatorischen Konzepts wurden aus oben genannten Defiziten Zielvorgaben abgeleitet:

- Die Koordination der Änderungen wird durch *einen Änderungsverantwortlichen*, z. B. dem Projektleiter der Entwicklung, der bereits für die Neuentwicklung verantwortlich war, übernommen.
- Des Weiteren ist eine *Kombination aus Teamarbeit und Einzelarbeit* durchzuführen. Teams sind nur dann sinnvoll, wenn das Verhältnis aus Nutzen zu Aufwand dies auch

---

[1] Das Änderungsgremium, nach ALLMANSBERGER (1998), ist ein interdisziplinär zusammengesetztes Team, welches für komplexe Änderungen die maßgeblichen Entscheidungen trifft und die für die Änderung notwendigen Abläufe plant.

rechtfertigt, z. B. bei der Zielformulierung, Lösungssuche (besonders auf der Konzeptebene) und bei der ganzheitlichen Bewertung der Lösungen.

- Die Entscheidung wird dagegen von *einem Änderungsverantwortlichen* getragen und die Ausarbeitung der Lösung kann schließlich in Einzelarbeit erfolgen. Koordiniert werden die Arbeiten über Projektstatussitzungen.
- Für die Umsetzung in die Produktion ist eine *enge Zusammenarbeit* mit dem Verantwortlichen der Produktion anzustreben.

Mit diesem Ansatz werden die Voraussetzungen des Änderungsmanagements, Änderungen als eigenständige Projekte zu betrachten und hierbei die Betonung auf die Weiterentwicklung und nicht auf die Fehlerbehandlung zu legen, weitgehend erfüllt.

4.5 Umsetzungsbeispiel für den Änderungsprozess

Optimierungsmaßnahmen des in Kapitel 3.2.2 beschriebenen Beispielunternehmen 2 führten zur Veränderungen des Änderungsprozesses. Ausgehend von einer detaillierten Prozessanalyse wurde in unternehmensübergreifender Teamarbeit ein in allen nationalen und internationalen Standorten implementierter Prozess geschaffen. Dieser Änderungsprozess wurde aus dem oben beschriebenen Konzept abgeleitet.

4.5.1 Ablauf

Der in Bild 4-13 dargestellte Ausschnitt des Änderungsprozesses zeigt die Schritte der Problemlösung und der Änderungsausarbeitung. Ausgehend von dem in der Problemlösung erarbeiteten und ausgewählten Konzept (Skizzen, markierte Zeichnungen und Produktspezifikationen) findet in paralleler Einzelarbeit die Detaillierung der Lösung, die Produktionsplanung, die Verhandlung mit den Lieferanten etc. statt. Nach anschließender Änderungsbestätigung des Kunden gibt der Konstrukteur die Dokumente frei. Nach der Prüfung durch den Projektleiter werden die Daten der Produktion freigegeben. Die Datenfreigabe umfasst dabei nicht nur die Fertigungszeichnungen, sondern bereits die zuvor durchgeführten Vorentwürfe zur Umgestaltung der Produktionsanlage, der Kostenkalkulation etc. Ebenso wurden bereits Werkzeuglieferanten von der möglichen Änderung informiert und konnten Kapazitäten einplanen.

Die Koordination mit weiteren produzierenden Standorten wird zu entsprechend definierten Zeitpunkten durchgeführt. Das findet durch Face-to-Face Kommunikation aufgrund mangelnder EDV-Vernetzung im Unternehmen statt.

Der Ablauf orientiert sich an der prozessbegleitenden Kostenkalkulation, die sowohl für den Änderungs- wie auch für den Entwicklungsprozess erarbeitet wurde. Mit dieser prozessbegleitenden Kalkulation findet eine wirtschaftliche Bewertung auf verschieden Detaillierungsstufen statt. Die erste technische Bewertung kann anhand von Skizzen bereits sehr früh stattfinden. Diese Information ist ausreichend, um eine frühe Parallelisierung von Tätigkeiten im Änderungsprozess durchzuführen. Nach der Dokumentenfreigabe kann eine detaillierte technische Analyse vom Versuch stattfinden. Mit der Methode der Eigenschaftsfrüherkennung kann dieser zeitliche Verzug weiter minimiert werden (BERNARD 1999).

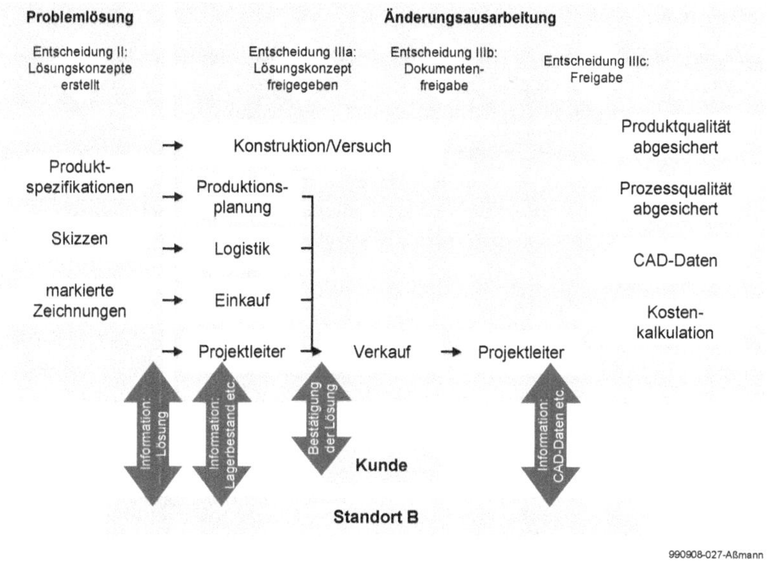

Bild 4-13: Ausschnitt des optimierten Änderungsprozesses, durchgeführt im Beispielunternehmen 2 (nach MRAZ 1998)

Voraussetzung des an den verschiedenen Standorten eingeführten, standardisierten Prozesses ist eine einheitliche Konzernsprache. Trotz anfänglicher Schwierigkeiten (geringe Akzeptanzprobleme, fehlende Schulungen, fehlende Hilfsmittel, wenig Erfahrung mit dem neuen Prozess etc.) konnte die Umsetzung an allen geplanten Standorten erfolgen.

4.5.2 Vorteile und Erweiterungsbedarf aus Sicht des Unternehmens

Bereits nach dem ersten Einsatz des Prozesses als Prototyp konnten Vorteile und Erweiterungsbedarf erkannt werden. So zeigte die Standardisierung von Ablauf und Formularen sowie die Festlegung einer einheitlichen Konzern- wie Prozesssprache erste positive Effekte hinsichtlich der Kommunikation und des Abstimmungsaufwands zwischen den Standorten. Aufgrund einheitlicher Formulare und Methoden konnte bereits Doppelarbeit an den unterschiedlichen Standorten vermieden werden. Bisher wurde für jede standortübergreifende Änderung ein eigener, unterschiedlich gestalteter Prozess angestoßen. Aufgrund der Standardisierung des Prozesses und der vorgesehnen Koordinationspunkten kann auf die Daten des anderen Standorts zugegriffen und diese weiter verwendet werden. Ergänzend können Verständigungsprobleme durch die festgelegte Unternehmenssprache minimiert werden.

Aufgrund der Parallelisierung von Konstruktion, Produktion, Logistik und Einkauf in der Änderungsausarbeitung konnten zeitliche Einsparungen von bis zu 50% erreicht werden (nach Schätzung der Prozessverantwortlichen im Unternehmen).

Weitere Optimierungspotentiale werden in einem rechnergestütztes Dokumentenmanagement gesehen. Der Einsatz von Workflow-Management-Systemen kann die Liegezeiten der bisher papiergebunden Änderungsanträge und Freigabedokumente weiter reduzieren.

4.6 Zusammenfassung

Das vorgestellte Konzept eines Änderungsprozesses ist ein auf fünf Freigabestufen aufbauender standardisierbarer Prozess, abgeleitet aus dem Integrierten Änderungsmanagement, der systematischen Problemlösung und dem Management-Regelkreis. Durch die Parallelisierung von Tätigkeiten in Team- oder Einzelarbeit ist dies ein Ansatz zur Optimierung des klassischen Änderungswesens (Bild 4-14).

Zusammengefasst zeigt dieses Konzept für einen Änderungsprozess folgende Unterschiede zu den in der Industrie festgestellten Prozessen (Kapitel 3.1 und 3.2, DIN 199 Teil 1981) auf:

- eine durchgängige Unterstützung von der Problemerkennung bis zur Produktion,
- die Betonung der frühen Phasen (Problemerkennung, Lösungssuche),
- die Vorverlagerung der Änderungsentscheidung (Klassifikation als Hilfsmittel zur Entscheidung) zur rechtzeitigen Bewertung nach wirtschaftlichen, organisatorischen und technischen Kriterien,
- die Integration unterschiedlicher Funktions- wie auch Technologiebereiche,
- die Koordination der standortverteilten Entwicklung und Produktion (auch externer. Entwicklungspartner),

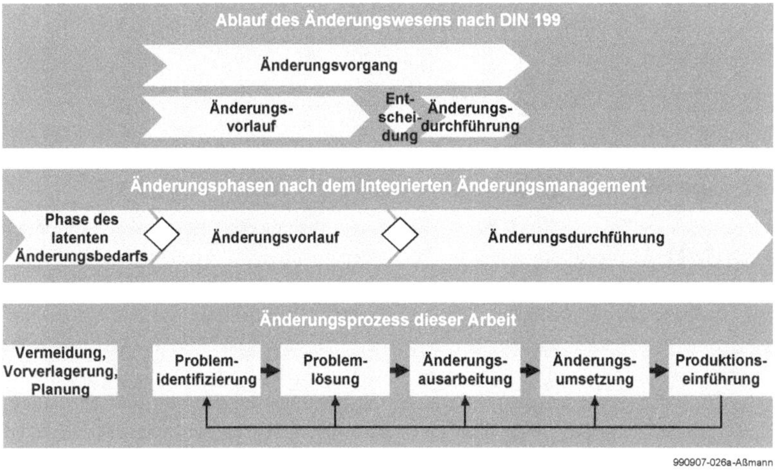

Bild 4-14: Vergleich des Änderungsprozesses nach DIN 199, dem prinzipiellen Vorgehen des Integrierten Änderungsmanagements (LINDEMANN & REICHWALD 1998) und des hier definierten Änderungsprozesses

- die lernorientierte Aufarbeitung und Erfolgskontrolle von Änderungen im Änderungsreview als definierter Abschluss und
- Iterationsschleifen zur frühen Rückkopplung und flexiblen Bearbeitung.

Die Zielsetzung der Prozessoptimierung sollte nicht nur unter der Beachtung der Faktoren Zeit, Kosten oder Qualität erfolgen, vielmehr sollte sie den erweiterten Ansatz der Humansituation und der Flexibilität berücksichtigen. Schließlich ist der beste Prozess ungeeignet, wenn er nicht von den Menschen akzeptiert wird. Durch geeignete Methoden kann der Prozess weiter optimiert werden. Die Zusammenhänge von Prozess und Methoden sind der Schwerpunkt, der im nächsten Kapitel diskutiert wird.

5 Gestaltung und Adaption des Änderungsprozesses

Der in Kapitel 4 beschriebene Änderungsprozess stellt ein abstraktes Vorgehen zur Abwicklung technischer Produktänderungen dar. Dieser Prozess beinhaltet alle notwendigen Schritte, ausgehend von der Problemerkennung über die gesamtheitliche Bewertung der Änderungslösungen bis zur Reflexion des Änderungsprozesses.

Im Weiteren wird ein Vorgehen zur Anpassung und Detaillierung des Änderungsprozesses durch die Auswahl und Zuordnung von Methoden aufgezeigt. Deshalb werden zuerst die Zusammenhänge zwischen Methoden und Prozessen als Grundlage dieser Anpassung erörtert. Anhand einer Klassifikation von Änderungen wird aufgezeigt, wie Änderungen und die zugrundeliegenden Probleme oder Aufgaben beschrieben und bewertet werden können. Ergebnis ist eine Checkliste zur Klassifikation von Änderungen, anhand der ein Änderungstyp festgelegt werden kann. Den Änderungstypen werden nunmehr Methoden zugeordnet. Diese Zuordnung findet zum einen nach unternehmens- und phasenspezifischen Kriterien statt, zum anderen problem- und anwenderspezifisch während der Änderungsbearbeitung. Mit dem aufgezeigten Vorgehen kann der Änderungsprozess an die entsprechenden Randbedingungen angepasst und detailliert werden.

Ergänzend hierzu sollen Methoden zur Erkennung möglicher Änderungsauswirkungen die Klassifikation unterstützen. An einem konkreten Beispiel aus der Praxis werden Vorgehen und Funktionsweise dargestellt.

5.1 Problemstellung

In der Praxis werden Änderungsprozesse in der Regel durch Verfahrensanweisungen beschrieben, die ein für ein Unternehmen allgemeingültiges und eindeutiges Vorgehen vorgeben. Diese Verfahren ist für alle Änderungen im Unternehmen anzuwenden. Jedoch zeigten Fallstudien in der Industrie (Kapitel 2.3.1) die Verschiedenheit und die geringe Selbstähnlichkeit von technischen Produktänderungen auf. Ein allgemeingültiges Verfahren, das den Änderungsprozess beschreibt und konkrete Hilfestellung gibt, ist diesbezüglich nicht geeignet, da nicht alle Änderungsfälle damit abgedeckt werden können.

Zudem stellen diese Prozesse entweder den maximal zu erfüllenden Arbeitsumfang, der für aufwändige Änderungen betrachtet werden muss, oder einen optimierten Prozess dar, bei dem wesentliche Schritte z. B. der Problemlösung oder -verifizierung in komplexen Änderungssituationen fehlen. Änderungen können dadurch nicht aufwandsoptimiert abgewickelt werden.

Deshalb ist eine Differenzierung von Änderungen notwendig. Es gibt nicht *einen* einheitlichen Änderungsprozess, Änderungen müssen vielmehr problemspezifisch abgewickelt werden. Dies ist eine zentrale Problemstellungen des folgenden Kapitels, den Änderungsprozesse situativ an die vorherrschenden Randbedingungen anzupassen.

5.2 Zusammenhang zwischen Prozess und Methoden

Der Zusammenhang zwischen dem Änderungsprozess und den anzuwendenden Methoden ist wesentliche Voraussetzung für die problemspezifische Anpassung des Änderungsprozesses. Deshalb werden im Folgenden die Eigenschaften und Zusammenhänge von Prozessen und Methoden erörtert.

5.2.1 Prozesse – Merkmale und Eigenschaften

Obwohl in der vorliegenden Arbeit bereits Prozesse und deren Optimierung betrachtet wurden, ist an dieser Stelle eine Definition notwendig, um die Eigenschaften von Prozessen analysieren und ihnen anschließend Methoden gegenüberstellen zu können.

Bei einem Prozess handelt es sich um eine Summe von Aktivitäten, für die ein oder mehrere unterschiedliche Eingangsinformationen benötigt werden und die für den Kunden ein Ergebnis von Wert erzeugen (nach HAMMER & CHAMPY 1994). Als Prozessmerkmale können hierbei Ein- und Ausgangsinformationen, Prozessverantwortliche, Termine und Dauer sowie Vorgehensbeschreibung unterschieden werden. VOSSEN & BECKER (1996) unterscheiden bei der Definition zwischen Prozessen und Geschäftsprozessen. Dabei repräsentieren Geschäftsprozesse einer Unternehmung ihre Geschäftsarten, sie ergeben sich aus den obersten Sachzielen und sie weisen zwingend Schnittstellen zu externen Marktpartnern auf.

Im Projektmanagement (BURGHARDT 1993) werden Prozesse in Teilschritte gegliedert und somit zeitliche als auch hierarchische Abhängigkeiten aufgebaut. Hierzu können verschiedene Modellierungstechniken abhängig vom Abstraktionsgrad der Prozessbeschreibung angewandt werden. Das sind auf abstrakter Ebene z. B. Projektstruktur- und Meilensteinpläne oder Netz- und Balkenpläne zur detaillierten Ablaufgestaltung.

Die Gliederung von Entwicklungsprozessen in Teilprozesse wird auch von FRANKENBERGER (1997) und GÜNTHER (1998) beschrieben. ZANKER (1999) erweitert dieses Vorgehen und gliedert Prozesse in Teilprozesse, Teilaufgaben und Grundtätigkeiten. Dieses Vorgehen wird im Weiteren von ihm genutzt, um den einzelnen Grundtätigkeiten Elementarmethoden zuzuordnen. Die Vernetzung einzelner Teilprozesse zeigt KLEEDÖRFER (1998A) über den Informationsfluss auf.

5.2.2 Methoden – Merkmale und Eigenschaften

Nach EHRLENSPIEL (1995) ist eine Methode[1] „ein planmäßiges Vorgehen zum Erreichen eines bestimmen Ziels". Die Anwendung von Methoden kann hierbei sowohl bewusst als auch unbewusst erfolgen. Die Methoden strukturiert EHRLENSPIEL dabei nach *allgemein anwendbaren*, *organisatorischen* und *sachgebundenen Methoden* und zeigt einen Zusammenhang mit den Entwicklungsphasen auf. DAENZER & HUBER (1997) ordnen ebenfalls Methoden den einzelnen Phasen des Problemlösungsprozesses zu. Eine ähnliche Vorgehensweise ist ebenso der VDI-RICHTLINIE 2221 (1993) zu entnehmen. ZANKER (1999) versteht unter einer Methode „ein Hilfsmittel, welches bei der Durchführung einzelner Aktivitäten eines Prozesses unterstützend wirkt".

Ergänzend zu der phasenorientierten Gliederung von Methoden hat sich in den beobachteten Industrieunternehmen die Einteilung in *vorgeschriebene*, *strategisch festgelegte*, *frei wählbare* und *neue Methoden* als geeigneter Ansatz herausgestellt (Tabelle 5-1), die zudem aus einem fest definierten Umfang ausgewählt und in standardisierter Form im Unternehmen verfügbar gemacht werden sollten.

Operativ vorgeschriebene Methoden	Operativ vorgeschriebene Methoden sind aufgrund interner bzw. externer Randbedingungen durchzuführen. In Ablaufplänen kann zudem der definierte Zeitpunkt dokumentiert werden. Dabei kann nach unternehmensintern vorgeschriebenen Methoden, die z. B. auf unternehmensinterne Normungen oder Prozessstandardisierungen (QM-Richtlinien) aufbauen, und nach unternehmensextern vorgeschriebenen Methoden, die z. B. vom Kunden oder Gesetzgeber festgelegt werden, unterschieden werden (vgl. auch ZANKER 1999).
Strategisch festgelegte Methoden	Strategisch festgelegte Methoden unterstützen bei der Erreichung der vorgelagerten, tendenziell langfristig angelegten Unternehmensziele. Ihre Hauptaufgabe besteht in der Sicherung bestehender und der Erschließung neuer Wettbewerbsvorteile. Die Verwendung (oder die Vorgabe einer Verwendung) strategischer Methoden kann aber ebenso auf die Vorspiegelung von z. B. Kompetenz oder als Reaktion auf einen allgemeinen Trend in einer Branche zurückgeführt werden. Beispielsweise kann aufgrund der Durchführung von Methoden zur präventiven Qualitätssicherung die Sicherstellung qualitativ hochwertiger Produkte und Prozesse suggeriert werden.
Frei wählbare Methoden	Frei wählbare Methoden sind problem- bzw. situationsspezifisch frei zu wählen. Die Methoden sollten hierbei vom entsprechenden Projektleiter hinsichtlich vorgegebener Kriterien ausgewählt werden. Erleichterung bei der Auswahl bieten unternehmensspezifisch definierte Methodenumfänge (Standardmethoden). Eine Beschränkung des Methodenumfangs ist möglich, da viele Methoden ähnliche Inhalte und Schwerpunkte aufweisen und nur minimal unterschiedliche Ausprägungen aufzeigen (vgl. z. B. Darstellungstechniken oder die unterschiedlichen Ausprägungen der FMEA (ZANKER 1999)).
Neue Methoden	Als neue Methoden werden die im Unternehmen noch nicht bekannten Methoden bezeichnet. Sie stellen mögliche Erweiterungen oder Veränderungen des im Unternehmen festgelegten Methodenumfangs dar.

Tabelle 5-1: Strukturierungsmerkmale von Methoden

Die Beschränkung auf ausgewählte, standardisierte Methoden erleichtert die Übertragbarkeit der Ergebnisse auf unterschiedliche Unternehmensbereiche, verbessert den Informa-

[1] Methoden sind (DROSDOWSKI 1990) auf ein Regelsystem aufbauende Verfahren, die zur Erlangung von Erkenntnissen oder praktischen Ergebnissen dienen.

tionsfluss zwischen den Abteilungen und minimiert den Aufwand der Einarbeitung bzw. Schulung von neuen Mitarbeitern. Jedoch müssen im Weiteren Möglichkeiten zur Erweiterung und Veränderung des Methodenumfangs, z. B. aufgrund von Kundenvorgaben, gegeben sein.

Vorgeschrieben oder strategisch festgelegte Methoden dienen vornehmlich der Erfüllung von unternehmensbedingten Restriktionen. Die problemspezifische Zielerfüllung steht dabei im Hintergrund. Im Rahmen einer Fallstudie konnte mehrfach beobachtet werden, dass Methoden zum falschen Zeitpunkt durchgeführt wurden, weil Ziel und Nutzen der Methode den Beteiligten nicht bewusst war. Als Beispiel soll die Methode FMEA[1] genannt werden, die am Ende des Änderungsprozesses ausschließlich aufgrund der Forderungen des Kunden angewandt wurde. Die Durchführung der FMEA erfolgte ohne kritische Betrachtung der Randbedingungen und Ziele. Sinn und Nutzen der Tätigkeit wurden nicht hinterfragt.

Als Folgen können unvollständig durchgeführte Methoden identifiziert werden, die nicht mehr zur Zielereichung, z. B. die Fehleridentifizierung und -dokumentation, angewandt wurden. Das stellt die Anwendung der Methode schließlich in Frage.

5.2.3 Zusammenhang zwischen Methoden und Prozessen - Stand der Forschung

Eine Ähnlichkeit und wechselseitige Abhängigkeit von Methoden und Prozessen konnte bereits in Kapitel 5.2.1 und 5.2.2 identifiziert werden. Im Folgenden wird der Zusammenhang zwischen Prozessen und Methoden beschrieben, wie dieser in der wissenschaftlichen Literatur zu finden ist.

MARCA & MCGOWAN (1988) sehen in Methoden prozessunterstützende Hilfsmittel. Dies spiegelt sich in der von ihnen entwickelten Technik zur Prozessmodellierung SADT (Structured Analysis and Design Technique) wider, indem Methoden als prozessunterstützende Hilfsmittel den Teilprozessen zugeordnet werden. Die phasenorientierte Zuordnung von Methoden als Hilfsmittel im Entwicklungsprozess ist ebenso in der gängigen Literatur zur Methodenlehre (z. B. EHRLENSPIEL 1995, HIGGINS & WIESE 1996, DAENZER & HUBER 1997, PAHL & BEITZ 1997, LINDEMANN 1999) zu finden. Eine Differenzierung von Methoden hinsichtlich ihrer Komplexität - einzelne Tätigkeit oder Summe einzelner Tätigkeiten (Metamethode) - wird nur selten vorgenommen. So kann beispielsweise die Methode QFD[2] in einzelne Methoden gegliedert werden (PFEIFER 1996).

ZANKER (1999) beschreibt die gegenseitige Wechselwirkung zwischen Entwicklungsmethoden, Randbedingungen (bei der Bearbeitung einer Aufgabe) und Prozess (Bild 5-1). Die

---

1 Failure Mode and Effects Analysis

2 Quality Function Deployment

Randbedingungen unterscheidet er hierbei nach den Kriterien Unternehmen, Produkt, Gruppe und Individuum. Die Herausforderung sieht ZANKER (1999) in der Abstimmung dieser Elemente und fordert deshalb eine zielgerichtete Durchführung der zur Aufgabenstellung erforderlichen Tätigkeiten. Hierzu detailliert er die Tätigkeiten von Prozessen und Methoden in einzelne Grundtätigkeiten, stellt deren Kongruenz fest und zeigt den Zusammenhang von Methoden und Prozessen auf.

Bild 5-1: Zusammenhang zwischen Entwicklungsmethoden, Randbedingungen und Entwicklungsprozess (ZANKER 1999)

5.2.4 Zusammenhang zwischen Prozessen und Methoden als Grundlage für die problemspezifische Gestaltung des Änderungsprozesses

Methoden können ebenso wie Prozesse hierarchisch gegliedert und detailliert werden. Beides sind Vorgehensweisen, wobei Methoden meist eine ausführlichere Beschreibung aufweisen. Methoden sind konkrete Handlungsanweisungen für den Prozess. Deshalb können Methoden als eine detaillierte Form einzelner Prozesse und bestimmter Teilprozessschritte betrachtet werden (Bild 5-2). Die Anwendung von Methoden kann als Prozess bezeichnet werden, die Planung des Methodeneinsatzes als Prozessplanung. Im Gegensatz zu Methoden, die durch konkrete Handlungsanweisungen gekennzeichnet sind, zeichnen sich Prozesse durch Abstraktion, Veränderlichkeit (Dynamik) und Flexibilität aus.

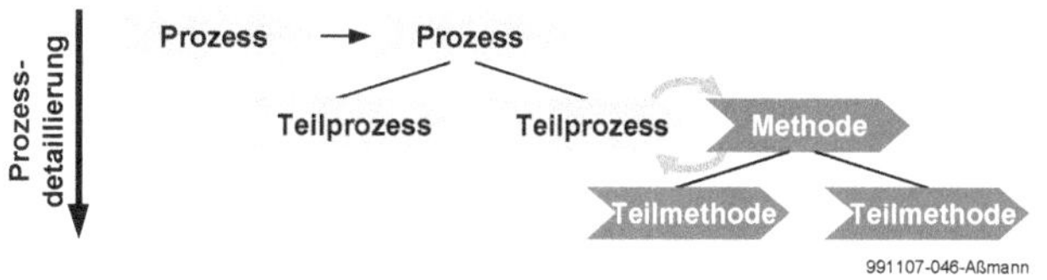

Bild 5-2: Prozessdetaillierung aufgrund wechselseitiger Abhängigkeiten zwischen Prozessen und Methoden

Dieser Zusammenhang zwischen Prozessen und Methoden ist Grundlage für die problemspezifische Gestaltung des Änderungsprozesses, ausgehend von einer abstrakten Beschreibung des Gesamtprozesses. Da Methoden eine Detaillierung von Prozessen darstellen, können Methoden zur Feinplanung abstrakter Prozesse beitragen. Methoden stellen hierzu konkrete Prozessschritte bereit, die wiederum hierarchisch untergliedert werden können.

Methoden unterstützen die verschiedenen Phasen eines Prozesses bzw. seine Teilprozesse. Sie sind wichtige im Prozess zu integrierende Teilschritte, stellen aber keine vollständige Beschreibung eines detaillierten Änderungsprozesses dar. Vielmehr zeigen sie wichtige Handlungsfelder und Hilfsmittel auf, die flexibel mit weiteren, situativ bestimmbaren Aufgaben und Teilprozessschritten in den Änderungsprozess eingegliedert werden müssen (Bild 5-3).

Bild 5-3: Vorgehen zur problemspezifischen Anpassung des Änderungsprozesses

Fallstudien in der Industrie (Kapitel 2.3.1) zeigten die Verschiedenheit von technischen Produktänderungen auf. Aufgrund dieser notwendigen Differenzierung gibt es für Änderungen nicht *einen* einheitlichen Änderungsprozess, sie müssen vielmehr problemspezifisch abgewickelt werden. Eine Unterscheidung hinsichtlich Kunde, Entwicklungspartner oder Produkt (Kundendifferenzierung/Produktdifferenzierung) kann dies ergänzen. Der in Kapitel 4.4 beschriebene Änderungsprozess gibt deshalb nur ein allgemeingültiges Vorgehen an, das entweder über eine Methodenauswahl (Kapitel 5.4.3) oder über die Detaillierungstiefe der Methodenanwendung (Kapitel 5.4.4) konkretisiert werden kann. Die Auswahl der Methoden stellt damit das kritische Element dar. Die Frage „Wann wird welche Methode eingesetzt?“ soll im Folgenden näher diskutiert werden, um eine problem- und kundenspezifische Adaption des Änderungsprozesses zu erreichen. Über die Klassifikation von Änderungen nach ausgewählten Kriterien können notwendige Methoden identifiziert und damit der Prozess detailliert werden.

5.2.5 Methoden für den Änderungsprozess

Entwicklungs- wie Änderungsprozesse weisen eine hohe Ähnlichkeit im Ablauf auf, eine Tatsache, die auch bei den eingesetzten Methoden deutlich wird. Lediglich bei der Problemerkennung oder Ursachenanalyse sollte im Änderungsprozess ein erweiterter Methodenumfang eingesetzt werden, da Änderungen häufig fehlerbedingt sind und somit eine Ursachenbehandlung angestrebt wird. Für den Problemlösungsprozess wie auch für die Änderungsumsetzung und Produktionseinführung können wiederum die gleichen Methoden wie im Entwicklungsprozess eingesetzt werden. Auf eine Auflistung der Methoden wird deshalb in dieser Arbeit verzichtet.

Des Weiteren gestaltet sich eine Gliederung und Strukturierung von Methoden als aufwändig und noch nicht in der Forschung hinreichend geklärt. In der Literatur zur Methodenlehre (z. B. EHRLENSPIEL 1995, PAHL & BEITZ 1997, LINDEMANN 1999) werden Methoden einzelnen Entwicklungsphasen zugeordnet. DAENZER & HUBER (1997) ordnen beispielsweise Methoden nach den einzelnen Tätigkeiten im Problemlösungsprozess. GESCHKA & SCHLICKSUPP (1972) versuchen Methoden nach deren Tauglichkeit zu beurteilen.

Neuere Untersuchungen gliedern Methoden nach Elementartätigkeiten (AMBROSY 1997, ZANKER 1999). Jedoch sind auch hier noch weitere grundlegende Arbeiten notwendig, um Methoden eindeutig beschreiben und einzelnen Problemstellungen zuordnen zu können.

5.3 Änderungsklassifikation als Änderungsbewertung

Eine weitere Grundlage zur Detaillierung des Änderungsprozesses ist die Bewertung der Änderung. Eine Möglichkeit stellt hierzu die Klassifikation von Änderungen dar. Diese ist die Grundlage für ein effizientes Änderungsmanagement und stellt ein wichtiges Instrument zur Beschleunigung des Änderungsprozesses dar (SAYNISCH 1984), da Änderungen hinsichtlich möglicher Folgen bewertet und entsprechenden Prozessen zugeordnet werden können.

Die Zielsetzung einer Klassifikation von Änderungen liegt hierbei in der Reduzierung der Problemkomplexität. Sie ist eine Basis für die Ableitung von konkreten Maßnahmen für die Abwicklung von Änderungen, indem diese anhand vorgegebener Kriterien eingeordnet, verglichen und bewertet werden. Deshalb stellt die Klassifikation ein Hilfsmittel dar, den Anwender bei der strukturierten Problemerfassung, Problembewertung und Problemlösung zu unterstützen. Für eine Bewertungs- und Entscheidungsgrundlage müssen die änderungsspezifischen Informationen (Problem, Lösung, mögliche Auswirkungen) verdichtet und abstrahiert werden.

Im Folgenden werden nun Alternativen zur Klassifikation von Änderungen aus der Literatur diskutiert und bewertet. Die daraus abgeleiteten Defizite und die oben beschriebene Zielsetzung sind wiederum Grundlage für die Gestaltung eines erweiterten Konzepts zur Klassifikation von Änderungen.

5.3.1 Erweiterungsbedarf bisheriger Ansätze zur Klassifikation von Änderungen

Klassifikation nach EHRLENSPIEL (1993) und KAISER (1993)

Die Klassifikation und Einteilung von Änderungen wird in der Literatur anhand verschiedener Ausprägungen durchgeführt. EHRLENSPIEL (1993) bzw. KAISER (1993) teilen Änderungen hinsichtlich der in Tabelle 5-2 dargestellten Arten ein.

Merkmal	**Ausprägung**				
Dokumentenart	Zeichnungsänderung	Stücklistenänderung			
Austauschbarkeit	Ja	Nein			
Gültigkeit	Sofort und rückwirkend	Ab dem Zeitpunkt des Auftrags	Ab dem Verbrauch des Restbestands	Für den Zeitraum des Auftrags	
Zeitpunkt der Änderung	Vor der Bearbeitung des Auftrags	Während der Bearbeitung des Auftrags	Nach der Bearbeitung des Auftrags		
Dringlichkeit	Sofortänderung	Änderung zum nächsten (noch nicht begonnenen) Auftrag	Änderung bei Überarbeitung der Produktpalette		
Änderungsvolumen	Produktspektrum	Serie	Einzelprodukt		
Änderungsstufe	Sofortmaßnahmen	Dispositive Maßnahmen	Dokumentationsmaßnahme		
Änderungsebene	Auftrag	Baugruppe	Teil	Material	Arbeitsablauffolge
Fortschritt der Leistungserstellung	Konstruktion, Entwicklung	Fertigung	Montage	Auslieferung	

Tabelle 5-2: Klassifikation von Änderungen (EHRLENSPIEL 1993, KAISER 1993)

Diese Klassifikation kann im Weiteren zur differenzierten Abwicklung von Änderungen im Unternehmen (z. B. durch das Änderungswesen) genutzt werden. Aufbauend auf dieser Strukturierung schlägt KAISER (1993) drei verschiedene Änderungsstufen als mögliche Maßnahmen für die Änderungsabwicklung vor. Schwerpunkt dieser differenzierten Änderungsprozesse ist die Reduzierung der Auswirkungen auf den Materialbestand im Unternehmen und den damit verbundenen Kosten. Eine erweiterte Betrachtung möglicher Auswirkungen und Konsequenzen auf das Produkt, den Produktionsprozess oder die beteiligten Partner wird nicht gemacht.

Klassifikation nach EVERSHEIM ET AL. (1997)

Auf der Grundlage in Unternehmen analysierten Änderungsabläufen und daraus identifizierter Änderungstypen wurde das von EVERSHEIM ET AL. (1997) erarbeitete Klassifikationsschema erstellt (Tabelle 5-3).

Merkmal	Ausprägung					
Ursache	Produktmangel	Stückzahlproblem	Kundenwunsch/ Kundenforderung	Verbesserung		
Gegenstand	Spezifikation	Produktkonstruktion (Zeichnung)	Material	Betriebsmittel	Produktionsablauf	
Schnittstelle	Komponente/ Teilsystem 1	Komponente/ Teilsystem 2	...	Komponente/ Teilsystem n		
Mitwirkende	Kunde	Kooperationspartner 1	Kooperationspartner 2	...	Kooperationspartner n	Lieferant
Auslöser	Anfrage	Auftrag				
Zeitpunkt	Konzeptphase	Entwicklungsphase	Serienvorbereitung Serienanlauf	Serie		
Durchführung	Planmäßig	Außerplanmäßig	Notmaßnahme			

Tabelle 5-3: Klassifikation von Änderungen (EVERSHEIM ET AL. 1997)

Anhand dieses Schemas können Änderungen klassifiziert und diese standardisierten Prozessen zugeordnet werden. Das Merkmalschema beschreibt sowohl den Inhalt der Änderung als auch die möglichen Auswirkungen der Änderung. Da die vorgestellte Änderungstypologie kooperations- und produktneutral aufgebaut ist, sind die Merkmalsausprägungen bei der Anwendung zunächst an die unternehmensspezifischen Randbedingungen anzupassen. Schließlich sind durch eine geeignete Kombination der Merkmalsausprägungen Änderungstypen abzuleiten, deren Anzahl so klein wie möglich zu halten ist.

Bewertung der Klassifikationen

Beide vorgestellten Ansätze erheben den Anspruch, dass Änderungen nach der Durchführung der Klassifikation einem festgelegten Standardprozess zugeordnet werden können. Dieser Standardprozess wird dabei aus real durchgeführten Änderungsprozessen abgeleitet. Eine problemspezifische Gestaltung und Anpassung des Änderungsprozesses findet nur beschränkt statt, ohne detailliert auf das Problem Bezug zu nehmen.

Des Weiteren können diese Klassifikationen erst nach der Problemlösung eingesetzt werden, wenn bereits konkrete Produktunterlagen erarbeitet wurden. Der Problemlösungsprozess selbst wird dabei nur wenig unterstützt. Das Potential einer Klassifikation, sich vor der Problemlösung über mögliche Auswirkungen von Änderungen Gedanken zu machen, wird nicht genutzt, obwohl damit Zielgrößen definiert werden könnten, die die Problemlösung weitgehend beeinflussen.

Ebenso findet eine Abschätzung möglicher Änderungsauswirkungen bei beiden Verfahren kaum statt. EVERSHEIM ET AL. (1997) nennen hier Auswirkungen auf Mitwirkende oder betroffenen Komponenten. Eine Abschätzung wirtschaftlicher Auswirkungen - Kosten oder Termine - oder des technischen Risikos wird nicht durchgeführt. Die von EHRLENSPIEL (1993), KAISER (1993) und EVERSHEIM ET AL. (1997) vorgestellten Klassifikationen unterstützen die Problemerfassung von Änderungen und die Bewertung *nach* der Lösungsfindung. Die Analyse einer Änderung hinsichtlich möglicher Auswirkungen und deren Bewertung wird nicht detailliert genug betrachtet.

Der Einsatz der Klassifikation ist nach EHRLENSPIEL (1993) (Tabelle 5-2) auf Zeichnungs- oder Stücklistenänderungen eingeschränkt. Inwieweit das Verfahren andere Änderungen unterstützt, wird nicht genannt.

Notwendigkeit einer Differenzierung von Änderungen

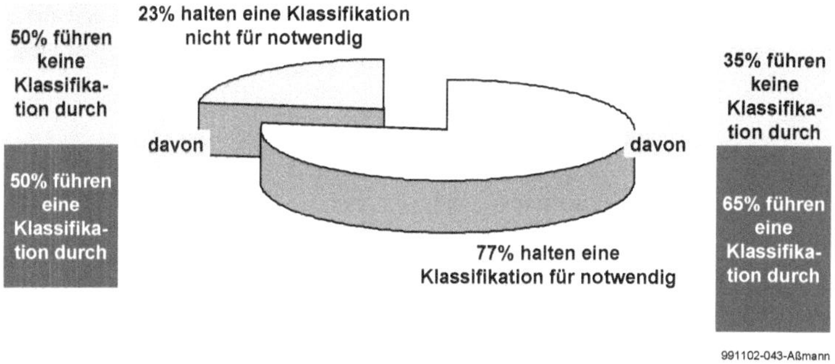

Bild 5-4: Notwendigkeit zur Unterscheidung von Änderungen

Die Notwendigkeit einer Differenzierung von Änderungen bestätigt eine Umfrage in der Industrie (ASSMANN ET AL. 1999A, Bild 5-4). Danach halten 77% der Befragten eine Unterscheidung für notwendig, wovon 65% diese bereits durchführen. 50% aller Befragten beurteilen aus eigener Erfahrung eine Differenzierung der Änderungen als positiv. Diese Zahlen zeigen den Bedarf der Industrie nach einer Differenzierung von Änderungen.

5.3.2 Vor- und Nachteile einer Klassifikation

Eine Klassifikation von Änderungen hat sowohl Vor- als auch Nachteile für den Entwicklungsprozess. Wesentliche Zielsetzung einer Klassifikation ist die frühe Unterstützung des

Änderungsprozesses, bereits nach der Problemerkennung und vor der Problemlösung, um den instrumentellen Aufwand der jeweiligen Änderung abzuschätzen. Mit dieser Abschätzung können weitere Randbedingungen für die folgende Änderung der Produkt- und Prozessdaten festgelegt werden (Termine, Kapazität etc.). Als weitere Vorteile können

- der Beitrag zur Begriffsdefinition und Strukturierung des Änderungsmanagements,
- die Zeit- und Kosteneinsparung durch den gezielt festgelegten Arbeitsaufwand sowie durch die spezifischen Abläufe für die verschiedenen Arten von Änderungen,
- die Einarbeitung und Unterstützung neuer Mitarbeitern bei der Durchführung von Änderungen (Arbeitsanweisungen),
- die verbesserte Dokumentation und Nachvollziehbarkeit von durchgeführten Änderungen und
- die erleichterte Planung und Durchführung neuer Änderungen durch die Methodenzuordnung, die Hinterlegung eines Änderungsablaufs und die Beschreibung der Arbeitsweise

genannt werden. Neben den Vorteilen einer Klassifikation können ebenso Nachteile identifiziert werden. Beispielsweise eignen sich die oben aufgezeigten Ansätze erst für eine Klassifikation, nachdem die Lösung des Problems erarbeitet wurde. Weitere Nachteile einer Klassifikation betreffen:

- die unzureichend eindeutige Festlegung von Änderungstypen,
- die fehlende Berücksichtigung aller wichtigen Ausprägungen und Auswirkungen von Änderungen bei der Klassifikation,
- die eindeutige Zuordnung von Änderungen zu Standardprozessen, und dadurch die
- die Einschränkung der Entscheidungsfreiheit des Projektbearbeiters aufgrund vorgegebener Maßnahmen
- sowie die Einengung der Flexibilität in der Abarbeitung von Änderungen.

Diese Nachteile wurden bei der Zielsetzung der Klassifikation von Änderungen berücksichtigt. Die Klassifikation soll ein überschaubares und eindeutiges Vorgehen als Hilfestellung im Änderungsprozess aufzeigen, aber dennoch flexibel auf die unterschiedlichen Problemsituationen angewandt werden können. Damit soll eine hohe Akzeptanz sichergestellt werden, wodurch der Bearbeiter in der Abwicklung von Änderungen unterstützt und nicht behindert wird.

5.3.3 Zielsetzung der Klassifikation aus der Anwendersicht

Mittels einer Klassifikation von Änderungen soll der Anwender schon zu Beginn einer Änderung in der Lage sein, diese einem bestimmten Änderungstyp zuzuordnen. Deshalb sollten nicht die Änderungen selbst, sondern vielmehr die auslösenden Probleme bewertet und die möglichen Folgen abgeschätzt werden. Nachdem der Änderungstyp durch die Klassifikation festgelegt wurde, ergibt sich daraus eine bestimmte Vorgehensweise zur Abarbeitung der Änderung. Die verschiedenen Typen sollen sich dabei im nötigen Aufwand der Abarbeitung unterscheiden. Dazu werden für die einzelnen Änderungstypen unterschiedliche Methoden bereitgestellt. Ebenso können aufbau- und ablauforganisatorische Maßnahmen festgelegt werden.

Eine Klassifikation von Änderungstypen muss auf das Unternehmen und die für das Unternehmen typischen Änderungen abgestimmt sein. Aufgrund dieser praxisnahen Ausrichtung ist hier ein pragmatischer Ansatz hinsichtlich der Anzahl der Auswahlkriterien zu verfolgen. Eine hohe Anzahl auszuwählender Kriterien mindert die Akzeptanz beim Einsatz und erhöht den Aufwand. Zudem soll die hier angestrebte Klassifikation ein an den Änderungstyp angepasstes, methodisches Vorgehen ermöglichen und dadurch den am Änderungsprozess Beteiligten Unterstützung bei der Situationserfassung, der Planung und der Durchführung von Änderungen bieten. Wichtig dabei ist, genügend Flexibilität für die Anpassung an die konkrete Situation zuzulassen.

Ziel dieser Klassifikation von Änderungen ist also nicht, eine klassische Verfahrensanweisung mit einem starr vorgeschriebenen Ablauf für den Änderungsprozess zu schaffen, sondern durch die Klassifikation soll eine Unterstützung bei der Abarbeitung der Vielzahl von unterschiedlichen Änderungen mit Möglichkeiten zur Anpassung an die konkrete Situation geboten werden. Durch die problemspezifische Festlegung eines Änderungstyps ergibt sich eine problemangepasste Vorgehensweise zur Änderungsabwicklung. Dabei wird dem Bearbeiter innerhalb des detaillierten Änderungsprozesses ausreichend Handlungsspielraum überlassen. Grundlegend soll durch die Klassifikation die Frage nach dem eigentlichen Ziel der Änderung für ein weiteres, zielorientiertes Vorgehen geklärt werden.

5.3.4 Klassifikation von Änderungen

Vorgehen im Überblick

Die detaillierte Beschreibung eines Problems anhand einer strukturierten Erfassung wichtiger Eckdaten, z. B. über die Checkliste zur Problemerfassung (MÜLLER-WILFING 1997), ist Voraussetzung für eine Klassifikation. Ergänzend sollte eine Ursachenanalyse (GERST & STETTER 1998) zur Klärung der Randbedingungen und zur Differenzierung von Ursachen und Wirkungen durchgeführt werden, um bei der Änderung schließlich nicht nur die offensichtlichen Symptome, sondern nach Möglichkeit die eigentlichen Ursachen zu behandeln.

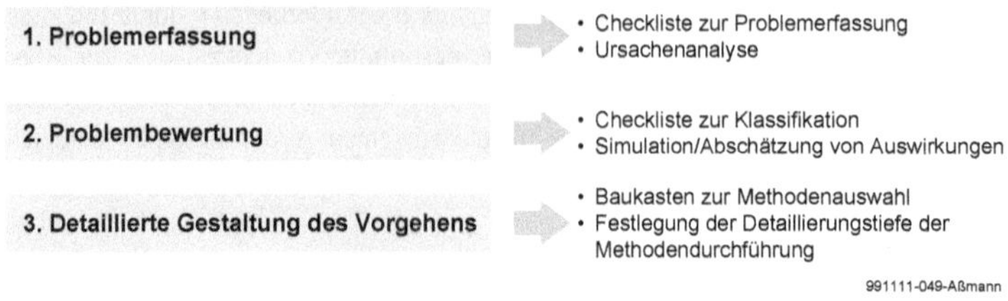

Bild 5-5: Vorgehen zur Klassifikation und Methodenauswahl

Nach der Klärung der Randbedingungen der Änderung (Bild 5-5) mittels der Problemerfassung kann die Klassifikation durchgeführt werden. Unterstützend wirken die im Folgenden beschriebenen Kriterien der Checkliste zur Klassifikation, sowie Maßnahmen zur Auswirkungserfassung und -visualisierung von Änderungen (Kapitel 5.3.5). Damit kann über die Klassifikation ein im Unternehmen standardisierter Änderungstyp festgelegt werden. Diesem Änderungstyp können nun geeignete Methoden in Form eines Baukastens bereitgestellt werden, die anhand des in Kapitel 5.4 aufgezeigten Vorgehens ausgewählt werden können. Diese sind wiederum Grundlage für die detaillierte Gestaltung des Änderungsprozesses und somit auch als Unterstützung des Projektmanagements zu betrachten.

Kriterien zur Klassifikation von Änderungen

Anhand der in Tabelle 5-4 aufgezeigten Kriterien können Änderungen klassifiziert werden. Diese Kriterien spiegeln mögliche Auswirkungen und Risiken, Aufwand und Nutzen sowie mögliche Schwierigkeiten im Problemlösungsprozess wider.

Die Auswahl der Kriterien erfolgte unter praxisnahen Bedingungen. Die Kriterien differenzieren die verschiedenen Änderungen eindeutig voneinander. Dabei darf der Aufwand der Änderungsbewertung nicht die Vorteile der problemspezifischen Abwicklung von Änderungen übersteigen. Deshalb wurde die Anzahl der Kriterien beschränkt. Eine Gewichtung kann ergänzend über entsprechend festgelegte Kriterien (Bild 5-6, dunkel gekennzeichnete Kriterien) erfolgen, die aufgrund ihrer Ausprägung den Änderungstyp auch direkt festlegen können.

Die hier aufgezeigten Kriterien wurden aus verschiedenen Änderungsfällen abgeleitet, und sind auf Unternehmen, die dem Geltungsbereich des Änderungsprozesses (Kapitel 4.4.2) zuzuordnen sind, übertragbar. Dagegen sind die Ausprägungen der Bewertungskriterien unternehmensspezifisch festzulegen. Die Erkennung bzw. Abschätzung der Ausprägungen dieser Kriterien ist Voraussetzung für eine problemspezifische Methodenzuordnung und Anpassung des Änderungsprozesses. Die einzelnen Ausprägungen sollten aufgrund einer Analyse bereits abgewickelter Änderungen und deren Auswirkungen erfolgen.

Kriterium	Beschreibung
Problemteil	Problemteile stellen bekannte Bauteile bzw. Baugruppen dar, bei denen entweder wiederholt Probleme aufgetreten sind oder an denen bereits mehrfach Änderungen durchgeführt wurden.
Dauer	Die angegeben Zeiten geben eine Orientierung der Bearbeitungsdauer an. Liegezeiten können berücksichtigt werden. Durch die Angabe von voraussichtlich benötigten Durchlaufzeiten kann eine erste Grobplanung erfolgen.
Kapazität	In diesem Feld kann der voraussichtliche kapazitive Aufwand der Änderung abgebildet werden. Dabei ist die Anzahl der an der Änderung beteiligten Personen sowie der Änderungsaufwand (in Personenstunden bzw. -tagen) zu berücksichtigen.
Kosten	CONRAT (1998) definiert als relevante Änderungskosten „alle Wertverzehre, die im Zusammenhang mit den Teilprozessen des Änderungsprozesses ausgelöst werden. Diese Betrachtung umfasst ausdrücklich: – den gesamten zusätzlichen Ressourceneinsatz für die Planung, Bewertung und Durchführung von Änderungen (insbesondere alle änderungsbedingten Zusatzaktivitäten im Entwicklungsprozess sowie den zusätzlichen Materialverbrauch), – die änderungsbedingte Entwertung von bereits erstellten Produkten und bereits durchgeführten Tätigkeiten und – alle änderungsbedingten Opportunitätskosten, im Sinne von änderungsbedingt entgangenen Nutzeneffekten am Markt wie auch im Unternehmen". Eine Unterteilung der Kosten nach unmittelbaren Prozesskosten und Folgekosten der Änderung ist nach CONRAT (1998) sinnvoll. Als Beispiel für Prozesskosten nennt CONRAT (1998) die Bearbeitungskosten des Änderungsantrags oder Werkzeugänderungskosten. Als Beispiele für Folgekosten werden Opportunitätskosten durch die Bindung benötigter Ingenieurkapazität, Wertverluste und Verschrottungskosten bei Vorgängerversionen des Produkts oder Produktivitätsverluste aufgrund von Demotivationseffekten bei betroffenen Mitarbeitern genannt.
Komplexität	Die Komplexität einer Änderung beschreibt die Anzahl möglicher betroffener Bauteile/Baugruppen und Varianten (in Anlehnung an KUPSCH ET AL. 1991). Ebenso kann unter diesem Kriterium die Anzahl betroffener Projektpartner aufgenommen werden.
Neuigkeit	Die Neuigkeit einer Änderung beschreibt die Bekanntheit der Aufgabe, bzw. des Problems. Ist das Ziel bekannt und sind die Mittel vorhanden dann wird von einer Aufgabe gesprochen, sind Ziel oder/und Mittel nicht bekannt, dann wird von einem Problem gesprochen (EHRLENSPIEL 1995, DAENZER & HUBER 1997).
Technisches Risiko	Mit dem Risiko wird im Folgenden die Gefahr einer Fehlentscheidung, durch die ein Nachteil (Verlust, Schaden) entstehen oder ein Vorteil (Gewinn, Nutzen) ausbleiben kann, verstanden (BROCKHAUS 1978). Dabei werden durch das technische Risiko mögliche funktions- oder sicherheitsrelevante Gefahren beurteilt. Die Ausprägung kann z. B. über den Aufwand der Lösungsverifizierung bestimmt werden (z. B. Aufwand der notwendigen Versuche zur Überprüfung der Funktion der Änderungslösung). Neben der technischen Funktion sind ebenso Sicherheitsrisiken und vorhandene Produktkompetenz abzufragen.
Wirtschaftliches Risiko	Auswirkungen auf die Beurteilung des wirtschaftlichen Risikos haben die Ausprägungen der Kriterien Kapazität und Kosten. Aber ebenso ist die Dauer des laufenden Projekts ein Schlüsselfaktor des wirtschaftlichen Risikos. Schließlich fließt hier die Amortisation mit in die Bewertung der Änderung ein.
Nutzen	Als Nutzen kann die Gesamtheit der durch die betrachteten technischen Maßnahmen erzielten marktwirtschaftlichen Vorteile für das Unternehmen definiert werden. Beispiele sind hierzu Kostenvorteile durch Kostenreduzierungsmaßnahmen, Qualitätsverbesserungen, Erweiterung der Funktionalität etc.

Tabelle 5-4: Kriterien zu Klassifikation

Checkliste zur Klassifikation von Änderungen

Die Checkliste zur Klassifikation ermöglicht in ihrem Aufbau ebenso die subjektive Einschätzung einer Änderung, denn durch die partielle Überschneidung der Kriterien wird verhindert, dass sich Toleranzfehler beim Bewerten einseitig auswirken wie auch eine methodische Unterstützung.

Kriterien wie „benötigte Kapazität", „entstehende Kosten" oder „Dauer der Änderung" beschreiben Änderungsauswirkungen, die erst nach der Produktlösung und Änderungsdurchführung vollständig bekannt sind. Eine Abschätzung dieser Auswirkungen vor einer detaillierten Problemlösung ist jedoch notwendig, um den Änderungsprozess frühzeitig einstufen, planen und schließlich problemgerecht abwickeln zu können. Dies erscheint auf ersten Blick schwierig, aber bereits erste Lösungsideen der Prozessbeteiligten reichen hierzu aus. In den Untersuchungen in der Industrie konnte festgestellt werden, dass bereits bei der Erfassung der Änderung Lösungsideen intuitiv generiert wurden.

Ebenso sind bei technischen Änderungen meist die Komponenten des Produkts bekannt, die verändert werden müssen. Selbst wenn keine Ideen zur Problemlösung vorhanden sind, bietet die Analyse und Bewertung des Problems durch die Klassifikation eine Unterstützung, mit der die Änderungsziele hinterfragt und definiert werden können. Als Beispiel kann hierzu der mögliche Kostenrahmen genannt werden, der von dieser Änderung nicht überschritten werden darf.

Zudem stellt die Klassifikation in erster Linie eine Checkliste dar, mit denen der Anwender die Situation und die Randbedingungen hinterfragen, analysieren und schließlich bewerten kann. Die teilweise sich überschneidenden Kriterien helfen hierbei die Situation und mögliche Folgen (monetäre und zeitliche Auswirkungen, Risiken) richtig einzuschätzen.

In Bild 5-6 ist eine Checkliste zur Klassifikation von Änderungen dargestellt, die auf einen Automobilzulieferer ausgerichtet ist. Der Anwender kann die entsprechenden Ausprägungen der einzelnen Kriterien markieren und mit einer Profillinie verbinden. Die Lage dieser Linie gibt das Profil der Änderung, den Änderungstypen, wieder. Ausgewählte Felder, dunkelgrau hinterlegt, stellen eine Priorisierung dar, die in diesem Beispiel den Änderungstypen bereits festlegen können.

Die Bestimmung der Änderungstypen sollte anhand einer Analyse von bereits abwickelten Änderungen im Unternehmen erfolgen. Diese Änderungen sollten diesbezüglich ebenso anhand der oben aufgezeigten Kriterien analysiert und bewertet werden. Nach der Strukturierung und Sammlung ähnlicher Änderungen können wiederum Änderungstypen abgeleitet und hieraus die Ausprägungen der Kriterien bestimmt werden.

Kann keine eindeutige Zuordnung erfolgen, so gibt die Profillinie eine Tendenz der möglichen Ausprägung der Änderung wieder. Ergänzend muss der Bearbeiter sich frühzeitig mit dem Problem auseinander setzten, kann mögliche Folgen und Probleme der Änderung erkennen und Maßnahmen zur Problemlösung ergreifen.

Die Checkliste zur Klassifikation ist als Hilfsmittel zur Analyse, Bewertung und Dokumentation gedacht und dient der Erleichterung des Entscheidungsprozesses durch eine Entscheidungsvorbereitung[1].

Checkliste zur Klassifikation von Änderungen		Ersteller: G. Aßmann	Datum: 13.11.99
Änderungsnummer: AE-37	Betroffenes Bauteil/-gruppe: Dichtung		Projekt: EA 47-11
Termin: 17.03.2000	Betroffenes Lieferanten: Fa. Dichtungen Pulm		Projektende: 31.07.2001
Änderungstyp	**A**	**B**	**C**
Beispiel	Neue Anforderung Funktionsausfall	Kostenreduzierung Funktionsstörung	Zeichnungskorrektur
Problemteil	ja	nein	unbedeutend
Dauer	Größer 4 Monate	1 bis 4 Monate	Kleiner 1 Monat
Kapazität	Größer 1 Personenmonat	Bis 1 Personenmonat	Kleiner 1 Personenwoche
Kosten	Veränderung des Teilepreises > 2,50	Veränderung des Teilepreises < 2,50	Keine Veränderung des Teilepreises
Komplexität	Mehr als 5 Bauteile	2 bis 5 Bauteile	1 oder 2 Bauteile
Neuigkeit	Ziel und Lösungsweg unbekannt	Ziel oder Lösungsweg unbekannt	Ziel und Lösungsweg bekannt
Technisches Risiko	Know-how nicht vorhand. Versuche nötig	Kompetenz vorhanden Versuche nötig	Kompetenz vorhanden keine Versuche nötig
Wirtschaftliches Risiko	Hoch, z. B. kurze Projektlaufzeit	Mittel, z. B. lange Projektlaufzeit	Gering, z. B. geringe Kosten
Nutzen	Hoch	Mittel	Gering
Auswahl	A	B	C
Bemerkung/Begründung: Die Änderung kann trotz hoher Dauer und hohen Kapazitätsbedarfs dem Typ B zugeordnet werden, da die Komplexität gering und kein Problemteil betroffen ist.			

991113-050-Aßmann

Bild 5-6: Beispielhafte Anwendung (vgl. auch Kapitel 5.5) der Checkliste zur Klassifikation von Änderungen[2]

[1] In einer unveröffentlichten Diplomarbeit (DORRMANN 1998) wurde dieses Verfahren an ausgewählten Beispielen bei einem Automobilzulieferer angewandt. Dabei wurde die Funktionsweise sichergestellt und die Bestimmbarkeit von Änderungstypen nachgewiesen.

[2] Namen und Daten aufgrund der Geheimhaltungspflicht verändert.

5.3.5 Methoden zur Erkennung von Änderungsauswirkungen – Stand der Forschung

Änderungsauswirkungen können nach wirtschaftlichen (zeitlicher und monetärer Aufwand), organisatorischen (betroffene Personen, Abteilungen oder Prozesse) oder technischen (Produkt) Folgen unterschieden werden. In dieser Arbeit wird der Schwerpunkt auf die Erkennung technischer und organisatorischer Änderungsauswirkungen gelegt.

Eine frühzeitige Erkennung möglicher Folgen ist notwendig, um den Änderungsprozess gestalten und planen zu können. Da aber die meisten Auswirkungen erst bei der Lösungssuche bzw. Lösungsanalyse und -bewertung erkannt werden können, scheint eine Unterstützungsmöglichkeit erst zu diesem Zeitpunkt gegeben. Als Maßnahmen in der Problemlösungsphase werden z. B. die Methode der Eigenschaftsfrüherkennung (BERNARD 1999) oder die präventive Qualitätssicherung (PFEIFER 1996) genannt. Die Kenntnisse über die Änderungsauswirkungen nehmen mit der laufenden Detaillierung der Produkteigenschaften zu.

Für eine Klassifikation von Änderungen ist es jedoch notwendig, Auswirkungen bereits vor der Lösungssuche zu erkennen. Dabei können nicht alle Auswirkungen erkannt werden, aber für die Klassifikation von Änderungen sind erste Anhaltswerte bereits entscheidend.

Eine Möglichkeit bietet die Einbindung erfahrener Mitarbeiter aus unterschiedlichen Fachbereichen in den Klassifikationsprozess. Die Durchführung der Klassifikation im Team ermöglicht die Nutzung der Erfahrung der Teammitglieder und stellt zudem die Informationsweitergabe über die bevorstehende Änderung und deren mögliche Folgen sicher. Unterstützend können Techniken wie das Szenariomanagement (GAUSEMEIER ET AL. 1998) angewandt werden. Ziel der Szenarienbildung im Änderungsmanagement ist die Identifikation möglicher Auswirkungen von Änderungen durch gezieltes Nachfragen und einfache Szenarienbildung hinsichtlich technischer oder organisatorischer Aspekte („Welche Bauteile/Baugruppen könnten noch betroffen sein?", „Wer/Welche Abteilung könnte von dieser Änderung betroffen sein?").

Ergänzend hierzu schlägt KLEEDÖRFER (1998A) Matrixteams zur Abwicklung schnittstellenübergreifender Änderungen vor. Matrixteams setzen sich aus unterschiedlichen Fachbereichen/-gruppen zusammen, die aufgrund der Vernetzung der Produktkomponenten voneinander abhängig sind. Damit wird eine Überwindung der Schnittstellen zwischen den SE-Teams angestrebt. Diese Teams sind die Grundlage für die SE-teamübergreifende Problemlösung und schnittstellenübergreifende Änderungsplanung und -koordination.

Als weitere Möglichkeit, technische Änderungsauswirkungen auf Produkt und dessen Komponenten zu erfassen, schlägt HILLER (1997) den Einsatz von Suchstrategien (Bild 5-7) vor. Basierend auf den Anforderungen an das Lösungskonzept der Änderung, also nach der Zieldefinition der Änderung, kann diese Methode eingesetzt werden. Ausgehend von der zu ändernde Produktkomponente (Änderungsursprungskomponente) sind alle

Unterkomponenten (Bauteile/Baugruppen) und Komponenten gleicher Strukturebene auf mögliche wechselseitige Abhängigkeiten zu prüfen. Ergänzend zu diesem von HILLER (1997) beschriebenen Ansatz müssen ebenso übergeordnete Komponenten auf Auswirkungen untersucht werden, um einen vollständigen Umfang möglicher Folgen zu erhalten.

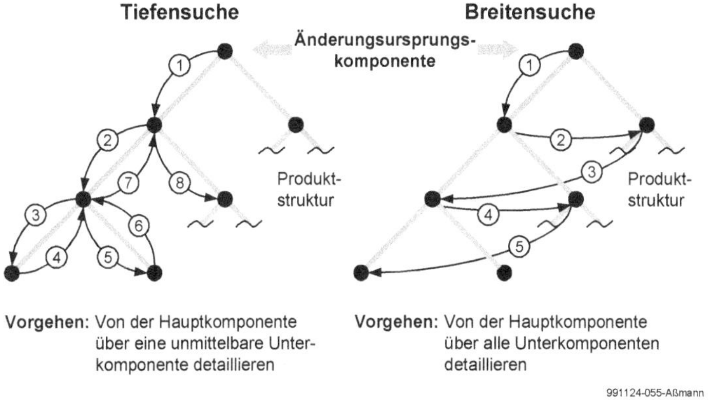

Bild 5-7: Suchstrategien zur Ermittlung änderungsbetroffener Produktkomponenten (HILLER 1997)

Mit der Informations-Teilprozess-Matrix (vgl. VIOL 1999) können neben technischen auch organisatorische Änderungsauswirkungen erkannt werden. In dieser Matrix werden die Zusammenhänge zwischen den Teilschritten des Entwicklungsprozesses einschließlich den zugehörenden Personen/Abteilungen und der verwendeten bzw. erzeugten Informationen abgebildet. Bei der Änderung eines Dokuments können aufgrund dieser Verknüpfung betroffene Teilprozesse und damit involvierte Personen/Abteilungen erkannt werden. Über die Bidirektionalität der Verknüpfungen können ebenso Informationen bzw. Dokumente identifiziert werden, die aufgrund Veränderungen im Ablauf betroffen sind.

STEINMEIER (1998) zeigt basierend auf der funktionalen Verknüpfung von Produktkomponenten die Möglichkeit auf, Änderungen und deren Auswirkungen auf Komponenten am Rechner abzubilden. Grundlage ist ein Informationssystem (AUTOSYS) zur Abbildung, Darstellung und Analyse systemtechnischer Produktzusammenhänge. Produktkomponenten werden hierzu anhand funktionaler Zusammenhänge (z. B. Designrelation, thermische Relation) verknüpft. Aufbauend auf diesen Verknüpfungen können Auswirkungen von Komponentenänderungen über mehrere Ebenen (direkte und indirekte Beeinflussungen n-ten Grades) dem Anwender angezeigt werden.

5.3.6 Methode zur Erkennung von Änderungsauswirkungen – erweiterter Ansatz

Die Visualisierung von Änderungsauswirkungen stellt einen wesentlichen Schritt zur Klassifikation von Änderungen dar. Bisherige Verfahren zeichnen sich entweder durch eine fehlende Rechnerunterstützung (GAUSEMEIER 1998, VIOL 1998) zur Handhabung der Informationsmengen oder der einstigen Ausrichtung (Produktkomponenten, HILLER 1997, STEINMEIER 1998, Prozesse KLEEDÖRFER 1998A, VIOL 1998) aus. Hierzu wird in Kapitel 6.5.4 ein Werkzeug aufgezeigt, das die Visualisierung von Änderungsauswirkungen unterstützt, indem Produkt- und Prozessinformationen in einem rechnergestützten Entwicklungsarbeitsplatz prozessbegleitend dokumentiert und vernetzt werden. Dieses Werkzeug kann sowohl bei der Klassifikation als auch bei der Bewertung von Änderungslösungen eingesetzt werden. Bei der Visualisierung der möglichen Auswirkungen unterstützt der Rechner derart, dass mögliche Auswirkungen auf das technische Produkt, auf den Prozess und auf beteiligte Personen aufgezeigt werden können. Der Anwender erhält somit eine Übersicht über mögliche Auswirkungen, muss aber dennoch entscheiden, welche der Auswirkungen tatsächlich relevant sind. Vergleichbar einer rechnergestützten Checkliste kann dieses Werkzeug zur Unterstützung einer vollständigen Erfassung der Auswirkungen eingesetzt werden. Grundlage hierzu ist die Abbildung und Analyse produkt- und prozessbeschreibender Daten im Entwicklungs- und Änderungsprozess. Diese Funktionalität bedingt zudem eine vollständige Abbildung der Daten und deren Zusammenhänge, die aufgrund der prozessbegleitenden Anwendung ermöglicht und unterstützt wird.

5.4 Methodenauswahl und Prozessdetaillierung

Mit der Klassifikation konnten Änderungen analysiert und bewertet und schließlich Änderungstypen festgelegt werden. Im Folgenden wird nun aufgezeigt, wie Methoden ausgewählt und der Änderung zugeordnet werden können. Deshalb werden aus der Literatur bekannte Vorgehensweisen zur Methodenauswahl vorgestellt und schließlich daraus ein Vorgehen abgeleitet. Dieses sieht dabei als ersten Schritt die Gestaltung eines Baukastens zur Methodenauswahl vor. Die Methoden werden hierzu phasenspezifisch im Baukasten einzelnen Änderungstypen zugeordnet. Nach der Klassifikation der Änderung kann dieser Baukasten zur problem- und anwenderspezifischen Auswahl von Methoden angewandt werden. Der Änderungsprozess kann durch diese systematische Methodenauswahl an die Randbedingungen angepasst und aufwandsoptimiert abgewickelt werden.

5.4.1 Differenzierung von Methoden

Die problemspezifische Auswahl von Entwicklungsmethoden zeigt sich neben der Anpassung, Einführung und Durchführung als Schwachstelle der Methodenanwendung. ZANKER (1999) begründet diese Defizite in:

- einer falschen Einschätzung des Ziels einer Methode durch den Anwender aufgrund mangelnder Kenntnisse,
- der fehlenden Erkennung der Wirkweisen von Methoden und
- der abstrakten und unzureichend situationsbezogenen Einordnung von Methoden (vgl. Einordnung von Methoden nach Phasen/Problemlöseschritten, Kapitel 5.2.2).

Aufgrund dieser Defizite leitete ZANKER (1999) eine Klassifikation von Methoden nach Tätigkeiten und Merkmalen ab. Als Klassifikationsmerkmale von Methoden können dabei Anwender bzw. Anwenderkreis, Struktur, Formulierung, Darstellung, Hilfsmittel und Trägermedien unterschieden werden. WACH (1994) und HELBIG (1994) beschreiben dagegen einen sehr detaillierten Ansatz zur Beschreibung und Einordnung von Methoden anhand ihrer Merkmale, dessen Umsetzbarkeit in die Praxis aufgrund des hohen Bewertungsaufwands als problematisch zu betrachten ist.

Die Problematik der Auswahl von Methoden ist Schwerpunkt dieses Kapitels. Hierzu werden zwei wesentliche Schritte unterschieden (Bild 5-8). Zum einen werden Methoden im Vorfeld der Änderung dem Änderungstyp anhand unternehmens- und phasenspezifischer Kriterien zugeordnet (Kapitel 5.4.2) und damit für das Unternehmen ein standardisierter Methodenumfang festgelegt. Zum anderen findet eine Auswahl hinsichtlich des Änderungstyps und schließlich durch den Anwender statt. Mit der Reduzierung des Methodenumfangs und der problemspezifischen Auswahl kann der Änderungsprozesses detailliert werden. Dabei stehen die Fragen im Vordergrund: „Welche Methoden stehen zur Verfügung?" oder „Wie kann das Problem gelöst werden?"

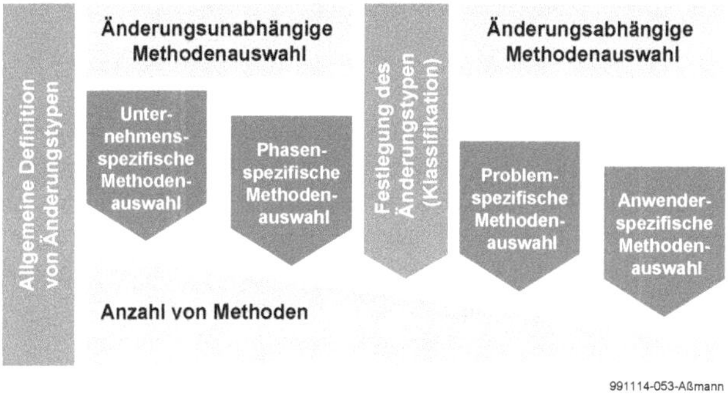

Bild 5-8: Reduzierung des Methodenumfangs

5.4.2 Änderungsunabhängige Methodenauswahl

Die Erstellung des Baukastens ist Grundlage für die änderungsspezifische Methodenauswahl. Hierzu sind geeignete Methoden hinsichtlich unternehmensspezifischer Kriterien auszuwählen, phasenspezifisch zu gliedern und schließlich den Änderungstypen zuzuordnen.

Unternehmensspezifische Methodenauswahl

Die Auswahl von Methoden und deren Anpassung an die Randbedingungen des Unternehmens ist das Ziel des ersten Schrittes. Hierzu sind in der Checkliste (Tabelle 5-5) Fragen zur systematischen Auswahl dargestellt, die die organisatorischen Randbedingungen ebenso berücksichtigen wie das angebotene Produkt- bzw. Dienstleistungsspektrum.

Ist die Methode vom Kunden vorgeschrieben? Wird die Methode vom Unternehmen vorgeschrieben?
Bringt die Methode dem Unternehmen strategische Vorteile?
Ist die Methode für die Aufbauorganisation geeignet? (vgl. auch WACH 1994, ZANKER 1999)
Wie bekannt ist die Methode im Unternehmen? (vgl. auch HELBIG 1994, EHRLENSPIEL 1995)
Wo muss die Methode ausgeführt werden? Ist die Ausführung ortsgebunden? Kann sie an verschiedenen Standorten gleichzeitig ausgeführt werden? Ist eine spezielle Ausstattung notwendig? (vgl. auch EHRLENSPIEL 1995, HILLER 1997)
Wie kann die Methode in den betrieblichen Ablauf eingegliedert werden? (vgl. auch EHRLENSPIEL 1995)
Für welche Produkte kann die Methode eingesetzt werden? Eignet sich die Methode für das im Unternehmen hergestellte Produkt? Ist die Methode für die Komplexität des Produkts adäquat? (vgl. WACH 1994, HELBIG 1994)
Wie hoch ist der Schulungsaufwand?

Tabelle 5-5: Checkliste zur unternehmensspezifischen Methodenauswahl

Phasenspezifische Methodenauswahl

Im Vordergrund der phasenspezifischen Auswahl steht die Zuordnung einzelner Methoden zu den Teilschritten des abstrakten Änderungsprozesses (Kapitel 4.4). Ähnlich wie in der Literatur zur Methodenlehre beschrieben (vgl. Kapitel 5.2.3), stellt diese phasenspezifische Zuordnung ein Hilfsmittel zur Detaillierung des Prozesses und zur Reduzierung des Methodenumfangs dar, da nun die Methoden auch zum richtigen Zeitpunkt durchgeführt werden. Hierbei kann die Checkliste aus Tabelle 5-6 unterstützen.

Wann, in welcher Phase des Änderungsprozesses kann die Methode angewandt werden? Ist die Methode zur Ursachenanalyse, Zieldefinition, Lösungssuche etc. geeignet? (vgl. auch WACH 1994)
Welche Eingangs- und Ausgangsinformationen werden benötigt? Liefert die Methode die jeweiligen Ergebnisse? (vgl. auch HELBIG 1994; EHRLENSPIEL 1995)
Welche Abteilungen (Entwicklung, Montage, Vertrieb etc.) sind betroffen?

Tabelle 5-6: Checkliste zur phasenspezifischen Methodenauswahl

Zuordnung zu den Änderungstypen

Bei der Zuordnung der Methoden zu den Änderungstypen aus der Checkliste zur Klassifikation ist die Unterscheidung nach den in Tabelle 5-1 aufgezeigten Merkmalen zu berücksichtigen. Sowohl operativ vorgeschriebene wie auch strategisch festgelegte Methoden stellen erforderliche Methoden dar, die bearbeitet werden müssen (MUSS-Methoden). Für MUSS-Methoden sind ebenso wie für frei wählbare Methoden (KANN-Methoden) Aufwand und Nutzen des Methodeneinsatzes abzuschätzen und diese schließlich sinnvoll (vgl. Bild 5-10, Kapitel 5.5) auszuwählen.

Die Abschätzung und Bewertung beruht auf der Erfahrung bei der Methodenanwendung. In der Praxis kann dies durch die Identifikation typischer Änderungsprozesse und der dabei angewandten und aus Erfahrung als sinnvoll erachteten Methoden erreicht werden. Diese Methoden sind nun unter Berücksichtigung der phasenspezifischen Auswahl (Problemidentifizierung, Problemlösung etc.) den unterschiedlichen Änderungstypen zuzuordnen. So ist die Durchführung von Maßnahmen zur präventiven Qualitätssicherung bei Zeichnungskorrekturen als nicht sinnvoll einzuschätzen (hoher Aufwand), dagegen bei aufwändigen Änderungen, deren Lösung unbekannt oder für das Unternehmen neu sind, notwendig.

Für die Auswahl von Methoden können zwei verschiedene Möglichkeiten angewandt werden, die sich in Aufwand und Konkretisierung unterscheiden:

- Methoden können hinsichtlich des Änderungstyps ausgewählt werden. Nachdem die Methoden nach dem oben aufgezeigten Vorgehen den Änderungstypen zugeordnet wurden, kann durch die Klassifikation der Änderung und der Bestimmung des Änderungstyps der Methodenumfang für die intuitive Methodenauswahl reduziert werden.
- Diesem pragmatischen Vorgehen kann eine detailliertere Variante gegenübergestellt werden. Hierzu können jeder Ausprägung eines Klassifikationskriteriums Methoden zugeordnet werden. Über die Klassifikation und der damit einhergehenden Bewertung der Änderungsausprägungen können Methoden festgelegt werden, die einzelne Aspekte von Änderungen unterstützen. Werden beispielsweise die wirtschaftlichen Risiken als hoch eingestuft, so werden entsprechende detaillierte Methoden zur Abschätzung der Wirtschaftlichkeit vorgeschlagen.

Der Vorteil des zweiten Vorgehens ist in einer sehr detaillierten, problemspezifischen Anpassung des weiteren Vorgehens zu sehen. Als Nachteil kann der höhere Aufwand der Methodenauswahl festgehalten werden.

5.4.3 Änderungsabhängige Methodenauswahl

Die änderungsabhängige Methodenauswahl ist der Schritt, den Änderungsprozess anhand notwendiger bzw. geforderter Methoden zu detaillierten. Grundlage hierzu ist der Baukasten zur Methodenauswahl (Bild 5-10). Über die Klassifikation findet eine Festlegung des Änderungstyps und somit eine problemspezifische Bewertung statt. Vorrangig ist dabei die Bewertung, ob die Methode und das Problem miteinander in Wechselbeziehung stehen und ob Aufwand und Nutzen den Methodeneinsatz rechtfertigen.

Die anwenderspezifische, intuitive Methodenauswahl ist der letzte Schritt zur Reduzierung des Methodenumfangs und Festlegung einer geeigneten Methode zur Problembewältigung. Die intuitive Auswahl wird aufgrund der Ausrichtung der Untersuchungsobjekte in dieser Arbeit nicht weiter betrachtet.

Methoden können anhand des oben genannten Vorgehens hinsichtlich deren betrieblichen Eignung und zeitlichen Einordnung ausgewählt und den einzelnen Änderungsphasen und Änderungstypen in einem Baukasten zur Methodenauswahl angeordnet werden. Basierend auf dieser Zuordnung kann der Änderungsprozess weitgehend über den Methodeneinsatz detailliert und geplant werden. Sind verschiedene Methoden zur Auswahl vorhanden, so muss der Anwender intuitiv vorgehen und hinsichtlich seiner Erfahrung entscheiden.

Die Vorteile dieses Auswahlverfahrens liegen in der Reduzierung der anzuwenden Methoden und dadurch der Beherrschung der Komplexität im Änderungsprozess. Erreicht wird dies durch die stufenweisen Reduzierung des Methodenumfangs und der phasenspezifischen Vorgabe anzuwendender Methoden. Die eingeschränkte Zahl verfügbarer Methoden ist eine Entscheidungshilfe im Änderungsprozess sowie eine Möglichkeit der Methodenstandardisierung im Unternehmen.

Auch Notfallmaßnahmen, die aufgrund ihrer Auswirkungen z. B. auf die Sicherheit des Menschen und der Umwelt in einem sehr engen terminlichen Rahmen abgewickelt werden müssen, sollten nach oben beschrieben Verfahren durchgeführt werden. Trotz der zeitlichen Herausforderung und der damit verbunden möglichen Risiken ist eine Abkehr vom abstrakten Änderungsprozess nicht als sinnvoll zu erachten, denn gerade dann ist eine umfassende Auswirkungserkennung und Lösungsabsicherung unabdingbar.

5.4.4 Detaillierungstiefe der Methodenanwendung

Methoden sollten hinsichtlich ihres vorgegebenen Ablaufs konsequent durchgeführt werden, die Detaillierungstiefe dagegen ist fallspezifisch kritisch zu hinterfragen. Das heißt, es müssen z. B. nicht alle qualitätssichernden Maßnahmen bei einfachen Änderungen durchgeführt werden. Vielmehr können in einfachen Fällen aufgrund einer Analyse und Klassifikation der Randbedingungen komplexe Methoden durch einfache ersetzt werden. Die Methodenkomplexität sollte der Komplexität[1] der Aufgabenstellung entsprechen und diese nicht übersteigen.

Beispiel: Die Durchführung der FMEA sollte bei kritischen Änderungen durchgängig erfolgen. Bei einfachen, voraussichtlich nicht kritischen, bekannten oder ähnlichen Änderungen sollte aufbauend auf einer im Entwicklungsprozess durchgeführten FMEA die Abschätzung möglicher Fehler erfolgen. Ähnliche Unterschiede können für die Lösungssuche festgehalten werden. So sollte für kritische Änderungen der Lösungsraum wesentlich detaillierter erarbeitet werden als für einfache, bekannte Änderungsfälle. Auch die Anwendung standardisierter Lösungen für bekannte Änderungen (siehe Kapitel 3.3) kann ein effizientes Vorgehen darstellen.

Die dargestellten Zusammenhänge von Methoden und Prozessen sind Grundlage für die Anpassung des Änderungsprozesses an die unterschiedlichen problemspezifischen Randbedingungen technischer Änderungen.

5.5 Anwendung der Klassifikation an einem Beispiel

Die Umsetzung des oben beschriebenen Ansatzes erfolgte im Rahmen der Reorganisation des Änderungsmanagements bei einem Unternehmen der Automobilzulieferindustrie. Die Ableitung der unterschiedlichen Änderungsprozesse bzw. Änderungstypen erfolgte im Vorfeld – in der Analyse aktueller Änderungsprozesse. Diese Prozesse konnten nach den in Tabelle 5-4 dargestellten Kriterien in drei verschiedene Typen (Bild 5-9) gegliedert werden.

Der Änderungstyp A beschreibt dabei eine aufwendige Änderung, die aufgrund der möglichen hohen Auswirkungen (Kosten, Zeit) und des nicht bekannten technischen wie wirtschaftlichen Risikos nur im Team unter hohem Methodeneinsatz (zur Lösungsanalyse und -bewertung) durchgeführt werden. Typ B stellt eine Änderung dar, die aufgrund bekannter Probleme und bereits realisierter Standardlösungen einfacher durchzuführen ist und bei der die Problemlösung von der Konstruktion alleine durchgeführt werden kann. Verbesserungen von Dokumenten, z. B. Zeichnungskorrekturen, werden vom Änderungstyp C beschrieben und erfordern nur einen geringen Methodenumfang.

---

[1] Nach EHRLENSPIEL (1995) ist die Komplexität eines technischen Systems ein objektiv feststellbares Maß für die Anzahl und Unterschiedlichkeit der Elemente und deren Relationen. REICHWALD & DIETEL (1991) beschreiben die Komplexität einer Aufgabe als Anzahl, Verschiedenartigkeit und Interdependenzen der zu verknüpfenden Teilaufgaben bzw. Aufgabenelemente.

Änderungs-typ A	Problemlösung und Bewertung im Team	Problem und Lösung nicht bekannt, zeit- und kostenintensive Änderung (z. B. neue Anforderung, Änderung einer Baugruppe)
Änderungs-typ B	Problemlösung durch Spezialisten Bewertung im Team	Problem oder/und Lösung teilweise bekannt, geringes wirtschaftliches oder/und technisches Risiko
Änderungs-typ C	Problemlösung und Bewertung durch Spezialisten	Problem und Lösung vollständig bekannt, kein technisches Risiko geringer Aufwand

991116-054-Aßmann

Bild 5-9: Änderungstypen einer Fallstudie

Basierend auf dieser Einteilung wurde die in Bild 5-6 dargestellte Checkliste zur Klassifikation erstellt. Der Einsatz der Checkliste soll im Folgenden an einem Praxisbeispiel demonstriert werden. In dem Beispielfall handelt es sich um eine defekte Dichtung, die sich vom Produkt getrennt hat. Folgende Daten waren bei Änderungsbeginn bekannt:

- Bei der Dichtung handelte es sich nicht um ein Problemteil, da keine Probleme bislang bekannt waren.
- Abschätzung für Zeitdauer zur Durchführung der Änderung: insgesamt 14 Wochen bei Intensivbetreuung (Entwicklung 2 Wochen, Werkzeug 6 Wochen, Erstmusterprüfung 2 Wochen, Versuch). Die benötigte Kapazität wird mehr als einen Personenmonat betragen.
- Maximale Teilepreisänderung: weniger als 2,50 €,
  Maximale Werkzeugkosten für geänderte Dichtung: 12.000 €.
- Die Komplexität der Änderung ist als gering einzustufen, da die Änderung voraussichtlich nur ein Bauteil betrifft.
- Die Aufgabe war bekannt: Die Befestigung der Dichtung musste verbessert werden. Dagegen waren Lösung und Lösungsweg nur teilweise bekannt.
- Sowohl das technische als auch das wirtschaftliche Risiko wurden als mittel bewertet.

Mit Hilfe dieser Angaben wurde nun die Änderung klassifiziert. Bild 5-6 zeigt die Checkliste zur Klassifikation mit eingezeichneter Profillinie. Diese Änderung konnte eindeutig dem Änderungstyp B zugeordnet werden. Über den Baukasten zur Methodenauswahl (Bild 5-10) konnten die notwendigen, einzusetzenden Methoden identifiziert werden. Aufgrund des Änderungstyps waren die vorgegeben Methoden (im Bild 5-10 als MUSS gekennzeichnet) festgelegt. Ergänzend hierzu standen alternative Methoden (KANN) bereit. Zusätzlich wurden in diesem Baukasten Methoden des Projektmanagements (PM) aufgenommen, die den Aufwand der Projektplanung festlegen.

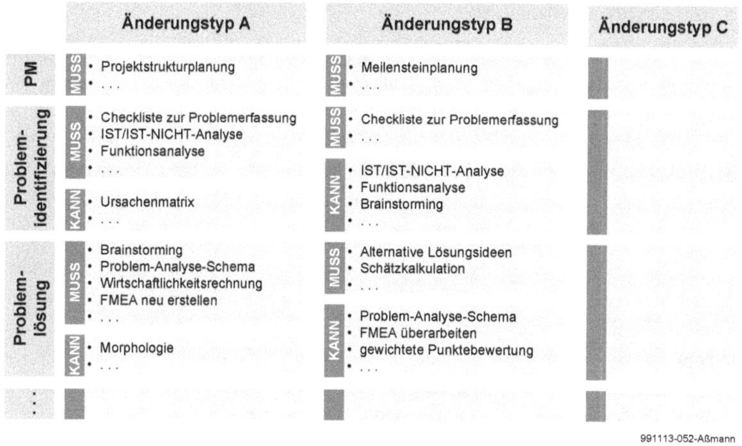

Bild 5-10: Beispiel für einen Baukasten zur Methodenauswahl für die problemspezifische Änderungsprozessgestaltung (Methoden nach KEPNER & TREGOE 1982, BURGHARDT 1993, EHRLENSPIEL 1995, LINDEMANN & REICHWALD 1998)

In diesem Praxisfall wurden nun folgende Methoden zur Abwicklung der Änderung ausgewählt[1]: Meilensteinplanung als Methode des Projektmanagements, Checkliste zur Problemerfassung, Brainstorming, Schätzkalkulation. Die FMEA wurde nicht neu erarbeitet, sondern es wurden bestehende Dokumente überarbeitet. Die Änderungsdauer betrug schließlich 4 Monate, die Werkzeugkosten 5.000 € und die Teilepreiserhöhung 0,15 €. Die bei der Klassifikation geschätzten Werte sind somit eingehalten worden, was für die Eignung der Klassifikation spricht.

Dieses Beispiel sollte die Vorgehensweise und die Funktionalität der Klassifikation und Methodenauswahl aufzeigen. In mehreren Anwendungsfällen konnte dies bereits nachgewiesen werden. Dieses Vorgehen bietet eine Hilfestellung bei der problemspezifischen Detaillierung von Änderungsprozessen, erhebt aber keine Ansprüche auf eine vollständige Abbildung aller Änderung. Dennoch unterstützt es bei der Handhabung komplexer Situationen und Problemlösungsprozesse.

[1] Weitere Angaben können bei DORRMANN (1998) nachgelesen werden. Die hier aufgezeigten Methoden geben nur einen kleinen Ausschnitt des Entwicklungsumfangs wieder.

5.6 Zusammenfassung

In diesem Kapitel wurde aufbauend auf dem Zusammenhang zwischen Prozessen bzw. Teilprozessen und Methoden eine Möglichkeit zur Detaillierung des Änderungsprozesses diskutiert und vorgestellt. Dieser Zusammenhang ist dadurch gekennzeichnet, dass Methoden detaillierte Teilprozesse darstellen, die sich durch eine hohe Konkretisierung hinsichtlich Ablauf, Anwendung und Handhabung auszeichnen. Aufgrund dieser Abhängigkeiten wurde ein Ansatz zur Verfeinerung des abstrakten Änderungsprozesses (Kapitel 4.4) durch die problemspezifische Auswahl von Methoden vorgestellt.

Die Methodenauswahl erfolgt dabei über ein vierstufiges Verfahren: der unternehmensspezifischen Auswahl, der phasenspezifischen Zuordnung von Methoden zu den einzelnen Prozessphasen, der problem- bzw. änderungsspezifischen Auswahl und schließlich einer intuitiven Auswahl durch den Anwender. Die problemspezifische Methodenauswahl kann dabei durch die Klassifikation von Änderungen, einer Checkliste zur systematischen Erfassung der Auswirkungen der Änderung, unterstützt werden.

Im Verlauf der Anpassung des Änderungsprozesses zeigte sich die Notwendigkeit, Auswirkungen von Änderungen möglichst frühzeitig zu erfassen. Frühzeitig bedeutet in diesem Zusammenhang, bereits vor der Klassifikation und somit vor der Problemlösung. Die Auswirkungserfassung kann hierzu mit unterschiedlichen Methoden und Werkzeuge unterstützt werden. Ein Beispiel für eine rechnergestützte Methode wird in Kapitel 6 beschrieben.

6 Rechnerunterstützung für das Änderungsmanagement

In den Kapiteln 4 und 5 wurden organisatorische und methodische Maßnahmen für die Gestaltung des Änderungsprozesses aufgezeigt. Folgendes Kapitel gibt einen Überblick über den Einsatz rechnergestützter Werkzeuge in der Produktentwicklung und im Änderungsmanagement und zeigt einen erweiterten Ansatz der Unterstützung auf.

Aufgrund des engen Zusammenhangs zwischen Entwicklung und Änderung werden zunächst typische rechnergestützte Werkzeuge für den Produktentwicklungsprozess diskutiert und anschließend deren Einsatz im Änderungsmanagement analysiert. Die hierbei festgestellten Möglichkeiten und Defizite sind wiederum Ausgangspunkt für die Entwicklung einer geeigneten Rechnerunterstützung für die Produktentwicklung und das Änderungsmanagement. Grundlage für die Unterstützung des Änderungsmanagements ist die durchgängige Abbildung aller wesentlichen Daten und Informationen die im Entwicklungsprozesses generiert oder verändert werden. Durchgängig bedeutet in diesem Zusammenhang die Abbildung von Daten und Informationen hinsichtlich unterschiedlicher Abstraktionsebenen, Entwicklungsphasen und Abteilungen. Deshalb wird in diesem Kapitel ein Werkzeug (Integrierter Konstruktionsarbeitsplatz INKA) für die durchgängige Unterstützung des Entwicklungsprozesses vorgestellt und dessen Einsatz für das Änderungsmanagement - im Besonderen für die Visualisierung von Änderungsauswirkungen – aufgezeigt.

Dieses Werkzeug stützt sich auf der prozessbegleitenden Dokumentation von Entwicklungsinformationen und nicht auf der präskriptiven Vorgabe von Tätigkeiten z. B. eines Workflow-Management-Systems. Hierzu bildet ein semantisches Netz, das anwenderdefiniert an das Produkt und den Entwicklungsprozess angepasst werden kann, die Grundlage. Implementiert in einen Entwicklungs- und Konstruktionsarbeitsplatz ergibt das ein prozessbegleitendes „Entwicklungstagebuch", in dem neben den Produktdaten auch Entscheidungen und deren Ursachen dokumentiert werden können.

6.1 Grundlagen der Rechnerintegration

6.1.1 Anforderungen an ein rechnerunterstütztes Informationsmanagement

Spricht man von der Rechnerunterstützung in der Produktentwicklung, so wird dies häufig mit Computer Aided Design (CAD), dem rechnerunterstützten Gestalten[1] oder Berechnen eines Produkts, in Verbindung gebracht. Dabei zeigt der Einsatz von CAD jedoch nur ei-

---

[1] EHRLENSPIEL (1995) definiert Gestalt als „Gesamtheit der geometrisch beschreibbaren Merkmale eines materiellen Objekts, wobei diese veränderlich sein können".

nen kleinen Bereich einer Unterstützungsmöglichkeit durch den Rechner auf. Nach LINDEMANN (1993) sind Konstruktion und Entwicklung Knotenpunkt des Informationsflusses im Unternehmen. Deshalb werden zunächst die Grundlagen über die derzeitigen Entwicklungen und Einsatzmöglichkeiten des Rechners im Informationsmanagement vermittelt. Aus der Sicht des Informationsmanagements werden hierzu Anforderungen an eine geeignete Rechnerunterstützung aufgestellt und diese anhand verfügbarer Hilfsmittel für die Produktentwicklung und für das Änderungsmanagement diskutiert.

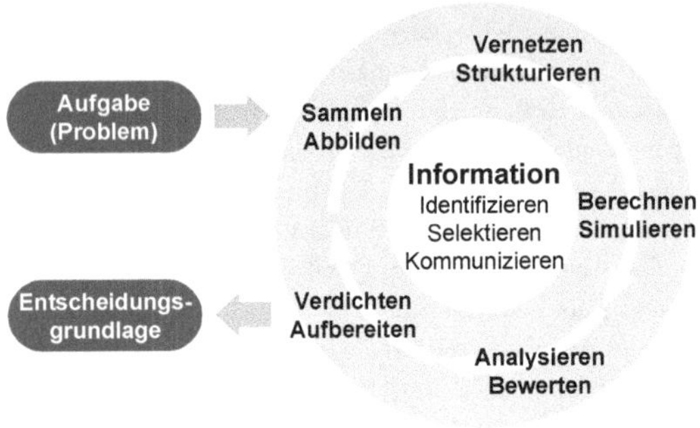

Bild 6-1: Anwendungszyklus einer rechnergestützten Informationsverarbeitung (in Anlehnung an EHRLENSPIEL 1995, MÜLLER 1995, AMBROSY 1997, PROBST ET AL. 1997, ZANKER 1999)

Die Leistungsfähigkeit des Rechners liegt in der Verarbeitung und Verteilung von Informationen[1]. Damit stellt der Einsatz des Rechners einen wesentlichen Baustein des Informationsmanagements[2] dar. In Bild 6-1 sind die wesentlichen Funktionen einer rechnergestützten Informationsverarbeitung in Form eines iterativ zu durchlaufenden Anwendungszyklus dargestellt.

Der Rechner bietet Unterstützung bei der Problemlösung, indem Informationen gesammelt und abgebildet, vernetzt und strukturiert, berechnet und simuliert, analysiert und bewertet, verdichtet und aufbereitet werden können und somit als Grundlage für Entscheidungen

---

[1] Information (lateinisch für Nachricht, Auskunft) wird definiert als „zweckorientierter, situationsabhängiger Ausschnitt von Wissen" (MÜLLER 1995). Informationen sind Daten, die in einem Bedeutungskontext stehen und zur Vorbereitung von Handlungen und Entscheidungen dienen. Informationen haben expliziten Charakter und sind elektronisch speicher- und verarbeitbar (NORTH 1989). IRLINGER (1999) nennt als wesentliche Eigenschaften von Informationen deren Handlungskonsequenz (auch PICOT ET AL. 1996), Übertragbarkeit, Speicherbarkeit, Empfängerabhängigkeit und Aktualisierungsnotwendigkeit.

[2] Informationsmanagement ist die Gesamtheit aller Aufgaben, Methoden und Werkzeuge zum Aufbau, zur Verwaltung und zur Nutzung der Informationsinfrastruktur, die sowohl auf den Rechnersystemen selbst, auf anderen Medien (z. B. Papier, Zeichenfolie) als auch latent vorhanden ist (VDI 2219, 1999).

dienen können. Diese Grundtätigkeiten stellen die Schnittstelle zwischen Benutzer und Rechneranwendung dar. Die Identifikation (Suche), Selektion (Auswahl) und Kommunikation (Weitergabe) von Informationen stehen dabei als übergeordnete Tätigkeiten im Mittelpunkt und stellen die Schnittstellen zum Menschen dar.

Für das rechnerunterstützte Informationsmanagement in der Produktentwicklung und im Änderungsmanagement können

- eine eindeutige und konsistente Abbildung der Entwicklungsprozesslogik als Erweiterung der Produktdokumentation,
- die Anpassbarkeit der Systemumgebung (Produkt- und Problemneutralität),
- die Durchgängigkeit bei der Unterstützung des Entwicklungsprozesses und
- die benutzerorientierte Informationsaufbereitung

als übergeordnete Anforderungen festgehalten werden.

Abbildung der Entwicklungsprozesslogik

Die Entwicklungsprozesslogik beschreibt die einem Produkt zu Grunde liegenden logischen und kausalen sowie prozessbedingten Daten und Zusammenhänge, die in konkreten Produktmerkmalen abgeleitet werden, unter Berücksichtigung systemexterner (Innovationsdynamik, Restriktionen etc.) wie systeminterner (Unternehmensziele etc.) Einflussfaktoren und deren Veränderungen. Die Entwicklungsprozesslogik ist somit nicht nur Grundlage für die Abbildung technischer Gebilde und deren Zusammenhänge zwischen formulierten Anforderungen und daraus abgeleiteten Produktmerkmalen, zwischen im Verlauf des Produktentstehungsprozesses wirksamen Einflüssen und den daraus resultierenden Produktmerkmalen sowie Zusammenhängen zwischen Produktmerkmalen untereinander (vgl. auch WEINBRENNER 1994). Sondern ebenso Grundlage für die Beschreibung unternehmensinterne Randbedingungen und Prozesse (Rücksprünge, Entscheidungen, Teilprozesse, Methoden und Werkzeuge, Bearbeiter etc.) sowie unternehmensexterner Randbedingungen (Kunde, Zulieferer, Technik, Markt, Gesetze, Normen, Richtlinien etc.).

Für eine Beschreibung der Entwicklungsprozesslogik ist somit eine eindeutige und konsistente Abbildung vernetzter Daten- und Informationsstrukturen notwendig. Hierzu gehören alle wesentlichen Produkteigenschaften wie die Geometrie, die Produktfunktion oder die Anforderungen. Ebenso notwendig ist die Nachvollziehbarkeit des Prozesses. Das schließt die Abbildung der Entwicklungsgeschichte und die Dokumentation aller Versionen, Varianten und Lösungsalternativen (Definition vgl. Kapitel 6.5.3) mit ein. Ebenso sollten Bewertungen und Entscheidungen (z. B. IRLINGER 1998, LINDEMANN ET AL. 1998A) aber auch Fehler und Fehlentscheidungen festgehalten werden.

Anpassbarkeit der Systemumgebung

Die Systemumgebung sollte eine unternehmens-, produkt- wie auch problemspezifische Anpassbarkeit der Informationsverarbeitung ermöglichen. Diese Adaption muss dabei vom Anwender flexibel und prozessbegleitend erfolgen. Ebenso muss die Systemumgebung den Einsatz unterschiedlicher spezialisierter Anwendungen, wie spezielle Berechnungs- und Simulationsanwendungen, ermöglichen.

Durchgängigkeit bei der Unterstützung des Entwicklungsprozesses

Neben der Anpassbarkeit der Systemumgebung ist die durchgängige und methodische Unterstützung des Entwicklungsprozesses eine wichtige Anforderung für eine rechnerunterstützte Informationsverarbeitung. Bisherige Rechnerwerkzeuge zeigen jedoch gerade hier Defizite auf (ANDERL & PHILIPP 1999). Deshalb müssen entsprechende Werkzeuge für eine durchgängige Unterstützung der Produktentwicklung einschließlich der Unterstützung der frühen Phasen bereitgestellt werden.

Ebenso sollte der Einsatz dieser Entwicklungswerkzeug nicht nach Entwicklungsphasen vorgegeben erfolgen, sondern vielmehr bedarfsspezifisch den Anwender während allen Phasen des Entwicklungsprozesses unterstützen. Die Informationsverarbeitung muss deshalb eine iterative Vorgehensweise gewährleisten und darf hierbei nicht den Anwender durch starre Regeln einschränken. Vielmehr sollte ein flexibler Werkzeugeinsatz durch eine methodische Vorgehensweise (Konstruktionsmethodik, Projektmanagement etc.) gestützt werden können.

Benutzerorientierte Informationsaufbereitung

In einer Untersuchung (GEIGER & GRABOWSKI 1997) konnte die Bereitstellung von Information als eine bedeutende Schwachstelle informationstechnischer Systeme festgestellt werden. Dem entgegen gestellt nimmt die Informationssuche einen tendenziell immer größer werdenden Anteil an der Gesamtarbeitszeit von Produktentwicklern ein. Dieser Widerspruch von Informationsangebot und Informationsnachfrage begründen GEIGER & GRABOWSKI (1997) in der unzureichenden Bereitstellung von Suchfunktionen für eine effektive Gestaltung von Suchprozessen und der fehlenden Strategien für das Suchen und Navigieren in Informationsbeständen.

Deshalb kann als weitere wesentliche Anforderung an das rechnerunterstützte Informationsmanagement die benutzerorientierte Informationsaufbereitung festgehalten werden. Vom Anwender benötigte Informationen müssen jederzeit und ohne großen Suchaufwand verfügbar sein. Hierzu sind im System Werkzeuge bereitzustellen, um die gespeicherten Daten nach den Bedürfnissen des Anwenders zu analysieren, zu bewerten, zu verdichten und darzustellen.

6.1.2 Integrationsplattform als Ansatz einer Rechnerintegration

Die neuen organisatorischen Konzepte sowie methodische Vorgehensweisen der Integrierten Produktentwicklung begründen nach BINDBEUTEL (1998) die Notwendigkeit, die starre Aufteilung zwischen den verschiedenen Rechnerarbeitsplätzen aufzubrechen. Anstelle einer strengen Abgrenzung zwischen den Arbeitsplätzen mit fest konfigurierten rechnergestützten Werkzeugen sind dem Anwender für seine spezifischen Aufgaben die gerade benötigten Werkzeuge an einem Arbeitsplatz bereitzustellen. Hierzu schlägt BINDBEUTEL (1998) den Einsatz einer Plattform vor, die auf der Integration von Daten[1], Werkzeugen[2] und Aufgaben[3] (und den hinterlegten Abläufen) aufbaut.

Der hier beschriebene Ansatz einer Integrationsplattform kann sicherlich als theoretische Grundlage eines rechnergestützten Entwicklungsarbeitsplatzes definiert werden. Jedoch zeigten Versuche einer Umsetzung (BINDBEUTEL 1998) die hohe Komplexität, die mangelnde Flexibilität und den hohen Formalismus bei der Anwendung.

6.1.3 Referenzarchitektur zur Rechnerintegration

Abgeleitet aus den Anforderungen an eine Integrationsplattform und dem OSI-Modell (Open Systems Interconnection – OSI, ISO 7498, 1989), einem Modell zur Steuerung der Kommunikation zwischen unterschiedlichen Rechnersystemen, kann eine Referenzarchitektur zur Rechnerintegration abgeleitet werden. Diese kann in drei Integrationsebenen - systemtechnische, modelltechnische und prozesstechnische Integration (GAUSEMEIER ET AL. 1999) – gegliedert werden.

Systemtechnische Integration

Als systemtechnische Rechnerintegration können Verfahren der applikationsbezogenen Integration, der prozeduralen sowie der objektorientierten Integration verstanden werden. Die systemtechnische Integration ist eine Grundlage der Werkzeugintegration, indem hier Grundlagen der Interprozesskommunikation, d. h. Kommunikation bzw. Datenaustausch unterschiedlicher, parallel laufender Prozessen auf einem oder mehrerer Rechner, festgelegt werden. Realisiert wurde dies z. B. durch CORBA (Common Object Request Broker Architecture, SPUR & KRAUSE 1997; OMG 1999).

---

[1] Als Datenintegration kann die Vereinheitlichung der rechnerinternen Darstellung von Daten auf der Basis eines einheitlichen Datenmodells verstanden werden.

[2] Unter Werkzeugintegration kann in diesem Zusammenhang die Einbindung der für die Produktentwicklung notwendigen und existierenden Werkzeuge definiert werden.

[3] Aufgabenintegration bedeutet, dass man die Bearbeitung von mehreren Arbeitsvorgängen zu einem ganzen zusammenfügt. Die Wirkung besteht in einer schrittweisen Konzentration der Kräfte sowie in einer Verbesserung der Qualität des Arbeitsergebnisses (TELLKAMP ET AL. 1995).

Modelltechnische Integration

Die modelltechnische Integration umfasst unter anderem die Vereinheitlichung der Datenrepräsentation sowie den Datenaustausch. STEINBRINK ET AL. (1999) unterscheiden verschiedene Formen des Datenaustauschs bzw. der Datenintegration (Bild 6-2). Der Datentransfer kann hierbei über externe Schnittstellendateien zwischen unterschiedlichen Applikationen erfolgen (Kopplung über externe Schnittstellen). Hierzu werden Prä- und Postprozessoren zur Datenkonvertierung benötigt. Dabei wird zwischen softwareunabhängigen und programmspezifischen Formaten unterschieden. Softwareunabhängige Formate sind z. B. international einheitliche definierte Beschreibungen wie STEP (ISO 10303-1, 1993).

Als Defizite dieser Integrationsform können bei der Übertragung von Daten von einem System in ein anderes Ungenauigkeiten und Datenverluste auftreten. Ursachen von Datenverlusten sind hierbei die unvollständige Konvertierung der Daten (z. B. parametrische Zusammenhänge werden nicht konvertiert oder können nicht durch die softwareunabhängigen Formate beschrieben werden) oder die fehlende Interpretierbarkeit durch die Applikationen (z. B. Applikation kann parametrischer Zusammenhänge nicht abbilden oder dies wird nicht durch die programmspezifischen Formate unterstützt). Informationen gehen aufgrund dieser Defizite verloren.

Im Gegensatz hierzu besteht Möglichkeit, weitere Applikationen direkt in die Anwendung selbst zu integrieren (Integration als Software-Paket). Dabei entfällt ein systemübergreifender Datentransfer, Ungenauigkeiten und Informationsverluste werden vermieden. Jedoch ist der Anwender auf die in den Applikationen hinterlegten Spezialanwendungen festgelegt. Als dritte Möglichkeit kann der Einsatz einer von unterschiedlichen Anwendungen gemeinsam genutzten Datenbasis erfolgen. Ungenauigkeiten und Informationsverluste werden dadurch vermieden, die Datenverwaltung aus den Teilprogrammen entkoppelt und zentralisiert und der Aufwand der minimiert. Voraussetzung hierfür ist ein integriertes Produktmodell.

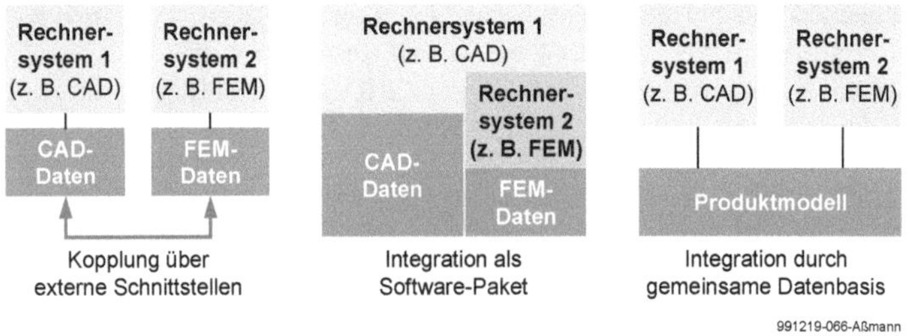

Bild 6-2: Verschiedene Formen der modelltechnischen Integration (nach STEINBRINK ET AL. 1999)

Prozesstechnische Integration

Ziel der prozesstechnischen Integration liegt in der Bereitstellung der für einen Arbeitsschritt benötigten Information (Informationsmanagement) und der benötigten Rechnerwerkzeuge. AMBROSY (1997) unterscheidet hierbei nach datenfluss- und aufgabenorientierten Prozessmanagement. Im datenflussorientierten Prozessmanagement werden über Prozessketten die Arbeitsschritte, die auszutauschenden Daten sowie die anzuwendenden Werkzeuge definiert, im aufgabenorientierten Prozessmanagement werden aufbauend auf die jeweils vorliegende produkt- und prozessbezogene Datengrundlage des Produktmodells die anzuwenden Werkzeuge und Arbeitsschritte vorgeschlagen.

6.1.4 Integrierte Produkt- und Prozessmodelle als Voraussetzung der Rechnerintegration

Aus der oben aufgezeigten Referenzarchitektur zur Rechnerintegration zeigte sich die Bedeutung eines gemeinsam genutzten Produktmodells als geeignet für eine Rechnerunterstützung in der Produktentwicklung (GRABOWSKI ET AL. 1993). Ein Produktmodell repräsentiert dabei alle erforderlichen produktbeschreibenden Informationen. Nach HOFER-ALFEIS (1998) kann ein Produktmodell folgendermaßen definiert werden:

Das Produktmodell umfasst die Daten und deren Relationen, die ein vorhandenes oder im Entstehen befindliches Produkt über seinen gesamten Lebenszyklus beschreibt.

Den Kern eines Produktmodells bildet nach SPUR & KRAUSE (1997) die Produktstruktur, die als Integrationselement zwischen den Teilbereichen des Modells fungiert. Teilbereiche können hierbei das Anforderungsmodell, das Konzeptmodell oder das Konstruktionsmodell sein, deren Konsistenz durch ein Produktdatenmanagement gesichert wird. SPUR & KRAUSE (1997) betonen die Notwendigkeit der Verknüpfung von Produktmodellierung und Prozessmodellierung für die Integrierte Produktentwicklung, da das Produkt als Ergebnis von Prozessen verstanden werden kann. Dabei stellt das Produktmodell die Basis für die problemorientierte Bereitstellung von Information dar, das Prozessmodell die Kontrolle und Steuerung effizienter Entwicklungsprozesse.

Ein Prozessmodell ist die dynamische, bereichsübergreifende und zeitlich logische Abbildung von Abläufen innerhalb des gesamten Produktlebenszyklus (HOFER-ALFEIS 1998). Es beinhaltet sämtliche, für den Produktentwicklungs- und Produkterstellungsprozess relevanten Informationen. Die Kopplung von Produkt- und Prozessmodell wird auch als Integriertes Produkt- und Prozessmodell verstanden (HOFER-ALFEIS 1998).

6.2 Rechnerunterstützung in der Produktentwicklung – Stand der Technik

6.2.1 Computer Aided Design

Computer Aided Design (CAD) umfasst per definitionem die Rechnerunterstützung in allen Phasen der Produktentwicklung. Diesem Anspruch werden CAD-Systeme (IRLINGER 1998) nur zum Teil gerecht. MONTAU (1995) spezifiziert den Einsatz von CAD-Systemen auf die Gestalt-, Detail- und Fertigungsmodellierung. Als Ziele des CAD-Einsatzes in der Produktentwicklung nennt IRLINGER (1998):

- die Beschleunigung des gesamten Produktentwicklungsprozesses durch die Verwendung von CAD-Daten in parallelen oder nachgelagerten Entwicklungs- und Produktionsprozessen,
- den Einsatz moderner rechnergestützter Hilfsmittel in Entwicklungsprozessen, wie Virtual Reality (VR) oder Rapid Prototyping (RP),
- die leichte und teilweise automatisierbare Änderbarkeit bereits erstellter Geometriemodelle,
- die Wiederverwendbarkeit erstellter Modelle,
- die Vermeidung einfacher Zeichnungs- und Bemaßungsfehler,
- die Entlastung des Konstrukteurs bei Routinetätigkeiten und
- die Verbesserung der Qualität der Konstruktionsdaten.

Eine der wichtigsten Entwicklungen in der CAD-Modellierung ist die Einführung der parametrischen Modellierung und der Featuretechnologie. Unter Parametrik verstehen VAJNA ET AL. (1998) die Verwendung variabler Größen (Parameter) für die Bestimmung und Festlegung der Gestalteigenschaften (z. B. Abmessungen) und deren Abhängigkeiten im Produktmodell. Über diese Parameter kann des Produktmodell direkt beeinflusst und gesteuert werden. Zudem ist es möglich, über ein einheitliches Bemaßungsmodell das Geometriemodell zu steuern und in jeder Prozessphase ein konsistenzfreies Modell bereitzustellen. VAJNA ET AL. (1998) stellen damit die leichte Änderbarkeit der Modelle, die leichte Erstellung von Teilefamilien und die automatisierbare Variantenerstellung ohne Anwendung von Programmiersprachen in den Vordergrund.

Trotz dieser Vorteile weist die Anwendung der Parametrik in der Produktmodellierung auch Defizite auf, die nur selten in der Literatur genannt werden. Denn parametrische Zusammenhänge werden im Produktmodell des CAD-Systems dem Anwender nicht eindeutig genug aufgezeigt und sind damit schwer nachvollziehbar, gerade wenn viele vernetzte Abhängigkeiten erstellt wurden. Bei Änderungen am Modell können so aufgrund der Vielzahl parametrischen Verknüpfungen Widersprüche auftreten, die nicht mehr vom Rechner und vom Anwender nur mit sehr hohem Aufwand gelöst werden können. Die Produktmodelle sind damit für eine weitere Verwendung unbrauchbar. Abhilfe können hier konkrete Modellierungsrichtlinien schaffen. Ebenso besteht ein weiterer Nachteil in der Parametrik darin, dass die Zusammenhänge bei einem Datentransfer über eine softwareunabhängige Schnittstelle verloren gehen (vgl. Kapitel 6.1.3). Die Vorteile einer leichten Veränderbarkeit des Produkts können nicht genutzt werden, wenn ein Datenaustausch mit unterschiedlichen CAD-Systemen stattfinden soll.

Die Feature-Technologie ist eine weitere Entwicklung in der CAD-Modellierung, die CAD-Systeme in den letzten Jahren vielfältig beeinflusst hat. Diese Technologie geht mit der Entwicklung der Parametrik einher (FAUX 1996). WEBER & KRAUSE (1999) definieren ein Feature als eine Aggregation von Geometrieelementen und/oder deren Semantik, wobei unter Semantik die für die jeweilige Phase des Produktlebenszykluses interpretierbare Bedeutung verstanden werden kann (RIEGER 1995). Im Weiteren unterscheiden WEBER & KRAUSE (1999) folgende Feature-Arten:

- *Form-Features* sind strukturorientierte Gruppierungen geometrischer Elemente, also formalisierte Aggregationen von Gestalteigenschaften innerhalb eines Produktmodells, die unter einem gemeinsamen Namen erzeugt, gespeichert, geändert und gelöscht werden können. Form-Features eignen sich insbesondere dazu, häufig wiederkehrende Geometrien einfach zu generieren
- Unter einem *semantischen Feature* wird in der Regel die Verbindung eines Form-Features mit einer weiteren Eigenschaft aus einer anderen Eigenschaftsklasse verstanden.
- Ein *Anwendungsfeatures* (für die Konstruktion, Fertigung, Montage, Arbeitsplanung etc.) ist innerhalb einer speziellen Sichtweise definiert. Da eine Sichtweise gewöhnlich aus einer oder mehreren Phasen des Produktlebenszyklusses abgeleitet wird, versteht man unter einem Anwendungsfeature eine Informationseinheit, die eine funktionale Einheit innerhalb eines Bereichs darstellt.
- Neben dem Aufbau von Form-Features aus Geometrieelementen ist auch die Generierung komplexer Features aus einem oder mehreren Features und weiteren Geometrieelementen möglich. Diese nennt man *Compound-Features.*

Neben der Parametrik und Feature-Technologie als wesentliche Weiterentwicklung in der CAD-Modellierung, ist der Einsatz von virtuellen Entwicklungsumgebungen (Virtual Reality) eine erweiterte Form der grafischen Simulation und Darstellung. Voraussetzung hierzu sind 3D-CAD-Modelle, die über entsprechende Darstellungs- und Interaktionstechniken eine verbesserte Simulation möglicher Produkteigenschaften gewährleisten. Der steigende Einsatz von 3D-CAD-Systemen unterstützt diese neue Ausprägung der Darstellungstechnik (KIPPELS & SCHMITBETZ 1999).

Weitere Entwicklungen in der Forschung betrachten die Kopplung der Entstehungsgeschichte der Geometrieelemente (z. B. MEERKAMM ET AL. 1997, IRLINGER 1998). IRLINGER

(1998) definiert deshalb ein Wissensfeature als die an einem geometrischen Bestandteil eines Features (Form-Features) aggregierten Informationen über dessen Entstehung, wie z. B. Zweck, Varianten, Konsequenzen und benutzte Informationsquellen.

Die Integration von Berechnungsverfahren in CAD-Systemen ist ein Ansatz, der z. B. von KLOSE ET AL. (1997) propagiert wird. Hierzu werden ebenso semantische (MARX ET AL. 1999) wie objektorientierte Modellierungstechniken angewandt (STACEY ET AL. 1996, WELP & BRAUN 1997; WEBER & WERNER 1999).

6.2.2 Produktdatenmanagement

Definition und Ziele

Bislang wurden die Abkürzungen EDMS (Engineering Data Management System) und PDMS (Product Data Management System) synonym verwendet. BRANDNER (1998) definiert die Funktionalität von PDM/EDM-Systemen in der Verwaltung aller Daten und Prozesse aus verschiedenen Tätigkeiten im gesamten Produktlebenszyklus. Diese Definition beinhaltet zwei wesentliche Dimensionen: die statische Komponente (Daten) ist Grundlage der Verwaltung aller produktrelevanten Informationen, wie z. B. Spezifikationen und Konfigurationen, Produktstrukturen, die dynamische Komponente (Prozesse) wird durch die Verwaltung des Produktlebenslaufs gebildet (z. B. Freigabe- und Änderungswesen, Versionsmanagement, EIGNER 1997).

Eine Unterscheidung von EDM- und PDM-Systemen wird nach VDI 2219 (1999) vorgenommen. Dabei liegt der Schwerpunkt von EDM-Systemen auf den Arbeitsprozessen (dynamische Sicht) und den beschreibenden Daten. Im Gegensatz hierzu setzen PDM-Systeme den Schwerpunkt auf die das Produkt beschreibenden Daten (statische Sicht). Jedoch sind beide Sichten für eine vollständige Rechnerunterstützung in der Produktentwicklung notwendig. Als Zielsetzung von PDM-Systemen[1] sieht BRANDNER (1998):

- die Verringerung von Entwicklungszeiten und Entwicklungskosten,
- die Sicherstellung konsistenter Datenbestände,
- die Vermeidung von Doppelarbeit,
- die Verringerung der Teilevielfalt durch verstärkte Wiederverwendung,
- die Verbesserung der Qualität,
- die Lösung organisatorischer Problemstellungen,
- die Beherrschung der Produktkomplexität,

---

[1] Im Weiteren wird nur noch von PDM-Systemen gesprochen, da die Differenzierung für den Aufbau und den Einsatz im Änderungsmanagement nicht bedeutend ist.

- die Einhaltung von Standards im Unternehmen,
- die Reduzierung von Änderungen und
- die Vermeidung von Medienbrüchen.

Aus der Sicht der Industrie liegen die Hauptnutzenpotentiale von PDM-Systemen in der Vermeidung falscher oder veralteter Daten, der Sicherung der Datenkonsistenz, der Verkürzung von Suchzeiten und der Steigerungen der Effektivität der Mitarbeiter (SANDHOP 1999). Nach IRLINGER (1998) sind PDM-Systeme entstanden, um die Defizite der bisher eingesetzten Vielzahl von Systemen in der Produktentwicklung und ihrer Unterstützung von Einzeltätigkeiten (Anforderungsgenerierung, Geometriemodellierung etc.) zu minimieren und eine durchgängige Integration auf System-, Modell- und Prozessebene zu erreichen.

Aufbau und Funktionalität

Der modulare Aufbau von PDM-Systemen ist in Bild 6-3 (VDI 2219, 1999) dargestellt. Über eine grafische Benutzeroberfläche kann der Anwender auf anwendungsbezogene und anwendungsübergreifende Funktionen zugreifen. Grundlage der Datenhaltung sind relationale aber auch objektorientierte Datenbankmanagement-Systeme. Über Werkzeuge kann das System angepasst, konfiguriert und administriert werden. Für den Datenaustausch mit anderen Systemen sind entsprechende Schnittstellen vorgesehen. Der Aufruf erfolgt über die grafische Benutzeroberfläche des PDM-Systems.

Im Wesentlichen können sechs anwendungsbezogene Funktionen unterschieden werden. Das Produktdaten- und Dokumentenmanagement bildet den Kern eines PDM-Systems. Alle relevanten Daten und Dokumente werden logisch zentral gespeichert. Hierzu gehört eine Versions- und Statusverwaltung. Aufgabe des Produktstruktur- und Konfigurationsmanagements ist die Erstellung und Bearbeitung von Produktstrukturen, die Generierung von Stücklisten und das Management zeitlicher Veränderungen von Produktstrukturen. Dies erfolgt in Form von Konfigurationen und Versionen sowie dem Management von Produktvarianten. Mit der Klassifizierung und dem Teilefamilienmanagement wird eine Klassifikation z. B. über Sachmerkmalleisten bereitgestellt. Ebenso werden Mechanismen zur effizienten Suche von Teile- bzw. Produktinformationen gewährleistet. Das Prozess- und Workflow-Management dient der Abbildung und Kontrolle von Vorgängen bzw. Ar beitsabläufen und Informationsflüssen (Freigabe- und Änderungsprozesse) und der Bereitstellung von Statusinformationen über Arbeitsschritte. Mit dem Benutzermanagement können die Organisationsstrukturen des Unternehmens abgebildet, Benutzer und Benutzergruppen verwaltet und diesen Rollen zugewiesen werden. Der Schwerpunkt des Projektmanagements liegt in der Planung und Verwaltung von Aktivitäten und Zeitplänen. Hierzu gehören ebenso Kommunikations-, Darstellungs-, Markierungs- und Annotationswerkzeuge (z. B. Viewing, Redlining), Datensicherungs- und Archivierungsfunktionen, sowie die Dateneingabe (z B. über Scan-Funktionen) und -ausgabe.

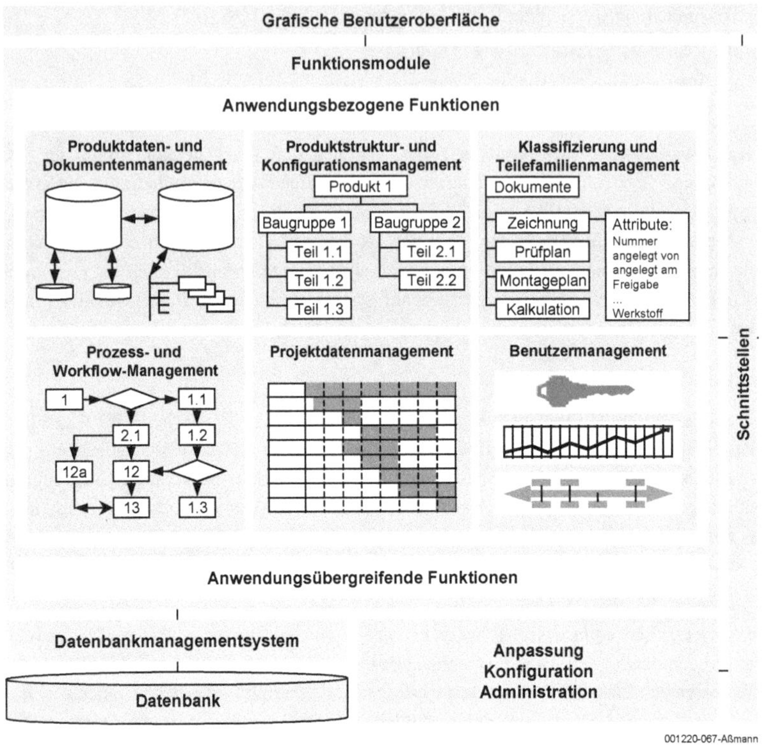

Bild 6-3: Aufbau und Funktionen von PDM-Systemen, Systemarchitektur (VDI 2219, 1999; STOLZENBERG 1997)

Zusammenhang von PDM- und CAD- und PPS-Systemen

PDM-Systeme bilden eine Ergänzung der bisher eingesetzten Systeme zu Modellierung, Verifizierung oder Berechnung geometrischer Informationen (Bild 6-4). Des Weiteren weisen sie Schnittstellen zu CAD- und PPS-Systemen auf. Mit CAD-Systemen wird das Produkt modelliert und die einzelnen Elemente der Produktstruktur erzeugt. PDM-Systeme unterstützen diesen Prozess, indem Produktstrukturen erzeugt, geändert, versioniert und archiviert werden. Die Anbindung eines PPS-Systems gewährleistet die Verteilung ausgewählter Versionen einer Produktstruktur in der Fertigung. PDM-Systeme stellen demnach eine zentrale Rolle im Datenmanagement zwischen Geometriemodellierung und Fertigung dar (VDI 2219, 1999).

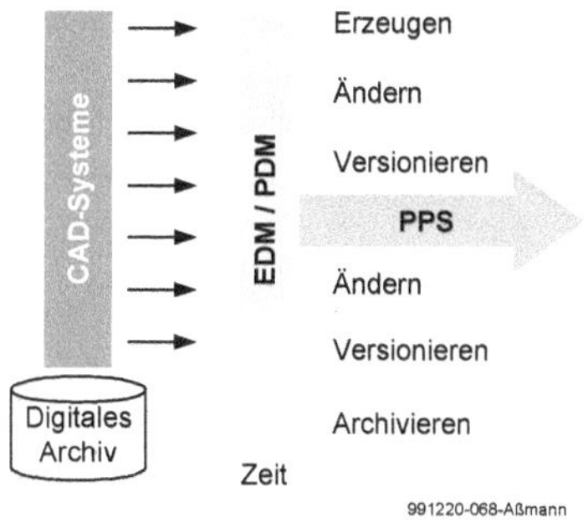

Bild 6-4: Zusammenhang von PDM-Systemen mit weiteren rechnergestützten Werkzeugen in der Produktentwicklung (VDI 2219, 1999)

Einsatz im Änderungsmanagement

Der Schwerpunkt von PDM-Systemen im Änderungsmanagement liegt in der Erfassung der jeweils gültigen Version von Produktdaten und dient somit der Vermeidung von Inkonsistenzen im Datenbestand. Entwicklungsstände können zu definierten Zeitpunkten des Entwicklungsprozesses durch die jeweils gültige Konfiguration des Produkts jederzeit nachvollzogen werden. Hierzu werden vom System unterschiedliche Bearbeitungs- und Änderungsstati bereitgestellt, um den aktuellen Stand der Dokumente zu kennzeichnen.

Zusätzlich zur Unterstützung von Änderungs- und Freigabeprozessen, stellen PDM-Systeme entsprechende Mechanismen zur Abbildung von Änderungsanträgen und –aufträgen oder der Verwaltung der Änderungshistorie zur Verfügung (BULLINGER ET AL. 1996). Im weiteren kann der Einsatz von PDM-Systemen den Änderungsprozess derart unterstützen, dass:

- durch die Verwaltung der Produkt- sowie der Dokumentenstruktur sichergestellt wird, dass bei einer punktuellen Änderung die Auswirkungen auf weitere Bauteile oder Dokumente nicht vergessen wird (EIGNER 1997),
- die Nachvollziehbarkeit erhöht und (LASHIN ET AL. 1999)
- der Änderungsprozess und die notwendigen Freigaben über Workflow-Managament-Systeme gesteuert (HELLWIG 1999) und beschleunigt werden (LASHIN ET AL. 1999).

VAJNA (1999B) beziffert die Reduzierung des Zeitaufwands für das Änderungswesen auf 30% - in einem Sonderfall sogar auf 90% - und die Anzahl von Änderungen auf mindestens 40%. Diese Zahlen sind jedoch kritisch zu hinterfragen, da mit PDM-Systemen der eigentliche Problemlösungsprozess - die frühen Phasen des Änderungsprozesses (FRIELINGSDORF ET AL. 1999) - und die Absicherung von Produkteigenschaften nicht unterstützt wird. Ebenso zeigen die bisherigen Realisierungen in der industriellen Praxis auch nicht den prognostizierten Erfolg auf, da der Hauptnutzen in der Vermeidung inkonsistenter Daten und der Verkürzung von Suchzeiten liegt (z. B. SANDHOP 1999). REICHWALD & CONRAT (1996) kritisieren die einseitige Unterstützung von PDM-Sytemen im Änderungsmanagement und zeigen z. B. den Bedarf einer Auswertung von Änderungsdaten (wie Änderungsursachen, Änderungskosten) auf, um aus Fehlern und deren Ursachen zu lernen und damit den Entwicklungsprozess zu optimieren.

Einsatz in der verteilten Produktentwicklung

ZWICKER ET AL. (1998) sehen PDM-Systeme als Voraussetzung für eine Unterstützung von verteilten, kooperativen Produktentwicklungsprozessen. Ergänzend hierzu werden geeignete Kommunikationstechnologien (z. B. Videokonferenz) und Identifikationsmechanismen zur Erkennung von Informationsobjekten sowie deren Anbieter benötigt. Gerade in verteilten Entwicklungskooperationen bieten PDM-Systeme eine ideale Möglichkeit, die Konsistenz der Daten und Dokumente zu gewährleisten und die Kommunikation im Prozess zu unterstützen. Mit der virtuellen Entwicklungsplattform NIDED (MEIER ET AL. 1999) werden Möglichkeiten zur Identifikation von Entwicklungskooperationen und Entwicklungspartnern sowie zur effizienten Zusammenarbeit (Kommunikation, Datentransfer) aufgezeigt. LASHIN ET AL. (1999) sehen die Vorteile von PDM-Systemen bezüglich der verteilten Produktentwicklung in der Vereinheitlichung der Freigabeprozesse aller beteiligten Entwicklungspartner, der einheitlich strukturierten und klassifizierten Dokumente, dem schnellen Zugriff auf aktuelle und gültige Projektdaten von allen Standorten und der besseren Integration der interdisziplinären Partner. ABRAMOVICI ET AL. (1998) definieren für den Einsatz von Produktdatenmanagement-Systemen in verteilten Entwicklungsprozessen folgende Anforderungen:

- *Einfachheit*: Die Einfachheit des Systems bedingt eine hohe Transparenz der Daten und Funktionen, eine hohe Bedienerfreundlichkeit, die Unterstützung des Internets und die Beschränkung der Anzahl unterschiedlicher Anwendungen.
- *Schnelligkeit/Flexibilität*: Hierzu gehören die schnelle Erreichbarkeit der Partner, die schnelle Konfiguration, Einrichtung und Anpassung des Systems und hohe Datenübertragungsgeschwindigkeiten.
- *Sicherheit*: Die Sicherstellung der Vertraulichkeit von Daten durch die Verschlüsselung, die hohe Zuverlässigkeit bei Transaktionen, die Protokollierung von Datentransfers und Zugriffen, die Quittierung bzw. Bestätigung bei Import- und Export von Daten und die Gewährleistung eines ausreichenden Datenschutz sind Voraussetzung für eine hohe Sicherheit des Systems.
- *Aufwand/Kosten*: Geringer Anpassungs-, Schulungs-, Einarbeitungs- und Nutzungsaufwand sind Voraussetzung zur Minimierung der Kosten.

ABRAMOVICI ET AL. (1998) unterscheiden gekoppelte und föderative (auch föderierte) PDM-Systeme. Gekoppelte Systeme zeichnen sich dadurch aus, dass mehrere unterschiedliche PDM-Systeme an verschiedenen Standorten über definierte Schnittstellen integriert werden. Im Gegensatz hierzu stellen föderative Systeme einen Verbund von eigenständigen PDM-Systemen auf der Basis eines einzelnen Systems mit unterschiedlichen Datenmodellen dar. Die Zielsetzung föderativer Systeme liegt in der Integration existierender Systeme zur Unterstützung globaler und systemübergreifender Applikationen (MONTAU 1995).

6.2.3 CSCW - Computer Supported Cooperative Work

PICOT ET AL. (1998) definieren CSCW (Computer Supported Cooperative Work) als Oberbegriff für alle Möglichkeiten einer rechnergestützten Zusammenarbeit. In der Literatur (z. B. SPUR & KRAUSE 1997, IRLINGER 1998, VDI 2219, 1999) wird in diesem Zusammenhang auch häufig der Begriff Groupware verwendet. Der geregelte Zugriff auf Daten und die Unterstützung von Abstimmungsprozessen durch geeignete Kommunikationssysteme (z. B. Email) steht dabei im Vordergrund. Hierbei können verschiedene Ausprägungen von CSCW-Systemen differenziert werden (PICOT ET AL. 1998). Das sind zum einen informationsunterstützende Systeme wie z. B. Datenbank- und Expertensysteme oder prozessunterstützende Systeme, also Workflow-Management-Systeme, Rahmensysteme etc. PDM-Systeme können diesbezüglich beiden Merkmalen zugeordnet werden, da sie eine starke Ausprägung auf die Datenarchivierung (Informationsunterstützung) aufweisen und durch integrierte Workflow-Komponenten ebenso die Prozessunterstützung berücksichtigen (vgl. Kapitel 6.2.2).

Workflow-Management-Systeme

Ziel eines Workflow-Management-Systems ist, die Unterstützung der aufgabenbezogenen Koordination und Kommunikation zwischen den Aufgabenträgern im Rahmen organisatorischen Abläufe (SPUR & KRAUSE 1997). Der Einsatz von Workflow-Managament-Systemen lässt sich grundsätzlich in zwei Phasen gliedern. Aufbauend auf einer IST-Analyse von Geschäftsprozessen müssen diese im System abgebildet werden. Sie sind nunmehr Grundlage für die Ableitung konkreter Workflows, die Vorgaben von Arbeitsabläufen, d. h. eine Folge von Arbeitsschritten, darstellen.

Aufgabe von Workflow-Managament-Systemen ist die automatische Weiterleitung von Dokumenten, die Überwachung von Terminen und Fristen und der aktive Eingriff in die Vorgangsbearbeitung. Zeitlich in Verzug geratene Dokumentenumfänge können identifiziert werden. Workflow-Management-Systeme sind dokumentenorientiert, d. h. auf elektronischem Weg werden Dokumentenumläufe organisiert. Sie eignen sich deshalb für formalisierte Abläufe und können für zeitaufwendige, konventionelle und bislang papiergestützte Umläufe in arbeitsteiligen Organisationsformen eingesetzt werden (MUCH 1998). Ihr Einsatzgebiet liegt deshalb vor allem in der Optimierung strukturierbarer und formalisierbarer Prozesse mit einer hohen Wiederholrate und kurzen Durchlaufzeiten (JABLONSKI 1995).

Der Einsatz von Workflow-Managament-Systemen in der Produktentwicklung ist daher als eher kritisch zu beurteilen, da Problemlösungsprozesse damit nur wenig unterstützt und eher gehemmt werden (vgl. auch BINDBEUTEL 1998). Ebenso kritisch ist ihr Einsatz für das Änderungsmanagement, wie es in dieser Arbeit definiert wird, einzuschätzen. Für die Abwicklung formeller Änderungsanträge im Sinne des klassischen Änderungswesen sind Workflow-Management-Systeme jedoch gut geeignet[1].

Rahmensysteme

Rahmensysteme sind Systeme zur Konfiguration, Entwicklung und Modifizierung integrierter Entwicklungssysteme (RAMMIG & STEINMÜLLER 1992). Ihr Schwerpunkt liegt auf der Werkzeug- und Aufgabenintegration (vgl. Kapitel 6.1.2). Ähnlich wie Workflow-Management-Systeme sollen Rahmensystem den Entwicklungsprozess über die Abbildung und Verfolgung von Prozessen unterstützen und geeignete Werkzeuge bereitstellen. Im Gegensatz zur Datenorientierung von PDM-Systemen steht die Aufgabenstruktur des Entwicklungsprozesses im Vordergrund (BINDBEUTEL 1998).

Nach AMBROSY (1997) sind Rahmensysteme bislang noch nicht an die Anforderungen der Produktentwicklung im Maschinenbau angepasst worden, da sie in den Bereichen des Electronic-CAD und der rechnerunterstützten Softwareentwicklung (CASE – Computer Aided Software Engineering) entstanden sind. Eine dynamische und prozessbegleitende Modifizierung von Abläufen ist nicht möglich. Somit ist deren Einsatz für die Unterstützung kreativer Problemlösungsprozesse in der Produktentwicklung und im Änderungsmanagement kritisch. BINDBEUTEL (1998) zeigt ebenso Schwächen von Rahmensystemen bei der Flexibilität auf. Einmal definiert Abläufe sind nicht vom Anwender selbst und nur unter Verlust von Vorgängerinformationen änderbar.

6.3 Rechnerunterstützung im Änderungsmanagement – Stand der Technik

Der Schwerpunkt der Rechnerunterstützung im Änderungsmanagement soll auch in diesem Kapitel auf die Produktentwicklung und nicht auf die Produktion gelegt werden. Die Möglichkeiten einer Rechnerunterstützung von Änderungen der Fertigungs- und Montageplanung wird folglich nicht untersucht.

---

[1] Ergebnisse einer Fallstudien in der Automobilzulieferindustrie bei der Einführung einer workflow-gestützten Kostenerfassung.

Realisierte Ansätze

Im klassischen Änderungswesen (PFLICHT 1989) wird bislang die Erfassung der Stammdaten, der Zeichnungs- und Stücklistenänderungen und der Materialdisposition rechnertechnisch unterstützt. SAYNISCH (1999) hebt hierzu die Bedeutung von PDM-Systemen für das Konfigurations- und Änderungsmanagement hervor. Für eine effiziente Unterstützung des Änderungsmanagements schlägt KLEEDÖRFER (1998A) die Dokumentation aller erzeugten Daten für eine spätere Auswertung vor. Mit dem Änderungs-Dokumentations und Planungs-Tool (ADPT) wird ein Werkzeug zur Dokumentation kreativer Planungs- und Lösungsprozesse einer Änderung vorgestellt. KLEEDÖRFER sieht darin eine sinnvolle Basis und Ergänzung von Workflow-Managament-Systemen, die für die administrativ geprägten Prozesse einer Änderung (z. B. Änderungsantrag) eingesetzt werden können.

HILLER (1997) beschreibt mit dem Änderungs-Management-System (ÄMSys) eine Möglichkeit der änderungsprozessbegleitenden Dokumentation und baut damit eine Wissensbasis auf. Ausgehend von einer Stammdatenerfassung der Änderung kann diese bewertet werden. Ebenso werden Ursachen, Kosten- und Zeitenentwicklung der Änderung abgebildet. Aus diesen Daten leitet HILLER die „Änderungssensibilität" zur Identifikation änderungskritischer Bereiche im Produkt oder im Entwicklungsprozess ab. Die „Änderungssensibilität" liefert damit einen Beitrag zur Identifikation von Handlungsbereichen, die wiederum Maßnahmen zur Optimierung des Entwicklungsprozesses ermöglichen.

Ähnliche Ansätze verfolgen REICHWALD & CONRAT (1996) mit dem Engineering Change Data Management (ECDM) zur systematischen Erfassung und Auswertung von Änderungsdaten. ECDM stellt einen erweiterten Ansatz bisher am Markt verfügbarer PDM-Systeme dar, indem über prozessbegleitend einzusetzende Auswertungsfunktionen Lerneffekte induziert werden sollen. STEINMEIER (1998) zeigt mit AUTOSYS (vgl. auch Kapitel 5.3.5) ein Werkzeug zur Erkennung möglicher Änderungsauswirkungen auf technische Komponenten basierend auf einer Modellierung funktionaler Abhängigkeiten.

Aufbauend auf einem Workflow zeigen SESUPPORT (1998) oder BENEDETTO NETO & TRABASSO (1999) ein System zur Generierung von Änderungsanträgen und –aufträgen und deren automatisierte Weiterleitung an unterschiedliche betroffene Instanzen. Auch hier handelt es sich im wesentlichen um ein Werkzeug zur Beschreibung der administrativen Datensätze (Stammdaten, etc.).

Diese hier vorgestellten Werkzeuge sind Einzellösungen, wie sie auch in der Industrie eingesetzt werden. Mit SAP/R3 existiert ein kommerzielles System, das die Planung und Steuerung von Produktänderungen unterstützt. Grundlage ist ein unternehmensspezifisch definierter Änderungsprozess (vgl. DIN 199 Teil 4, 1981), der „alle Mitarbeiter zwingt, sich an vorhandene Vorschriften des Änderungsprozesses zu halten." (SAP 1999). Grundlage ist auch hier ein definierter Workflow.

Bewertung

Auffällig an den oben beschriebenen Werkzeugen ist die meist einseitige Ausrichtung auf die Unterstützung der administrativen Bereiche im Änderungsmanagement. Gerade der Einsatz von Workflow-Management reduziert den Änderungsprozess auf einen fest vorgegebenen Dokumentenumlauf, ohne den Problemlösungsprozess zu berücksichtigen.

Die Werkzeuge stellen autarke Einheiten dar, denen die Anbindung zu den Werkzeugen der Produktentwicklung fehlt. Dies ist kritisch zu beurteilen, da ein Änderungsprozess immer auf Ergebnisse einer Entwicklung aufbaut, vielmehr eine Weiterentwicklung darstellt. Augenfällig ist die damit verbundene Doppelarbeit bei der Eingabe z. B. der Projektangaben oder der Produktstruktur.

Eine Integration der Ergebnisse der Produktentwicklung wird mit PDM-Systemen verfolgt. Aber auch hier besteht dringend Erweiterungsbedarf. Denn eine methodische Unterstützung des Problemlösungsprozesses ist nicht gegeben. Des Weiteren stellen diese Systeme bislang nur unzureichende Möglichkeiten der Analyse und Auswertung der Änderungsdaten bereit, eine wesentliche Voraussetzung für die Vermeidung von Änderungen.

6.4 Erweiterte Unterstützung des Entwicklungsprozesses – Integrierter Konstruktionsarbeitsplatz

Der Integrierte Konstruktionsarbeitplatz INKA geht auf die Arbeiten von AMBROSY (1997) zurück, semantischer Zusammenhänge zwischen Dokumenten unterschiedlicher Konkretisierung und Detaillierung abzubilden (EHRLENSPIEL ET AL. 1995A). Der Schwerpunkt liegt auf einer durchgängigen Unterstützung des Entwicklungsprozesses von der ersten Idee bis zur detaillierten Gestalt. Die Weiterentwicklung und der Aufbau dieses Arbeitsplatzes werden im Folgenden beschrieben.

6.4.1 Aufbau des Arbeitsplatzes

Der Aufbau des Integrierten Konstruktionsarbeitsplatzes (Bild 6-5) erfolgte in Anlehnung an das Referenzmodell zur Rechnerintegration (Kapitel 6.1.3). Die *prozesstechnische Integration*, also das datenfluss- und aufgabenorientierte Prozessmanagement, kann dabei von einer externen Komponente, z. B. von einem Rahmensystem, übernommen werden, das den Aufruf der einzelnen Werkzeuge (Anforderungs-, Funktions-, Geometriemodellierer etc.) ermöglicht.

Die *modelltechnische Integration* erfolgt über eine Referenzmodell zur Erstellung von Produktmodellen, das zum einen von der Objektdatenbank zur Abbildung nicht-geometrischer Informationen, zum anderen von einem CAD-System zur Erstellung geometrischer Modelle verwaltet wird. Ergänzend hierzu werden Informationen wie Bearbeiter, Termine etc.

durch ein Prozessmodell abgebildet (Kapitel 6.5.1). Über die Instanzierung der im Referenzmodell hinterlegten Daten, Strukturen und deren Verknüpfungen kann ein semantisches Netz (vgl. Kapitel 6.4.4) aufgebaut werden.

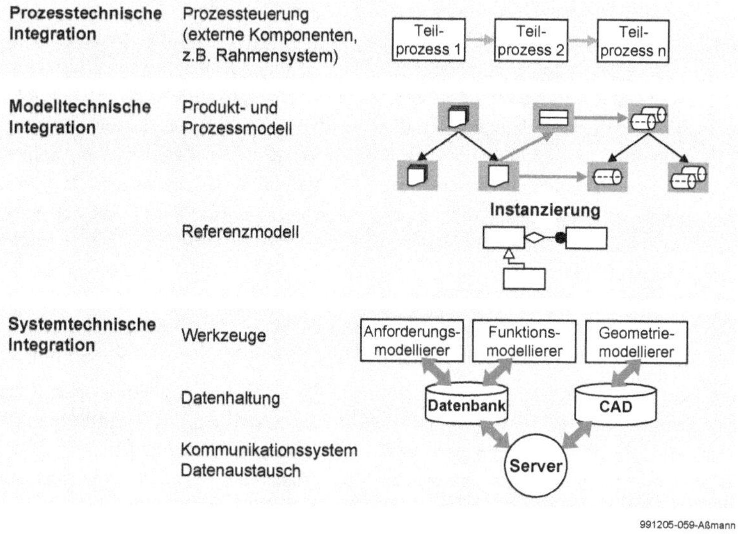

Bild 6-5: Aufbau des Integrierten Konstruktionsarbeitsplatzes

Die in den verschiedenen integrierten Werkzeugen generierten Daten und Dokumente können nach inhaltlichen und logischen Gesichtspunkten zu einem semantischen Netz verknüpft werden, welches die produktlogischen Zusammenhänge als Produktmodell repräsentiert. Dies ermöglicht zudem die Abbildung und Vernetzung von Ergebnissen aus den frühen Phasen (z. B. Anforderungen, Funktionsstrukturen) und den späten Phasen (konkrete Geometrie). Damit wird sowohl ein methodisches Vorgehen von abstrakt zu konkret unterstützt als auch der Weg und die Absicht des Entwicklers dokumentiert. Ferner lassen sich Lösungen oder Modelle in einer vorläufigen Version, die erst in späteren Entwicklungsschritten ausgearbeitet werden, in das semantische Netz einbinden. Über die Möglichkeit der Abbildung von Dokumenten und deren Verknüpfung auf unterschiedlichen Detaillierungsebenen können Teilinformationen aus Dokumenten mit anderen Daten in Verbindung gebracht werden. Nützlich ist dies beispielsweise bei einer direkten Zuordnung von einzelnen Anforderungen aus der Anforderungsliste an eine Baugruppe, ein Bauteil oder ein Gestaltelement.

Das Datenmanagement erfolgt von den einzelnen, integrierten Systemen selbst, wobei diese verteilte Datenhaltung über ein Kommunikationssystem synchronisiert wird (*systemtechnische Integration*). Das Kommunikationssystem basiert auf der Client-Server-Technik und ist derart gestaltet, dass Daten über Dienste[1] und ein definiertes Protokoll ausgetauscht werden können. Dabei werden unidirektionale oder bidirektionale Dienste unterschieden, wobei sich bidirektionale Dienste dadurch auszeichnen, dass eine Antwort vom Empfänger erwartet wird. Für die Integration einer Applikation in das Kommunikationssystem muss ein Client-Objekt in entsprechende Schnittstellen dieser Applikation integriert werden. Die Client-Objekte stellen den Umfang des Kommunikationssystems dar, der anwendungsspezifisch anzupassen ist. Mit diesem Prinzip werden Verweise auf Daten anderer Applikationen, wie z. B. die Produktstruktur aus dem CAD-System, in das semantische Netz aufgenommen. Die Datenkonsistenz wird dadurch gesichert, dass die Daten von der entsprechenden Applikationen selbst verwaltet werden und der Zugriff über das Kommunikationssystem gesteuert wird.

6.4.2 Referenzmodell als Grundlage für die Abbildung eines Produktmodells

Grundlage der modelltechnischen Integration und der Abbildung produktlogischer Zusammenhänge stellt ein Integriertes Produkt- und Prozessmodell dar (ASSMANN ET AL. 1996, ASSMANN ET AL. 1997). Dieses Modell setzt sich aus den drei Partialmodellen für die Konstruktion und Entwicklung (Referenzmodell des Produktmodells), der Montageplanung[2] (Prozessmodell zur Montageprozessplanung) sowie dem Projektmanagement (Prozessmodell zur Geschäftsprozessplanung) zusammen (Bild 6-6).

Bild 6-6: Aufteilung des Integrierten Produkt- und Prozessmodells in drei Partialmodelle

[1] Als Dienste werden in dieser Arbeit Funktionen einer über das Kommunikationssystem gekoppelten Applikation bezeichnet, z. B. die Erstellung der Produktstruktur aus dem CAD-System.

[2] Das Partialmodell der Montageplanung ist ein Beispiel für die Integration weiterer produktionsspezifischer Produkt- und Prozessmodelle (z. B. Fertigungsplanung).

Im Weiteren wird für die Unterstützung des Entwicklungsprozesses und der hier generierten und veränderten Dokumente das Partialmodell für die Konstruktion und Entwicklung betrachtet. Gemeinsam genutzte Modellelemente sind dunkel im Referenzmodell gekennzeichnet (Bild 6-8).

Die Modellierung erfolgte nach der Object Modeling Technique (RUMBAUGH ET AL. 1991). Diese Modellierungstechnik baut auf der objektorientierten Systementwicklung auf. Das grundlegende Konstrukt dieser Denkweise ist das Objekt, das eine Abstraktion der Realität darstellt. Ein Objekt vereint Datenstrukturen und Verhalten in sich. Dies steht im Gegensatz zur funktionsorientierten Programmierung, bei der Datenstrukturen und Funktionen nur lose miteinander verbunden sind. Objekte weisen sich durch ihre Eigenschaften aus. Dazu gehören Identität[1], Klassifikation[2], Polymorphismus[3], Vererbung[4] und Kapselung[5] (RUMBAUGH ET AL. 1991).

In Bild 6-7 ist der für diese Arbeit notwendige Umfang der Notation der Objektdiagramme (statische Strukturen und Abhängigkeiten der Objekte) dargestellt. Klassen werden nach dieser Darstellung durch ein Rechteck mit zugehörigem Klassennamen abgebildet, Instanzen[6] dieser Klasse als Rechteck mit abgerundeten Ecken. Relationen zwischen den Klassen werden über Assoziationen beschrieben, deren Richtung und Bedeutung über den Namen der Assoziation (z. B. „Klasse 1 beeinflusst Klasse 2"). Durch Relationsattribute (eigene Klassen) können Assoziationen genauer spezifiziert werden. Die Multiplizität von Assoziationen gibt an, wie viele Instanzen einer Klasse mit einer Instanz einer anderen Klasse verknüpft sein können. Spezialformen der Assoziationen sind die Generalisierung und die Aggregation, die über eine besondere Notation gekennzeichnet sind. Die Generalisierung - auch Vererbung genannt - stellt eine Verfeinerung einer Oberklasse dar („Unterklasse 1 ist

---

1 Unter Identität versteht man, dass Daten diskreten, unterscheidbaren Einheiten, Objekten, zugeordnet werden. Jedes Objekt besitzt eine eigene Identität, das heißt zwei Objekte sind eindeutig voneinander unterscheidbar.

2 Eine Klasse ist die Beschreibung einer Gruppe von Objekten mit ähnlichen Eigenschaften, gemeinsamen Verhalten, gemeinsamen Relationen und einer gemeinsamen Semantik.

3 Polymorphismus ist ein Mechanismus, der es Objekten erlaubt, sich trotz namensgleicher Operationen unterschiedlich zu verhalten. Eine Operation ist eine Aktion oder Transformation, die ein Objekt ausführt bzw. die auf das Objekt ausgeführt wird.

4 Vererbung bezeichnet die gemeinsame Verwendung von Attributen und Operationen durch verschiedene Klassen auf der Basis einer hierarchischen Relation. Die Definition der Klassen wird in der Regel sehr allgemein gehalten und dann in den Unterklassen weiter detailliert. Jede Unterklasse übernimmt oder erbt alle Eigenschaften (Attribute, Operationen) ihrer Oberklasse und ergänzt oder überschreibt ihre eigenen, individuellen Eigenschaften.

5 Die Kapselung eines Objekts schützt den direkten Zugriff auf die Attribute eines Objekts. Diese sollten nur über entsprechende Operationen angesprochen werden können, damit die Auswirkung von Änderungen der Attribute vom Objekt selbst gesteuert und kontrolliert werden können.

6 Eine Instanz ist ein von einer Klasse beschriebenes Objekt.

eine Oberklasse“), die Aggregation eine Assoziation zwischen einem Ganzen und seinen Teilen („Komponentenklasse ist Teil von Komponentengruppenklasse“).

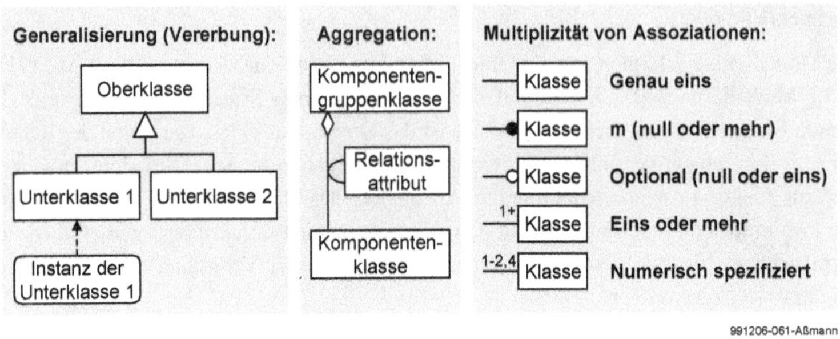

Bild 6-7: Notation der Objektdiagramme nach der Object Modeling Technique (RUMBAUGH ET AL. 1991)

Das auf die Konstruktion und Entwicklung bezogene Partialmodell ist vor allem auf die Unterstützung der frühen Phasen des Konstruktionsprozesses ausgerichtet, bevor eine geometrische Gestaltung vorgenommen wird. Dabei wird der Prozess der Produktdefinition im Modell durchgängig auf unterschiedlichen Abstraktionsstufen abgebildet. Hierzu werden im Integrierten Konstruktionsarbeitsplatz INKA (EHRLENSPIEL ET AL. 1995B) Werkzeuge für ein methodisches Vorgehen zur Verfügung gestellt (Modellierung von Anforderungen, Funktionen, physikalischen Effekten und Effektketten etc).

Das hier beschriebene Modell ist ein Referenzmodell zur Abbildung von Produkteigenschaften und deren Zusammenhängen. Das instanzierte Referenzmodell, d. h. die Ableitung konkreter Objekte und deren Verknüpfungen, ist das Produktmodell. In Bild 6-8 ist das Referenzmodell des Integrierten Konstruktionsarbeitsplatzes abgebildet. Dunkel gekennzeichnete Objekte stellen die Schnittstellen zu den anderen Partialmodellen (Montageplanung und Projektmanagement) dar. *Objekt* ist eine Metaklasse, die für die Datenverwaltung benötigt wird, und ist somit eine Oberklasse. *Produkt* hingegen sind Erzeugnisse, die als Ergebnis der Fertigung nach Vorgaben der Entwicklung repräsentiert werden können (vgl. auch AMBROSY 1997).

Das Modell und damit auch der Datenzugriff sind nicht nach Produktentwicklungsphasen gegliedert. Im Verlauf der Produktdefinition werden inhaltliche Zusammenhänge ausgehend von den *Anforderungen* über *Funktionen* und *physikalischen Effekten* bis zum *CAD-Modell* interaktiv in einem semantischen Netz abgebildet. Die in der Entwicklung und Konstruktion festgelegten Daten beschreiben das *Produkt* in seinen Eigenschaften. Der Entwickler arbeitet dabei mit Teilmodellen z. B. zur Anordnung und Verknüpfung einzelner *Funktionen* zu einer Gesamtfunktion, zur Abbildung *physikalischer Effekte*, die die

Produktfunktionen erfüllen, oder zur Beschreibung der Produktgestalt. *Modelle* werden in virtuelle, grafische und physische Modelle unterschieden (z. B. LINDEMANN ET AL. 1998C). *Virtuelle* und *Grafische Modelle* sind papier- oder rechnergestützt, z. B. *CAD-Modelle*. Ein Beispiel für *Physische Modelle* sind *RP-Modelle* für Montageuntersuchungen.

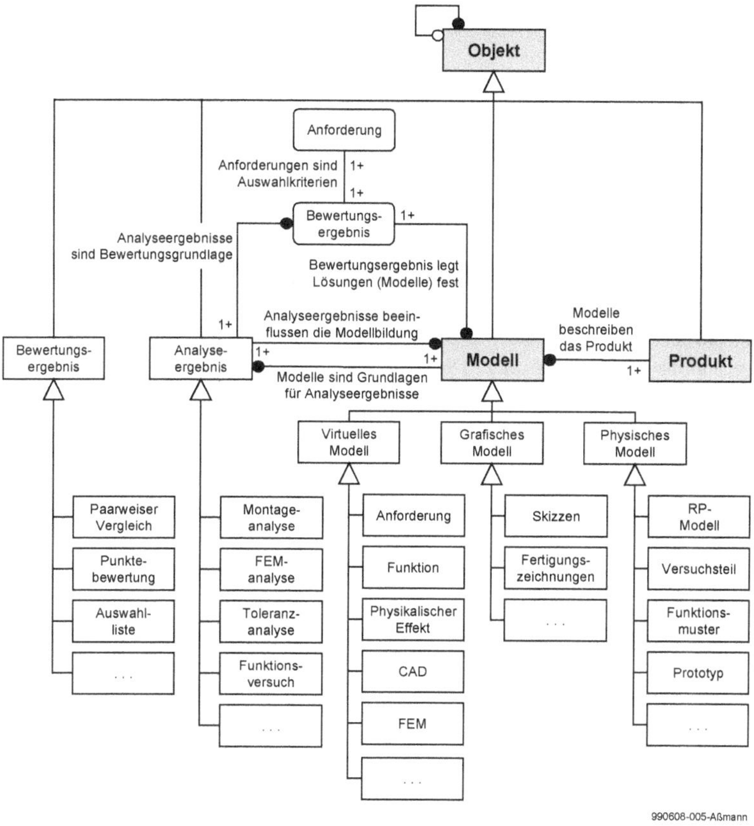

Bild 6-8: Referenzmodell – Partialmodell der Konstruktion und Entwicklung

Die Verifizierung der Modelle, durch z. B. die Methode der Eigenschaftsfrüherkennung, und die Absicherung der Produkteigenschaften erfolgt mit Hilfe von Analysen (z. B. *FEM-Analyse*, *Toleranzanalyse*), deren Ergebnisse in Form von *Analyseergebnissen* protokolliert und als erweiterte Produktdokumentation abgebildet werden. *Modelle* stellen somit die

Grundlage für die Durchführung von Analysen dar, die schließlich hinsichtlich der *Anforderungen* bewertet werden können. Ergebnis dieser Bewertung unterschiedlicher *Modelle* ist das *Bewertungsergebnis*, das ebenso die Auswahl und die Entscheidung unterschiedlicher konstruktiver Lösungen (abgelegt in *Modellen*) dokumentiert. (Detaillierte Informationen und Objektdefinitionen können dem Data Dictionary Kapitel 9.4 entnommen werden.)

6.4.3 Generische Produktmodellierung

Für die durchgängige Abbildung und Unterstützung des Entwicklungsprozesses und der damit verbundenen Logik zeigte sich die Notwendigkeit einer anwendungsspezifischen, prozessbegleitenden Modellierung. Dies wurde durch die Konzeption und Implementierung der generischen Produktmodellierung (LINDEMANN ET AL. 1996), d. h. eines zur Laufzeit modifizierbaren Datenschemas[1], erreicht. Damit können Dokumente abgebildet werden, die nicht im Referenzmodell vorhergesehen sind. Hierzu wurden die Funktionen der Schema Evolution[2] genutzt und durch eine Attributsmodellierung erweitert. Dabei werden während der Instanzierung einer Klasse die im Schema definierten Attribute als eigenständige Informationsobjekte erzeugt. Diese Instanzen werden im semantischen Netz als Attribute mit der zugehörigen Instanz der Klasse verknüpft (vgl. auch Bild 6-10).

Ein Problem bei der Modifizierung des Datenschemas zur Laufzeit liegt in der Aktualisierung vorhandener Instanzen. Eine Möglichkeit ist hierzu die *Conversion* der vorhandenen Instanzen nach der Modifizierung von Attributen des zugehörigen Informationsobjekts (Klasse), d. h. die Belegung der Attributwerte in den bereits vorhandenen Instanzen. Eine Alternative zur *Conversion* stellt das *Masking* dar. Damit wird die Existenz eines Attributs, in den vorhandenen Instanzen vorgetäuscht, in denen diese Erweiterung nicht benötigt wird.

Mit dieser Attributsmodellierung können die Attribute einer ausgewählten Instanz eines Informationsobjekts modifiziert werden, indem die Attribute vom Anwender im semantischen Netz an ein Informationsobjekt geknüpft werden. Damit können Attribute bestimmten Instanzen hinzugefügt werden, ohne die zugehörige Klasse zu verändern. Man umgeht gleichzeitig die Probleme der gesamtheitlichen Aktualisierung der Instanzen einer Klasse (*Conversion*).

Die generische Produktmodellierung ist eine Möglichkeit, das starre, nicht modifizierbare Referenzmodell nun an unternehmens-, produkt- wie auch problemspezifische Randbedin-

---

1 Ein Datenschema ist eine Sammlung von Objektdefinitionen einschließlich der Strukturbeschreibung und der Methoden in einem objektorientierten Datenbankmanagementsystem.

2 Die Funktionalität zur Anpassung des Datenschemas an neue Anforderungen, z. B. der Ergänzung um neue Objektdefinitionen, nennt man Schema Evolution (KEMPER & MOERKOTTE 1994).

gen anzupassen. Diese Anpassung des Modells kann hierbei zur Laufzeit erfolgen, wobei der Anwender hinsichtlich einer Veränderung bestehender Objekte informiert wird.

6.4.4 Semantische Zusammenhänge

Semantische Netze gehen auf Modelle des Gedächtnisses in der kognitiven Psychologie zurück (WERNER, 1995). Dabei wurde semantisches Wissen als Gefüge miteinander verbundener (assoziierter) Begriffe strukturiert und als Netzwerk veranschaulicht. Ein semantisches Netz besteht aus einer Menge an semantischen Einheiten (Begriffe) und einer Menge der zwischen den Einheiten bestehenden Beziehungen (Relationen). Formal kann ein solches Netz als endlicher gerichteter Graph auf Basis von Knoten und Kanten aufgefasst werden.

Semantische Netze eignen sich zur strukturierten Wissensrepräsentation. Unter den Oberbegriff semantisches Netz fallen verschiedene Unterklassen von Netzformalismen wie zum Beispiel assoziative Netze, Entity-Relationship-Modelle oder objektorientierte Modellierungstechniken. Gekoppelt mit den Möglichkeiten der objektorientierten Wissensrepräsentation, bei der sowohl Knoten, als auch Kanten als Objekte definiert werden können, die sich durch Vererbungsmethoden und gekapselte Dienste auszeichnen, ist es möglich, mächtige Wissenssysteme zu schaffen, die relativ einfach zu handhaben und zu verwalten sind (FREYER, 1997).

Das Prinzip der generischen Produktmodellierung wurde im weiteren Vorgehen für die Anpassung der Verknüpfungstypen zur Abbildung semantischer Zusammenhänge genutzt. Hierzu wurde, nach Auswertung von Informationsflussanalysen in Unternehmen, eine Klassifikation der Verknüpfungstypen durchgeführt. Diese Klassifikation diente als Grundlage für die Implementierung einer Verknüpfungsbibliothek im Datenschema und der darauf aufbauenden „Schema Evolution“ zur Veränderung des Objektumfangs. Mit Hilfe der Methode der Mehrfachvererbung können vom Benutzer unterschiedliche Verknüpfungstypen zusammengestellt werden. Über ein vom Benutzer zu gestaltendes Regelwerk kann die Verknüpfungslogik den produkt- und prozessspezifischen Anforderungen angepasst werden. Die Gliederung der Verknüpfungstypen erfolgte nach vier unterschiedlichen Kategorien:

- Technische Abhängigkeiten dienen der funktionellen Produktdokumentation, wie der Beschreibung des Umsatzproduktes in einer Funktionsstruktur (Stoff-, Energie- und Signalfluss; vgl. EHRLENSPIEL 1995).
- Zeitliche Abhängigkeiten werden zur Abbildung des Entwicklungs- und Konstruktionsprozesses, gerade im Hinblick auf die Protokollierung der Netzmodellierung, verwendet. Beispiele hiefür sind Relationen wie „ist Eingangsinformation von“ oder „folgt auf“.

- Hierarchische Abhängigkeiten dienen zur Strukturierung von Daten, wie z. B. der Abbildung von Produktstrukturen über den Verknüpfungstyp „ist Teil von".
- Logische Abhängigkeiten werden durch mathematische Relationen oder Ursache-Wirkungsketten beschrieben, wie z. B. „Ist Ursache von".

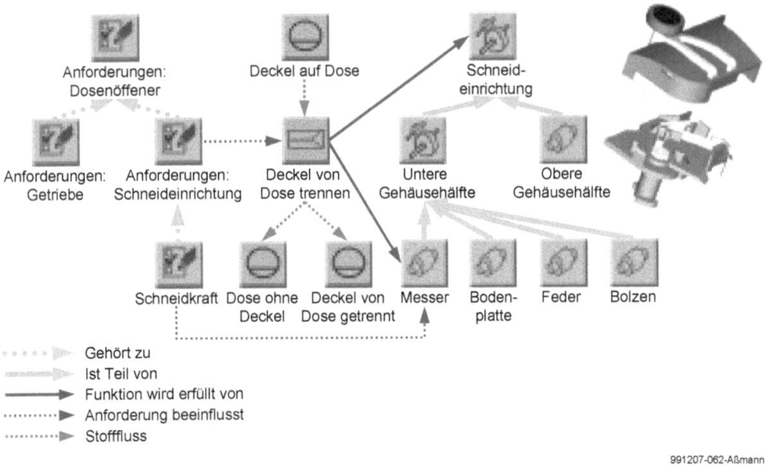

Bild 6-9: Semantische Relationen im instanzierten Produktmodell

Daten, wie Anforderungen, Funktionen, physikalische Effekte etc., werden über Verbindungen zu einem semantischen Netz verknüpft, um z. B. Bedingungen, Abhängigkeiten oder Strukturen aufzuzeigen. In Bild 6-9 ist ein Ausschnitt eines semantischen Netzes für die Entwicklung der Schneideinrichtung eines elektrischen Dosenöffners abgebildet.

Verbindungen können nicht beliebig zwischen den unterschiedlichen Objekten aufgebaut werden. Hierzu wird ein Regelwerk vorgegeben, welche Verbindungen mit welchen Objekten verknüpft werden dürfen, um eine einheitliche Abbildung von Objektzusammenhängen und deren Interpretation zu gewährleisten. So kann der hierarchische Verbindungstyp „Gehört zu" nur zwischen Anforderungen zum Aufbau einer Anforderungsliste angewandt werden, dagegen die Verbindung „Ist Teil von" nur zwischen Produktkomponenten zur Darstellung der Produktstruktur. Beeinflussungen von Anforderungen auf Funktionen oder Bauteile werden entsprechend z. B. über die Ursache-Wirkungsrelation „Anforderung beeinflusst" modelliert.

Das in Kapitel 6.4.2 beschriebene Referenzmodell zeigt die bereitgestellten Klassen und deren Relationen. Um eine detaillierte Abbildung von produktlogischen Abhängigkeiten zu ermöglichen, werden ebenso die Attribute als eigenständige Klassen modelliert und diese als Aggregation mit den Klassen des Referenzmodells verknüpft. Dadurch können ebenso auf detaillierter Ebene Abhängigkeiten abgebildet werde, wie z. B. die Beeinflussung des Wertes der Anforderung „maximaler Länge des Dosenöffners 150 mm“ mit der entsprechenden Ausprägung im CAD-Modell (vgl. Bild 6-10). Diese Relationen können des Weiteren durch Berechnungen und Formeln (z. B. von physikalischen Effekten) ergänzt werden.

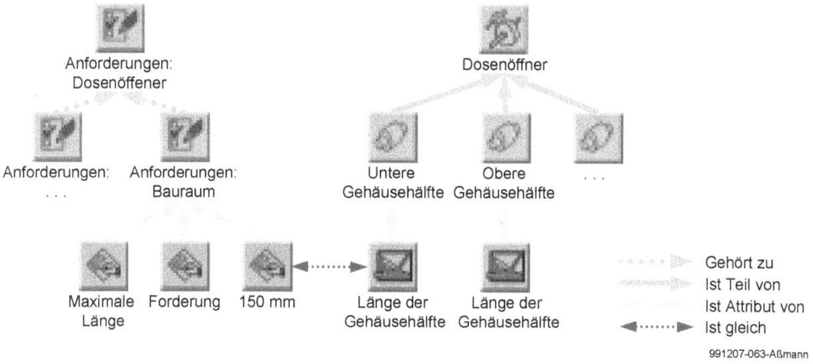

Bild 6-10: Semantische Relationen zwischen Objektattributen

Neben der semantischen Beschreibung von Verbindungen können diese entsprechend ihrer Richtung (uni- oder bidirektional) und ihres Einflusses auf andere Objekte gewichtet werden. Die Gewichtungsfaktoren sind vorgegeben, können aber jederzeit vom Anwender verändert werden. Sie beschreiben die Korrelation der Objekte und sind für die Informationsaufbereitung in benutzerspezifischen Sichten notwendig.

6.4.5 Sichten zur Informationsverdichtung

Entscheidend bei der Handhabung der abgelegten Datenmengen ist zum einen die richtige Selektion, zum anderen eine nutzbare Aufbereitung der benötigten Daten. INKA stellt hierfür neben der Möglichkeit, manuell durch das semantische Netz zu navigieren, verschiedene Analysefunktionen zur Verfügung. An erster Stelle sind hier die Analysen nach semantischen Zusammenhängen zu nennen, die dem Entwickler benötigte Teilmengen des Datenumfangs selektieren und als Sichten auf das Gesamtnetz abgespeichert werden können. Zum Beispiel können auf diese Weise mit Daten verknüpfte Prozessschritte und Personen - und damit die entsprechenden Wissensträger - identifiziert werden, anhand derer der Entwicklungsprozess nachvollziehbar gemacht wird. Das semantische Netz kann dabei nach Objekttypen, Objektmerkmalen, Verknüpfungstypen oder nach einer Kombination der oben genannten Auswahlkriterien analysiert, in Sichten dargestellt und abgespeichert werden. Des Weiteren können auch die Auswahlkriterien zur Erzeugung der Sichten abgelegt werden, um diese als Standardsichten für ähnliche Aufgabenstellungen bereitzustellen. Dadurch wird eine Optimierung des Informationsflusses im Entwicklungsprozess erreicht und Erfahrungswissen für ein strukturiertes und methodisch unterstütztes Vorgehen aufbereitet.

Ergänzend hierzu können die Gewichtungsfaktoren bei der Analyse des semantischen Netzes einen wesentlichen Beitrag zur Reduzierung des Informationsumfangs beitragen, die bei der Visualisierung möglicher Änderungsauswirkungen eingesetzt werden (vgl. Kapitel 6.5.4). In Bild 6-11 ist ein Beispiel der Benutzeroberfläche des Integrierten Konstruktionsarbeitsplatzes mit einem reduzierten Objektumfang dargestellt.

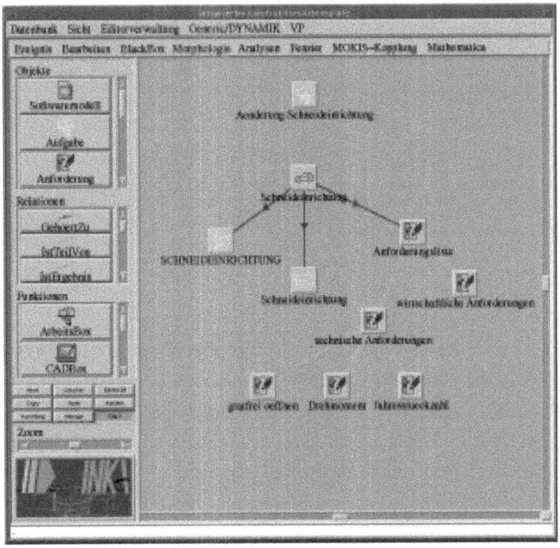

991227-069-Aßmann

Bild 6-11: Beispiel des Integrierten Konstruktionsarbeitsplatzes (INKA)

6.4.6 Rechnertechnische Umsetzung

Die für die Entwicklung des Integrierten Konstruktionsarbeitsplatzes (INKA) eingesetzten Methoden stützen sich auf die Object Modeling Technique (RUMBAUGH ET AL. 1991), wobei die Implementierung des Werkzeugs in der objektorientierten Sprache C++ (STROUSTRUP 1991) unter Verwendung der Klassenbibliothek InterViews (LINTON ET AL. 1992) für die grafische Benutzeroberfläche erfolgte. Die Datenhaltung des Arbeitsplatzes erfolgt nach dem Prinzip der verteilten Datenbanken. Hierbei werden nicht-geometrische Daten des Produktmodells in der objektorientierten Datenbank ONTOS (ONTOS 1994) abgelegt, die Geometriedatenverwaltung übernimmt das CAD-System ProEngineer. Die hierzu benötigte Kopplung zur Vermeidung einer redundanten Datenhaltung erfolgt über ein Kommunikationssystem basierend auf der Client-Server-Technologie (vgl. Kapitel 6.4.1).

6.5 Unterstützung des Änderungsmanagements – Visualisierung von Änderungsauswirkungen

Schwerpunkt der Unterstützung des Änderungsmanagements ist hier nicht auf die Funktionalität der Stammdaten- oder der Kostenerfassung ausgelegt, vielmehr soll der Prozess der Problemlösung, -analyse und -bewertung fokussiert werden. Denn hier weisen verfügbare Werkzeuge immer noch Defizite auf (vgl. Kapitel 6.3). Zudem können bereits durchlaufene Entwicklungsprozesse analysiert und als Grundlage für die Visualisierung möglicher Änderungsauswirkungen genutzt werden.

Die Bereitstellung konsistenter, redundanzfreier Daten, wie dies von kommerziellen EDM-Systemen (Kapitel 6.2.2) übernommen wird, ist Grundlage für die Unterstützung des Änderungsmanagements in der Produktentwicklung. Diese Funktionalität wird im Integrierten Konstruktionsarbeitsplatz vom Datenbank-Management-System übernommen. Im Vergleich zu kommerziell verfügbaren EDM-Systemen soll hier ein erweiterter Ansatz einer verfeinerten Abbildung produkt- und entwicklungsprozesslogischer Abhängigkeiten und deren Nutzen für das Änderungsmanagement gezeigt werden. Für die erweiterte Dokumentation im Entwicklungs- und Änderungsprozess und für die Ergänzung problemspezifischer Änderungsbeschreibungen kann die generische Produktmodellierung genutzt werden, die eine Einschränkung auf den vorgegebenen Dokumentationsumfang aufhebt.

Ebenso wird nicht auf starre, durch Workflow-Management-Systeme vorgeschriebene Prozessmuster aufgebaut, die eine Nachbildung eines Umlaufs klassischer Änderungsdokumente sind (z. B. Änderungsanträge). Vielmehr kann der Anwender das System aufgrund des phasenunabhängigen Aufbaus problemspezifisch für die Änderung einsetzten und auf bereits abgelegte Daten und Zusammenhänge aus dem Entwicklungsprozess zugreifen.

6.5.1 Erweitertes Referenzmodell zur Abbildung Integrierter Produkt- und Prozessmodelle

Das bisher vorgestellte Referenzmodell ermöglicht die Modellierung und Dokumentation produktlogischer Zusammenhänge. Für die Betrachtung entwicklungsprozesslogischer Abhängigkeiten wurde das Referenzmodell erweitert (vgl. Bild 6-12), um zusätzlich Prozessinformationen abzubilden. Diese Abbildungslogik ist an die Modellierungstechnik SADT

(MARCA & MCGOWAN 1988) angelehnt. Mit dieser Erweiterung kann ein Integriertes Produkt- und Prozessmodell aufgebaut werden, welches durch die prozessbegleitende Dokumentation von Entwicklungstätigkeiten ein „Entwicklungstagebuch" darstellt. Der Unterschied zu den oben genannten Partialmodellen der Montageplanung oder des Projektmanagements liegt hierbei in der detaillierten Dokumentation von Entwicklungstätigkeiten und nicht in deren Planung. Die Dokumentation kann jedoch für die Planung neuer Projekt als Standardablauf genutzt werden. Die Integration von Prozess- und Produktmodell wird dabei über die Klasse Objekt - die Metaklasse im Produktmodell - realisiert.

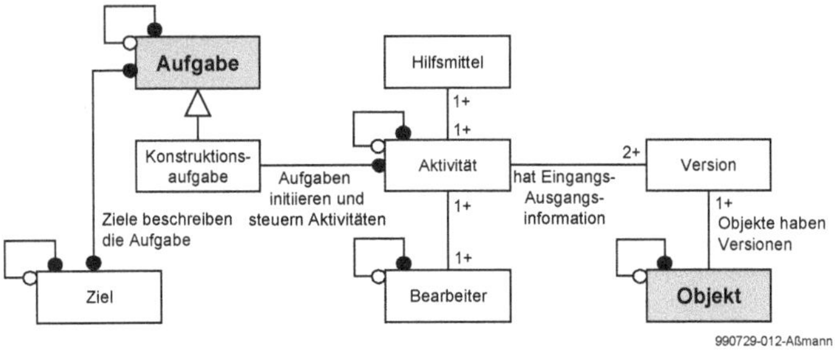

Bild 6-12: Integriertes Prozessmodell zur Dokumentation der Entwicklungstätigkeit

Die Abbildung von SADT-Modellen erfolgt über die Klassen *Aktivität*, *Version*, *Hilfsmittel*, *Bearbeiter* und *Aufgabe*. *Aufgaben* beschreiben über ihre *Ziele* den Zustand, der mit einer oder mehreren aufeinanderfolgenden *Aktivitäten* erreicht werden soll und steuern somit den Ablauf. Die von den eingesetzten *Hilfsmitteln* bearbeiteten Ein- und Ausgangsinformationen werden durch die *Versionen* der Objekte dargestellt. Die für die Versions- und Lösungsverwaltung notwendigen Objektklassen werden durch die Klassen *Version* und *Aktivität* abgebildet. Dabei werden die zeitlichen und logischen Eigenschaften, wie Änderungszeit, Dokumentation der Änderung oder Änderungsauslöser, von Objekten der Klasse *Version* beschrieben. *Aktivitäten* beschreiben die durchgeführten Tätigkeiten und leiten sich aus den in der Planung festgelegten *Konstruktionsaufgaben* ab. Die Aktualisierung und Archivierung von geänderten Objekten übernehmen die den Klassen hinterlegten Funktionen. (Detaillierte Informationen und Objektdefinitionen können dem Data Dictionary Kapitel 9.4 entnommen werden.)

6.5.2 Prozessbegleitende Dokumentation als Grundlage für die Visualisierung von Änderungsauswirkungen

Ein Schwerpunkt in der Abbildung der Entwicklungsprozesslogik liegt in der chronologischen Erfassung von Erweiterungen und Änderungen des Objektumfangs (Objekte und deren Relationen). Hierzu wurde eine Protokollierung der Netzmodellierung entwickelt, die sich auf eine prozessbegleitende Dokumentation der Entwicklungstätigkeiten stützt. Die Dokumentation erfolgt über eine Kette von Aktivitäten, wobei der Anwender den Anfang und das Ende einer Aktivität definiert und das System nahezu selbständig die nötigen Eingangs-, Prozess- und Ausgangsdaten mit dieser Aktivität verknüpft (Bild 6-13).

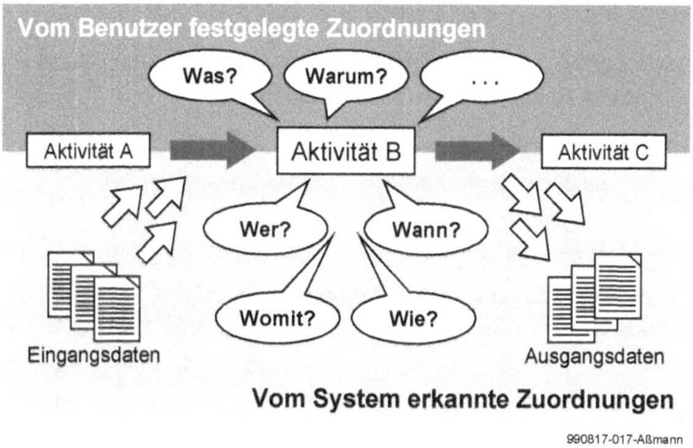

Bild 6-13: Teilautomatisierte Protokollierung des Entwicklungsprozesses (LINDEMANN ET AL. 1998B)

Dabei werden die verwendeten Eingangsdaten automatisch erkannt und zugeordnet, wenn der Anwender die Daten visualisiert oder abruft. Ebenso werden Prozessdaten (Dauer der Aktivität, prozessbeteiligte Personen, unterstützende Hilfsmittel, unterstützende Methoden etc.) und die generierten oder veränderten Ausgangsdaten automatisch mit der Aktivität verbunden. Die Erfassung und Dokumentation der prozessbeteiligten Personen erweitert die einseitige Betrachtung des bisher beschriebenen Ansatzes. Durch die Zuordnung von Personen zu Daten im semantischen Netz als Erzeuger, Bearbeiter oder Interessent (lesender Zugriff) kann bei der Auswertung zusätzlich über das integrierte Kommunikationssystem auf personengebundenes Wissen zurückgegriffen werden. Ergänzend können vom Anwender weitere Daten (Beschreibungen, Ursachen oder Auslöser etc.) der Aktivität hinzugefügt werden. Damit ist eine Erweiterung der Produktlogik gegeben und das System ermöglicht dem Entwickler durch die unmittelbar begleitende Dokumentation ein flexibles und kreatives Vorgehen.

6.5.3 Freigabe, Versionierung und Lösungsmanagement

Die Betrachtung zeitlicher Veränderungen von Objekten bei der prozessbegleitenden Dokumentation setzt einen Versionierungsmechanismus voraus. Zur Klärung der verschiedenen Bedeutungen der Begriffe Version, Variante und Lösung werden diese zuerst für den hier beschriebenen Einsatz definiert.

Unter einer Version wird die Veränderung eines Objektes nach dessen Freigabe verstanden. Diese Veränderungen stellen eine zeitliche Abfolge dar.

Varianten sind Objekte ähnlicher Form und/oder Funktion mit einem in der Regel hohen Anteil identischer Gruppen oder Teile (nach DIN 199 TEIL 2, 1977)

Eine Lösung ist die Erfüllung der Aufgabenstellung und der Anforderungen durch ein oder mehrerer produktdarstellende Modelle (nach ROTH 1994).

Auf dieser Grundlage wurden Mechanismen zur Freigabe von Objektumfängen, deren Versionierung und ein Management für konstruktive Lösungen erarbeitet.

Freigabe von Objektumfängen

Die Freigabe von Objekten und deren Verknüpfungen erfolgt nach der in Kapitel 2.3.1 definierten Form anhand kleiner Arbeitsumfänge. Geänderte Objekte werden dabei zunächst in Änderungslisten geführt und nach der Freigabe durch betroffene Personen (vgl. Kapitel 6.5.4) als aktuelle Version gekennzeichnet. Alle Benutzer verfügen somit nach der Änderungsfreigabe über die inhaltlich gleiche Objektinformation. Die Versionsverwaltung ersetzt und archiviert das ursprüngliche Objekt.

Die Freigabe des Objektumfangs findet mit der Beendigung einer Aufgabe oder einer Aktivität statt. Wird diese beendet, können weitere Informationen (vgl. Kapitel 6.5.2) an die Aktivität geknüpft werden. Dadurch erfolgt eine detaillierte Prozessdokumentation tatsächlich bearbeiteter Arbeitsumfänge, der Dauer sowie der eingesetzten Werkzeuge und Hilfsmittel.

Versionierung von Objektumfängen

Objekt haben verschiedene Versionen, also unterschiedliche zeitliche Zustände. Das Versionsmanagement im Integrierten Konstruktionsarbeitsplatz sichert den Zugriff auf das aktuelle, das heißt aktive Objekt. Wird ein Objekt vom Benutzer verändert, so werden bei der Freigabe alle betroffenen Personen von dieser Änderung über ein Kommunikationssystem informiert und können diese Änderung bei möglichen Konflikten gegebenenfalls verhindern.

Bei der Generierung einer neuen Version wird nicht das ganze Objekt neu im Datenbank-Management-System abgelegt, sondern aufgrund der Modellierung der Objekte auf Attributsebene nur die veränderten Attribute. Das Versionsmanagement koordiniert zudem die Aktualität der einzelnen Objekte, d. h. alte Objekte bzw. Attribute bleiben vorhanden, werden aber als inaktiv definiert. Über die Verknüpfung mit den Aktivitäten der Prozessdokumentation kann die Entwicklung und Veränderung der Objekte nachverfolgt werden.

Lösungsmanagement

Zur Unterstützung eines methodischen Vorgehens bei der Erstellung unterschiedlicher Lösungen für ein konstruktives Problem wurde ein rechnerunterstütztes Werkzeug zur Handhabung von Lösungsalternativen eingeführt. Nach der Auswahl einer Lösung, werden die nicht genutzten Lösungen archiviert und sichern mit der dokumentierten Bewertung die Nachvollziehbarkeit des Entwicklungsprozesses. Der Zugriff auf nicht weiter verwendete Lösungsalternativen kann durch eine Analyse des semantischen Netzes erfolgen.

Der Integrierte Konstruktionsarbeitsplatz wurde ursprünglich zur Unterstützung der methodischen Produktentwicklung entworfen (EHRLENSPIEL ET AL. 1995A), indem Werkzeuge zur Modellierung von Anforderungen, Funktionsstrukturen oder physikalischen Effekten etc. implementiert wurden. Durch die Erweiterung des Arbeitsplatzes hinsichtlich der prozessbegleitenden Dokumentation, der Objektversionierung und des Lösungsmanagements konnte eine Unterstützung des Änderungsmanagements bei der Visualisierung von Änderungsauswirkungen erreicht werden.

6.5.4 Analyse des semantischen Netzes als Grundlage der Visualisierung von Änderungsauswirkungen

Grundlage bei der rechnerunterstützten Auswirkungsvisualisierung ist zum einen das semantische Netz des Integrierten Konstruktionsarbeitsplatzes, zum anderen die über den Objektumfang erzeugten Sichten. Damit können betroffene Objekte (Bauteile, Anforderungen, Wirkprinzipien etc.), betroffene Prozessschritte, die zur Generierung der Objekte durchgeführt wurden, und schließlich betroffene Personen identifiziert werden.

Erfassung betroffener Objekte

Das semantische Netz kann über Ursache-Wirkungs-Ketten oder Objektmerkmale hinsichtlich Auswirkungen auf den Objektumfang analysiert werden. Der Rechner kann hierbei potentielle Auswirkungen auf z. B. Bauteile oder Anforderungen aufzeigen, die vom Bearbeiter zu bewerten sind. Unterstützend wirkt dabei die Gewichtung der Abhängigkeiten, um die Wahrscheinlichkeiten der Auswirkungen abzuschätzen. So kann das Netz ausgehend von einem Objekt auf relevante Daten im Umfeld hin ausgewertet werden, indem man Grenzwerte bei der Analyse vorgibt. Damit lassen sich mögliche Seiteneffekte bei Änderungen oder nicht bedachte Beziehungen erkennen. Schließlich wurden auch Analysefunktionen implementiert, die eine Suche nach Objekten mit bestimmten Merkmalen ermöglicht. Die über Analysen selektierten Daten werden dem Anwender als Sichten auf das semantische Netz, z. B. als Ursache-Wirkungsketten oder als strukturierte Listen, visualisiert.

Erfassung betroffener Prozessschritte

Ähnlich der Analyse zur Erfassung betroffener Objekte können die Prozessschritte identifiziert werden, die von der Änderung betroffen sein können. Grundlage ist hier die teilautomatisierte Dokumentation der Entwicklungstätigkeit am Arbeitsplatz (Kapitel 6.5.2). Ausgehend von dem zu verändernden Objekt können nun die Teilprozessschritte identifiziert werden, in denen dieses Objekt erzeugt, verändert und für weitere Tätigkeiten als Eingangsinformation genutzt wurde. Damit können notwendige Folgeschritte für die Aufwandsabschätzung und Planung der Änderung abgeleitet oder Teilprozesse identifiziert werden, die z. B. zur Verifizierung der Produkteigenschaften durchgeführt werden müssen.

Erfassung betroffener Personen

Bei der Erfassung der von einer Änderung betroffenen Personen wird hinsichtlich

- *Erzeuger*, eine Person, die den Datenumfang erstellt hat,
- *Bearbeiter* oder *Änderer*, Personen, die einen vorhandenen Datenumfang verändert haben, und
- *Interessenten*, die einen entsprechenden Datenumfang nutzen, um weitere Daten zu erzeugen oder verändern,

unterschieden. Die Erfassung von einer Änderung betroffenen Personen kann anhand verschiedener Möglichkeiten erfolgen, z. B. über die verwandten Sichten. In einer Sicht ist der zur Bearbeitung relevante Objektumfang abgelegt. Wird nun ein Objekt geändert, können alle betroffenen *Interessenten* aufgrund des in ihrer Sicht enthaltenen Objekts vom System ermittelt werden. Damit können vor allem die Personen identifiziert werden, die das Objekt nutzen, um weitere Daten zu generieren oder zu verändern. Über Objekte und deren Versionen selbst können deren *Bearbeiter* bzw. *Erzeuger* festgestellt werden. Ergänzend kann dies über weitere mögliche betroffene Objekte (vgl. oben) erfolgen. Betroffene Prozessschritte sind eine weitere Möglichkeit, vor allem lesend auf ein Objekt zugreifende Personen zu ermitteln, da, wie in Kapitel 6.5.2 beschrieben, vom System jeder Zugriff auf ein Objekt dokumentiert wird. Im Gegensatz zu Workflow-Management-Systemen, die einen vom Anwender vorgegebenen Vorgang steuern, können hier die betroffenen Personen vom System automatisch identifiziert und informiert werden.

6.5.5 Anwendung an einem Beispiel

Am Beispiel einer technischen Änderung soll die oben beschriebene Funktionalität des Integrierten Konstruktionsarbeitsplatzes verdeutlicht werden. Hierbei handelt es sich um die Entwicklung eines akkubetriebenen Dosenöffners, der hinsichtlich der Ladekapazität Schwachstellen aufweist. An einem Prototyp konnte ermittelt werden, dass die ursprünglich geforderte Ladekapazität des Akkus nicht für die zweckmäßige und praktische Anwendung ausreicht.

Die Erweiterung des semantischen Netzes wird vom Rechner prozessbegleitend protokolliert und automatisch ein neues Aktivitätendokument *Änderung des Akkus* erstellt (nicht im Bild 6-14 dargestellt). Die im Folgenden beschriebenen Dokumente werden als Eingangsinformationen mit der Aktivität verbunden.

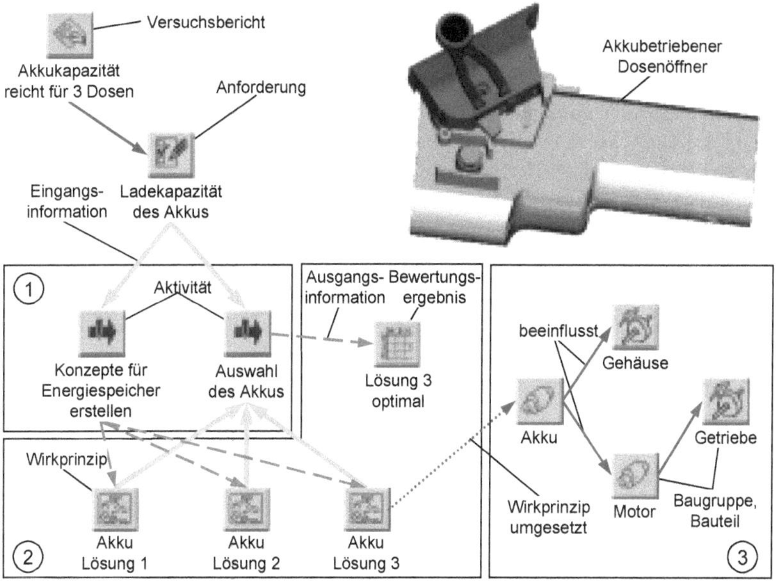

Bild 6-14: Semantisches Netz am Integrierten Konstruktionsarbeitsplatz (LINDEMANN ET AL. 1998B)

Damit die Erfahrung aus dem bisher abgewickelten Entwicklungsprozess genutzt werden kann, wird zuerst auf Ergebnisse bereits abgearbeiteter Entwicklungstätigkeiten zurückgegriffen (Bild 6-14). Der Anwender führt deshalb nun eine Analyse zur Ermittlung der Arbeitsschritte durch, die diese Anforderung (Ladekapazität) als Eingangsinformation nutzen. Als Ergebnis werden hier die zwei Aktivitäten *Konzepte für Energiespeicher erstellen* und *Auswahl des Akkus* dargestellt (siehe Bild 6-14, Abschnitt 1). In einem weiteren Schritt können nun alle Dokumente visualisiert werden, die z. B. mit der Aktivität *Auswahl des Akkus* verbunden wurden. Das sind als Eingangsinformation die unterschiedlichen Lösungen *Akku Lösung 1*, *Akku Lösung 2* und *Akku Lösung 3* und als Ergebnis die ausgewählte Lösung sowie das Bewertungsergebnis *Lösung 3 optimal* (siehe Bild 6-14, Abschnitt 2). Die Auswahl und Entscheidung für die realisierte Lösung kann über das verknüpfte Bewertungsdokument nachvollzogen werden.

Da nun ein alternativer Akku ausgewählt werden muss, analysiert nun der Entwickler, welche Daten und Dokumente durch den Austausch des Akkus betroffen sein können und welche möglichen Folgewirkungen auftreten. Grundlage hierzu sind die den Verbindungen hinterlegten Gewichtungen und Methoden zur Korrelationsanalyse, also der Betrachtung der Wechselwirkungen zwischen den Daten. Bei einer Änderung des Akkus müssen demzufolge Gehäuse, Motor und Getriebe des Dosenöffners auf mögliche Folgeänderungen näher untersucht werden (siehe Bild 6-14, Abschnitt 3).

Der Entwickler stellt nach weiteren Untersuchungen fest, dass der gewählte Akku auf den Motor und somit auch auf das Getriebe keinen Einfuss hat und führt deshalb nur Änderungen am Gehäuse durch. Nach Abschluss der Aktivität werden die geänderten Dokumente „Akku“ und „Gehäuse“ als Ausgangsdaten mit dem Aktivitätendokument automatisch verbunden. Weiterführende Änderungen durch die modifizierte Gehäusegeometrie können auf gleiche Weise analysiert und durchgeführt werden.

Der Vorteil dieser Dokumentation und Informationsbereitstellung liegt darin, dass die zur Bearbeitung benötigten Dokumente und die möglichen Auswirkungen auf den Prozess aufgezeigt werden. Aufgrund der chronologischen Dokumentation des bereits abgewickelten Prozesses sind alle Aktivitäten erfasst, die bisher durchlaufen wurden. Anhand der Visualisierung dieser Aktivitäten können nun die notwendigen Arbeitsschritte definiert und exakt geplant sowie die, nicht mehr notwendigen Arbeitsschritte übersprungen werden. Damit besteht die Möglichkeit, die Abwicklungsdauer von Änderungen zu reduzieren.

6.6 Zusammenfassung

Ausgehend vom Informationsmanagement als Grundlage der Rechnerunterstützung in der Produktentwicklung wurden verschiedenen Formen einer Rechnerintegration vorgestellt. Hierzu wurde aus einer Integrationsplattform eine Referenzarchitektur abgeleitet, die Notwendigkeit der Modellintegration aufgezeigt und integrierte Produkt- und Prozessmodelle als wesentliche Voraussetzung definiert. Der gegenwärtige Einsatz der Rechnerwerkzeuge in der Produktentwicklung und deren Nutzen für das Änderungsmanagement wurde am Beispiel von CAD-Systemen zur Modellierung der Gestalt, PDM-Systemen, als Ausprägung eines Datenmanagements, und der Unterstützung der Gruppenarbeit durch den Rechner aufgezeigt. Abschließend wurden verschiedene Anwendungen der Rechnerunterstützung im Änderungsmanagement beschrieben und bewertet.

Der Einsatz dieser Systeme im Änderungsmanagement beschränkt sich dabei auf die Abbildung der einzelnen Änderung. PDM-Systeme bieten hierzu Möglichkeiten Daten und

Dokumente der Produktentwicklung mit den Daten und Dokumenten der Änderung zu verknüpfen, zeigen aber wiederum Defizite in einer methodischen und detaillierten Unterstützung der Entwicklungs- und Änderungsprozesse auf.

Abgeleitet aus diesen Defiziten wird mit einem erweiterten Ansatz eine Möglichkeit aufgezeigt, methodische Unterstützung in Entwicklungsprozess zu gewährleisten und Erfahrung abzubilden. Ergänzend zur strukturierten Dokumentation kann auf personengebundenes Wissen einfacher zurückgegriffen werden, indem Ansprechpartner aufgezeigt werden. Über die interaktiv und prozessbegleitend abgebildete Entwicklungsprozesslogik kann die Abwicklung von Änderungen gezielt unterstützt werden, indem mögliche Auswirkungen auf Objekte, Personen oder Prozesse identifiziert werden. Schließlich ist es auch möglich, auf der Grundlage des abgebildeten Informationsflusses den Abstimmungsbedarfs zwischen Mitarbeitern im Entwicklungsprozess zu ermitteln.

Der beschriebene Integrierte Konstruktionsarbeitsplatz bietet einen Rahmen zur Integration rechnerunterstützter Methoden in der Produktentwicklung. Die modelltechnische Integration ermöglicht die Verfügbarkeit aktueller Daten sowie die Unterstützung interdisziplinärer Sichten für Bearbeiter aus anderen Bereichen. Die anwendungsorientierte Modellierung gewährleistet die Anpassung der Hilfsmittel an unterschiedlichste Prozesse.

7 Zusammenfassung, Bewertung und Ausblick

7.1 Zusammenfassung

Änderungsprozesse sind wesentlicher Bestandteil des Entwicklungsprozesses[1]. Sie stellen Chancen der Innovation und des Lernens als auch Störungen dar, die negative Auswirkungen auf Kosten, Zeit und Qualität des Produktes haben. Ebenso kann die Flexibilität des Unternehmens gehemmt und Mitarbeiter demotiviert werden. Die durchgeführte Ursachenanalyse bestätigte die Vielschichtigkeit von Änderungsursachen und deren auslösende Defizite in der Produktentwicklung.

Obwohl Änderungsprozesse eine hohe Ähnlichkeit mit Entwicklungsprozessen aufweisen, kann der Änderungsprozess geschlossen innerhalb des Entwicklungsprozesses modelliert werden, da dessen Schwerpunkt in der Veränderung bestehender Daten und Informationen liegt. Deshalb zeichnet sich der Änderungsprozess durch eine Vielzahl von administrativen Schritten aus, um mögliche Aus- bzw. Nebenwirkungen zu minimieren. In der Regel jedoch werden Änderungen nur wenig detailliert abgewickelt. Dies ist unter anderem auf den Termindruck und die demotivierende Wirkung des Störungs- und Fehlercharakters von Änderungen zurückzuführen, deren Folge wiederum die unzureichende Erkennung der negativen Auswirkungen ist.

Bislang werden Änderungen nur unzureichend differenziert, egal ob die Änderung vor oder nach einer Dokumentenfreigabe (z. B. Konstruktionsfreigabe) oder nach dem Produktionsstart stattfand. Aufgrund dieser fehlenden Unterscheidung von Änderungen in der Produktentwicklung wurden die Begriffe *Iteration*, *Änderung*, *Produktpflege* und *Upgrading* definiert und voneinander abgegrenzt. Der Schwerpunkt für diese Arbeit konnte somit auf Änderungen (an Daten, Informationen) festgelegt werden.

Ausgehend von den Abhängigkeiten und zwischen Produktentwicklung- und Änderungsprozess wurde ein Vorschlag für einen Änderungsprozess erarbeitet. Dieser Prozess beinhaltet alle notwendigen Schritte, ausgehend von der Problemerkennung über die gesamtheitliche Bewertung der Änderungslösungen bis zur Reflexion des Änderungsprozesses, die zu einer im Unternehmen abgestimmten und geeigneten Produktlösung und Umsetzung in die Serie führen.

Dieser Prozess kann nur eine grobe Vorgabe für einen situativ anzupassenden und anzuwenden Änderungsprozess sein, da sich Änderungen hinsichtlich deren Ursachen, Erschei-

---

[1] Der Betrachtungsschwerpunkt ist auf Änderungen gelegt, so wie diese in Kapitel 2.3.3 definiert werden. Die Produktpflege oder das Upgrading werden hierbei ausgeschlossen.

nungen und Auswirkungen sehr unterscheiden. Deshalb wurde, abgeleitet aus dem Zusammenhang zwischen Prozessen und Methoden, ein systematisches Vorgehen zur Anpassung des Änderungsprozesses an die vorherrschenden Randbedingungen erarbeitet. Diese Anpassung erfolgt in vier Stufen, ausgerichtet auf das Unternehmen, die zeitliche, phasenspezifische Anordnung der Methoden, die vorherrschende Änderung (Problem) und schließlich ausgerichtet auf den Menschen. Dies kann durch zwei Methoden unterstützt werden: durch eine Checkliste zur Klassifikation von Änderungen hinsichtlich deren Aufwand, Nutzen und technischen wie auch wirtschaftlichen Risiken und einem Methodenbaukasten zur detaillierten Gestaltung des Änderungsprozesses.

Im Weiteren zeigte sich die Visualisierung von möglichen Auswirkungen der Änderung als notwendig, um den Änderungsprozess klassifizieren zu können. Hierzu konnte der Integrierte Konstruktionsarbeitsplatz erweitert werden, mögliche Auswirkungen auf das Produkt und dessen Komponenten, auf betroffenen Prozessschritte und Personen zu simulieren und aufzuzeigen. Grundlage ist der durchgängige Einsatz des Werkzeugs in allen Phasen der Produktentwicklung, von der Abbildung der Anforderungen bis zu konkreten Modellierung der Geometrie. Dieses Werkzeug stellt zudem eine Integrationsplattform für die Entwicklung und Konstruktion dar, denn es stellt wichtige Werkzeuge in der Produktentwicklung in einer Oberfläche bereit. Zudem können weitere externe Werkzeuge integriert werden. Voraussetzung hierzu ist der modulare Aufbau und die Berücksichtigung der modelltechnischen, systemtechnischen und prozesstechnischen Integrationsebenen. Aufgrund einer Vernetzung von Daten nach inhaltlichen, logischen und zeitlichen Gesichtspunkten zu einem semantischen Netz werden nicht nur einzelne Information abgebildet, vielmehr ist dies ein Schritt, Erfahrungswissen im Rechner zu dokumentieren.

7.2 Bewertung

Die Ergebnisse dieser Arbeit werden im Folgenden an den Kriterien:

- Anwendbarkeit der Ergebnisse in der Praxis und
- Vergleich mit bisherigen Ansätzen zu ähnlichen Problemstellungen

bewertet. Die Untersuchung der Übertragbarkeit auf andere wissenschaftlichen Ansätze wird im Ausblick (Kapitel 7.3) durchgeführt.

7.2.1 Der Änderungsprozess für das Integrierte Änderungsmanagement

Der in Kapitel 4 dargestellte Änderungsprozess ist ein aus fünf Freigabestufen aufgebauter standardisierter Prozess, abgeleitet aus dem Integrierten Änderungsmanagement. Durch die Parallelisierung von Tätigkeiten in Team- oder Einzelarbeit ist dies ein Ansatz zur Optimierung des klassischen Änderungswesens.

Anwendbarkeit der Ergebnisse in der Praxis

Erste Implementierungen in der Automobilzulieferindustrie bestätigten den Erfolg dieses Vorgehens bei der Abwicklung von Änderungen. Wie in Kapitel 4.5 aufgezeigt, konnten durch die Parallelisierung von Konstruktion, Produktion, Logistik und Einkauf in der Änderungsausarbeitung deutliche zeitliche Einsparungen erreicht werden. Die ersten Umsetzungsergebnisse zeigten aber auch, dass dieser Prozess nicht ohne eine Adaption an das Unternehmen eingeführt werden kann. Diese Adaption stellt somit einen wesentlichen Schritt zur Erreichung einer optimalen Anwendbarkeit dar.

Vergleich mit bisherigen Ansätzen zu ähnlichen Problemstellungen

Dieses Konzept eines Änderungsprozesses stellt einen integrativen Ansatz zur Berücksichtigung aller Unternehmensbereiche und der gesamten Prozesskette, von der Problemerkennung über die Problemlösung bis hin zur Durchführung und Umsetzung der Änderung, dar. Im Vergleich zu den in der Industrie vorgefundenen Änderungsprozessen wurden die frühen Phasen (Problemerkennung, Lösungssuche) des Änderungsprozesses detailliert. Die Vorverlagerung der Änderungsentscheidung zur rechtzeitigen Bewertung nach wirtschaftlichen, organisatorischen und technischen Kriterien oder die lernorientierte Aufarbeitung und Erfolgskontrolle von Änderungen im Änderungsreview als definierter Abschluss ergänzen die wesentlichen Vorteile dieses Konzeptes.

7.2.2 Anpassung des Änderungsprozesses

Das Vorgehen zur Gestaltung und Anpassung des Änderungsprozesses hinsichtlich situativer, unterschiedlicher Randbedingungen (Kapitel 5) baut auf den Zusammenhang von Prozessen und Methoden auf. Hierzu wurde eine Checkliste zur Klassifikation von Änderungen erstellt, die wiederum Grundlage für die Methodenauswahl aus einem Methodenbaukasten ist.

Anwendbarkeit der Ergebnisse in der Praxis

Auch bei diesem Vorgehen konnte die Anwendbarkeit exemplarisch nachgewiesen werden. Dabei handelte es sich jedoch um Einzelfälle, die von einem methodisch geschulten Anwender durchgeführt wurden. Kenntnisse im Projektmanagement sind ebenso Voraussetzung für die Anwendung diese Vorgehens, wie Methodenkenntnisse und Methodenakzeptanz.

Vergleich mit bisherigen Ansätzen zu ähnlichen Problemstellungen

Bereits in der Literatur ist eine Klassifikation von Änderungen bekannt. Ebenso die Zuordnung von Standardprozessen. Jedoch findet eine problemspezifische Anpassung von Standardprozessen nur beschränkt statt, ohne konkret das Problem zu berücksichtigen. Ebenso werden die Klassifikationen erst nach der Problemlösung eingesetzt werden, wenn bereits konkrete Produktunterlagen erarbeitet wurden. Der Problemlösungsprozess selbst wird dabei nur wenig unterstützt. Auch findet eine Abschätzung möglicher Änderungsauswirkungen nur unzureichend statt. Die flexible Gestaltung von Prozessen wird im Entwicklungsprozess von BICHLMAIER (2000) mit den Prozessbausteinen verfolgt, ein Ansatz der ebenso für das Änderungsmanagement denkbar ist.

7.2.3 Rechnerunterstützung im Änderungsmanagement – Visualisierung von Änderungsauswirkungen

Der Einsatz des Integrierten Konstruktionsarbeitplatzes INKA (Kapitel 6) im Änderungsmanagement wurde am Beispiel der Visualisierung möglicher Auswirkungen von Änderungen aufgezeigt.

Anwendbarkeit der Ergebnisse in der Praxis

Aufgrund der eingesetzten Hard- und Software ist der Einsatz und die Übertragbarkeit in die Industrie als kritisch zu werten. Ebenso fehlt Erfahrung in der Handhabung großer Datenmengen, da zum einen die Leistungsfähigkeit der Visualisierungssoftware begrenzt ist und zum andern bislang nur kleinere und mittlere Entwicklungsumfänge am Werkzeug prototypenhaft bearbeitet wurden. Die hohe Komplexität und Vernetztheit der abbildbaren Daten setzt leistungsfähige Visualisierungswerkzeuge voraus.

Vergleich mit bisherigen Ansätzen zu ähnlichen Problemstellungen

Ein Vergleich mit gängigen, in der Produktentwicklung eingesetzten Werkzeugen soll anhand des in Kapitel 6.1 aufgezeigten Funktionen eines rechnergestützten Informationsmanagements erfolgen (Bild 7-1) Vergleicht man den Integrierten Konstruktionsarbeitsplatz INKA mit PDM-Systemen, so stellt kann eine gleichmäßige Ausrichtung des Arbeitsplatzes für eine Unterstützung des informationsverarbeitenden Prozesses festgestellt werden. Dem entgegen zeigen PDM-Systeme ihren Hauptnutzen in der Strukturierung und Abbildung von Informationen und weniger in der Analyse von Informationen (vgl. Auswirkungsvisualisierung). Hier zeigen kommerzielle PDM-Systeme immer noch Defizite. Aufgrund vordefinierter Strukturen und Abhängigkeiten können diese nicht beliebig zwischen Dokumenten oder deren Attributen abgebildet werden. Dieser Mangel an Flexibilität ist unter anderem auf den Ursprung von PDM-Systemen zurückzuführen, die aus Datenbanken abgeleitet wurden.

Die ungenügende Vernetzung von PDM-Systemen kann am Beispiel der Produktstruktur kenntlich gemacht werden. Untergruppen können hierbei nur hierarchisch übergeordneten Komponenten zugeordnet werden. Weitere Abhängigkeiten z. B. zu anderen Bauteilen können bislang nur unzureichend aufgezeigt werden.

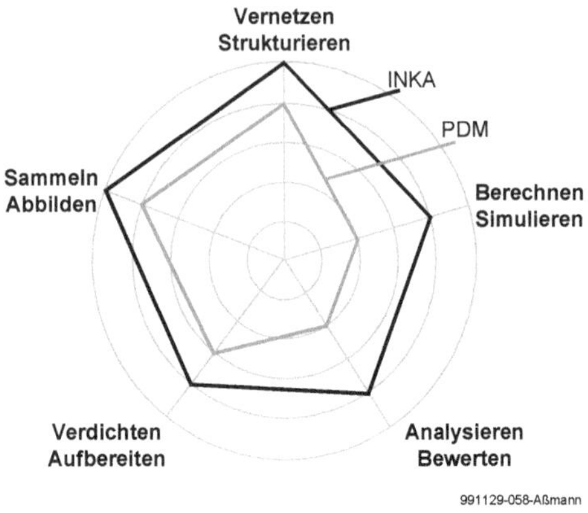

Bild 7-1: Vergleich unterschiedlicher Anwendungen in der Produktentwicklung

7.3 Ausblick

Diese Arbeit zeigt die Bedeutung eines adaptiven Prozesses für das Änderungsmanagement auf. Die dadurch erreichte Anpassbarkeit von Prozessen aufgrund des problem- bzw. änderungsspezifisch gesteuerten Methodeneinsatzes ist ein Beitrag zu der Frage: „Welche Methode eignet sich für welches Problem? oder Wann kann eine Methode eingesetzt werden?“. Dies wurde am Beispiel des Änderungsmanagements aufgezeigt.

Die Übertragbarkeit dieses Konzepts auf den Entwicklungsprozess zeigt neue Perspektiven für das Projektmanagement. Eine ähnliche Vorgehensmethodik beschreibt BICHLMAIER (2000) zur flexiblen Gestaltung von integrierten Entwicklungsprozessen. Der Einsatz für das Änderungsmanagement ist dementsprechend zu prüfen, da eine Änderung einem Entwicklungsprozess ähnlich ist.

Die Entwicklung von Rechnerwerkzeugen und Integrationsumgebungen (PDM-Systeme, WWW) in den letzten Jahren erlaubt neue Möglichkeiten zur Unterstützung der Integrierten Produktentwicklung oder des Integrierten Änderungsmanagements. Die Übertragbarkeit und eine weitere Verbesserung der Funktionalität der im Integrierten Konstruktionsarbeitsplatz realisierten Teilwerkzeuge sind vor dem Hintergrund dieser neuen Standardtechnologien zu prüfen. Die Schwerpunkte vorhandener Standardtechnologien (z. B. PDM-Systeme) liegen in der Ablage und Strukturierung von Daten oder der automatisierten Dokumentenverteilung (z. B. Workflow-Management-Systeme).

Diese Technologien sind hinsichtlich ihrer Anwendbarkeit auf einen übergreifenden Einsatz, Informationen aus unterschiedlichen Werkzeugen zu sammeln, zusammenzufassen und strukturiert aufzubereiten (vgl. Integrationsplattform), zu abzuwägen. Dadurch ergeben sich Möglichkeiten zur verbesserten Entscheidungsunterstützung, Wiederverwendung von Erfahrungswissen und einer prozessbegleitenden Ist-Stands-Analyse (prozessbegleitendes Projekt-Monitoring, vgl. LINDEMANN ET AL. 1999A) des Entwicklungsprozesses.

Mit der Funktionalität von PDM-Systemen scheint eine Übertragbarkeit dieser Ansätze als möglich, obwohl sicherlich noch Erweiterungsbedarf hinsichtlich der flexiblen Anwendbarkeit besteht. Dabei können PDM-Systeme eine zentrale Rolle im Informationsmanagement in der Produktentwicklung spielen, da diese prinzipiell geeignet sind unterschiedliche Daten und Werkzeug zu integrieren.

Jedoch sollte dabei nicht nur der Schwerpunkt in der Abbildung von Information gelegt werden. Vielmehr ist doch der zentrale Punkt: „Wie kommt man an genau die Information, die man braucht? Nicht mehr und nicht weniger!“ Geeignet Informationsselektionswerkzeuge sind unabdingbar. Mit dem Integrierten Konstruktionsarbeitsplatz wurde hierzu ein Ansatz für das rechnergestützte Informationsmanagement aufgezeigt. Dabei besitzen die Relationen zwischen den Daten und Informationen den gleichen Wert wie die Daten selbst. Denn schließlich zeigen die Abhängigkeiten von Daten ihren Einfluss oder ihre Beeinflussbarkeit (vgl. Einflussfaktoren-Matrix, ULRICH & PROBST 1990) auf und sind somit wesentlich für die Abbildung von nachvollziehbaren Produktdokumentationen.

8 Literatur

ABRAMOVICI, M.; GERHARD, D.; LANGENBERG, L. (1998):

Unterstützung verteilter Entwicklungsprozesse durch EDM/PDM. In: Informationsverarbeitung in der Konstruktion 98, München. Düsseldorf: VDI-Verlag 1998, S. 69-86, (VDI-Berichte Nr. 1435).

ALLMANSBERGER, G. (1998):

Strategien zum Entwickeln von Lösungsalternativen. In: Lindemann, U.; Reichwald, R. (Hrsg.): Integriertes Änderungsmanagement. Berlin: Springer, 1998.

ALLMANSBERGER, G.; WULF, J. (1998):

Methoden und Hilfsmittel. In: Lindemann, U.; Reichwald, R. (Hrsg.): Integriertes Änderungsmanagement. Berlin: Springer, 1998.

ALTMANN, C (1996):

Untersuchung von Änderungsprozessen in einem Beispielunternehmen. München: TU, Lehrstuhl für Produktentwicklung, unveröffentlichte Diplomarbeit, 1996.

AMBROSY, S. (1997):

Methoden und Werkzeuge für die integrierte Produktentwicklung. Aachen: Shaker, 1997.

ANDERL, R.; PHILIPP, M. (1999):

Konstruktionswissenschaft und Produktdatentechnologie. Konstruktion (1999) 3, S. 20-24.

ASSMANN, G. (1998):

Vermeidung und Vorverlagerung von Änderungen. In: Lindemann, U.; Reichwald, R. (Hrsg.): Integriertes Änderungsmanagement. Berlin: Springer, 1998.

ASSMANN, G.; BICHLMAIER, C.; CUIPER, R.; GLANDER, M. (1997):

Integrierte Produkt- und Prozessmodellierung im SFB 336. In: Eversheim, W. (Hrsg.): SFB 361 - Workshop 'Integrierte Produkt- und Prozessmodellierung' 10.07.1997. Aachen: RWTH (Eigenverlag), 1997.

ASSMANN, G.; CONRAT, J.-I. (1998):

Modell eines Integrierten Änderungsmanagements. In: Lindemann, U.; Reichwald, R. (Hrsg.): Integriertes Änderungsmanagement. Berlin: Springer, 1998.

ASSMANN, G.; CUIPER, R.; GLANDER, M. (1996):

Das Integrierte Produkt- und Prozessmodell des SFB 336. In: Reinhart, G. (Hrsg.): SFB 336 - Workshop 'Integriertes Produktmodell' 18.07.96. München: Technische Universität (Eigenverlag), 1996.

ASSMANN, G.; GERST, M. (1999):

Diskussion des Änderungsprozesses. Unveröffentlichte Studie. München: Lehrstuhl für Produktentwicklung, Technische Universität München, 1999.

ASSMANN, G.; GERST, M.; PULM, U.; RIEDEL, D. (1999A):

Ergebnisse einer Umfrage zur aktuellen Situation in der Industrie, Mai/Juni 1999. In: Lindemann, U.; Reichwald, R. (Hrsg.): SFB 336 - Integriertes Änderungsmanagement. München: TU (Eigenverlag), 1999.

ASSMANN, G.; GERST, M.; RIEDEL, D. (1999B):

Integriertes Änderungsmanagement - Erfolgspotentiale in situationsgerechten Prozessen. ZWF 94 (1999) 9, S. 521-524.

BARNETT, H. G. (1953):

Innovation: The Basis for Cultural Change. New York: McGraw-Hill, 1953.

BENEDETTO NETO, H.; TRABASSO, L. G. (1999):

Identification of Factors that Affect Engineering Change Management. In: Lindemann, U.; Birkhofer, H.; Meerkamm, H.; Vajna, S. (Hrsg.): Proceedings of the 12th International Conference on Engineering Design. München: TU 1999, S. 995-1000.

BERNARD, R. (1999):

Early Determination of Product Properties in the Integrated Product Development. Aachen: Shaker, 1999.

BICHLMAIER, C. (2000):

Methoden zur flexiblen Gestaltung von integrierten Entwicklungsprozessen. München: Utz, 2000.

BICHLMAIER, C.; GRUNWALD, S. (1999):

PMM - Process Module Methodology for Integrated Design and Assembly planning. 4th Design for Manufacturing Conference. Las Vegas, Nevada 1999.

BILLINGER, A. (1998):

Optimierungsbedarf aus der Sicht eines Automobilherstellers. In: Lindemann, U.; Reichwald, R. (Hrsg.): Integriertes Änderungsmanagement. Berlin: Springer, 1998.

BINDBEUTEL, K. (1998):

Engineering-Rahmensystem für den integrierten Produktentwicklungsprozess. München: Utz, 1998.

BLEYER, K. (1999):

Global Player ZF. In: Global Players. Sonderausgabe der ATZ/MTZ Juli (1999) S. 44-46.

BÖSENBERG, D.; METZEN, H. (1993):

Lean Management. 2. Auflage. Landsberg/Lech: Moderne Industrie, 1993.

BOZNAK, R. G.; DECKER, A. K. (1993):
Competitive Product Development – A Quality Approach to Succeeding in the 90s and Beyond. Wisconsin, Milwaukee: ASQC Quality Press, 1993.

BRANDNER, S. (1998):
Funktionen und Nutzen der EDM-Technologie. Engineering Data Management (EDM). Seminarberichte iwb (1998) 31, S. 7-27.

BROCKHAUS, F. A. (1978):
Brockhaus Enzyklopädie. Wiesbaden: F. A. Brockhaus 1970.

BULLINGER, H.-J. (1993):
Wege aus der Krise – Geschäftsprozessoptimierung und Informationslogistik (IAO-Arbeitstagung). Stuttgart, Berlin: Springer, 1993.

BULLINGER, H.-J.; WARSCHAT, J. (1995):
Concurrent Simultaneous Engineering Systems; The Way to Successful Product Development. Berlin: Springer 1995.

BULLINGER, H.-J.; HARTMANN, R.; MARCIAL, F. (1996):
Marktstudie. Engineering Data Management Systeme. 1. Auflage. Stuttgart: Frauenhofer-Institut für Arbeitswirtschaft und Organisation (Eigenverlag), 1996.

BURGHARDT, M. (1993):
Projektmanagement, Leitfaden für Planung, Überwachung und Steuerung von Entwicklungsprojekten. 2. Aufl. Zürich: Siemens AG 1993.

CLARK, K. B.; FUJIMOTO, T. (1992):
Automobilentwicklung mit System. Strategie, Organisation und Management in Europa, Japan und USA. Frankfurt: Campus Verlag, 1992.

CLEETUS, K. J. (1993):
The Virtual Team Framework. In: Haug, H. J. (Hrsg.): Concurrent Engineering: Tools and Technologies for Mechanical Systems Design. (NATO ASI Series F : Computer and Systems Sciences, Vol. 108). New York: Springer, 1993.

CONRAT, J.-I. (1998):
Änderungskosten in der Produktentwicklung. München: TU, Diss. 1998.

DAENZER, W. F.; HUBER, F. (1997):
Systems Engineering – Methodik und Praxis. 9. Aufl. Zürich: Industrielle Organisation, 1997.

DEHN, K. (1963):
Zeichnungs- und Stücklisten-Änderungen. DIN-Mitteilungen 42 (1963) 10, S. 477-481.

DIN 199 TEIL 2 (1977):
Begriffe im Zeichnungs- und Stücklistenwesen – Änderungen. Berlin: Beuth, 1977.

DIN 199 TEIL 4 (1981):
Begriffe im Zeichnungs- und Stücklistenwesen – Änderungen. Berlin: Beuth, 1981.

DIN 6789 TEIL 2 (1990):
Dokumentationssystematik – Dokumentensätze Technische Dokumentationen. Berlin: Beuth, 1990.

DIN 6789 TEIL 3 (1990):
Dokumentationssystematik – Änderungen an Dokumenten und Gegenständen – allgemeine Anforderungen. Berlin: Beuth, 1990.

DIN EN ISO 9001 (1994):
Qualitätsmanagementsysteme – Modell zur Qualitätssicherung / QM-Darlegung in Design, Entwicklung, Produktion, Montage und Wartung. Berlin: Beuth, 1994.

DIN EN ISO 10007 (1996):
Qualitätsmanagement – Leitfaden für Konfigurationsmanagement. Berlin: Beuth, 1996.

DÖRNER, D. (1987):
Problemlösen als Informationsverarbeitung. 3. Aufl. Stuttgart: Kohlhammer, 1987.

DÖRR, R. (1977):
Technische Änderungen – Quelle des Fortschritts oder nur ein kostspieliges Ärgernis. In: Fortschrittliche Betriebsführung und Industrial Engineering, H. 1/1977, S. 35–40.

DORRMANN, B. (1998):
Anpassung und Einführung eines optimierten Änderungsprozesses bei einem Automobilzulieferer. München: TU, Lehrstuhl für Produktentwicklung, unveröffentlichte Diplomarbeit, 1998.

DROSDOWSKI, G. (1990):
Der Duden. Bd. 5 Fremdwörterbuch. 5. Aufl. Mannheim: Duden 1990.

DYLLA, N. (1991):
Denk- und Handlungsabläufe beim Konstruieren. München: Hanser, 1991.

EIGNER, M. (1997):
PDM Anwendungen im R/3 Umfeld. Digital Equipment Seminar - Produktdaten-Management im SAP-Umfeld, 1997.

EHRLENSPIEL, K. (1993):
Änderungskosten in der Auftragsabwicklung. München 1993: Antrag zum Forschungsthema T 567/574.

EHRLENSPIEL, K. (1995):
Integrierte Produktentwicklung – Methoden für Prozessorganisation, Produkterstellung und Konstruktion. München: Hanser, 1995.

EHRLENSPIEL, K; AMBROSY, S.; ASSMANN, G. (1995A):
Integrierter Konstruktionsarbeitsplatz. ZWF 90 (1995) 9, S. 410-413.

EHRLENSPIEL, K.; BERNARD, R. GÜNTHER, J. (1995B):
Unterstützung des Konstruktionsprozesses durch Modelle. In: Hacker, W.; Sachse, P. (Hrsg.): Bild & Begriff III. Zur Rolle von Anschauung und Abstraktion im Entwurfsprozess. Dresden: Technische Universität, Institut für Psychologie.

EHRLENSPIEL, K.; KIEWERT, A.; LINDEMANN, U. (1998):
Kostengünstig Entwickeln und Konstruieren – Kostenmanagement bei der integrierten Produktentwicklung. 2. Aufl. Berlin u. a.: Springer, 1998.

EVERSHEIM, W. (1996):
Produkt- und Prozessgestaltung. In: Eversheim, W.; Schuh, G. (Hrsg.): Produktion und Management, Teil 1. 7. neu bearb. Auflage. Berlin: Springer, 1996.

EVERSHEIM, W.; BOCHTLER, W.; LAUFENBERG, L. (1995):
Simultaneous Engineering. Berlin: Springer, 1995.

EVERSHEIM, W.; WARNKE, L.; SCHRÖDER, T. (1997):
Änderungsmanagement in Entwicklungskooperationen. VDI-Z 139 (1997) 3, S. 60-63.

FAUX, I. D. (1996):
Stand der Technik und Ausblick in der rechnergestützten Konstruktion. In: Informationsverarbeitung in der Konstruktion 96, München. Düsseldorf: VDI-Verlag 1996, S. 1-20, (VDI-Berichte Nr. 1289).

FRANKENBERGER, E. (1997):
Arbeitsteilige Produktentwicklung. Empirische Untersuchung und Empfehlung zur Gruppenarbeit in der Konstruktion. Darmstadt: TU, Diss. 1997.

FREYER, B. (1997):
Rechnerunterstützung von Änderungsprozessen in der Konstruktion. München: TU, Lehrstuhl für Produktentwicklung, unveröffentlichte Diplomarbeit, 1997.

FRICKE, E. (1998):
Der Änderungsprozess als Grundlage einer nutzerzentrierten Systementwicklung. München: TU, Diss. 1998.

FRIELINGSDORF, H.; ROTH, N.; FRECH, J.; WAGNER, F. (1999):
Erweiterung der EDM/PDM-Funktionalität zur Unterstützung der frühen Phasen der Produktentwicklung. In: Informationsverarbeitung in der Konstruktion 99, München. Düsseldorf: VDI-Verlag 1999, S. 491-506, (VDI-Berichte Nr. 1497).

GAITANIDES, M.; SCHOLZ, R.; VROHLINGS, A.; RASTER, M. (1994):
Prozessmanagement – Konzepte, Umsetzungen und Erfahrungen des Reengineering. München: Hanser, 1994.

GAUSEMEIER, J.; GRASMANN, M., KESPOHL, H. D. (1999):
Verfahren zur Integration von Gestaltungs- und Berechnungssystemen. In: Verkürzte Entwicklungsprozesse durch Integration von Gestaltung und Berechnung. Düsseldorf: VDI-Verlag 1999, S. 71-87, (VDI-Berichte Nr. 1487).

GAUSEMEIER, J.; FINK, A.; SCHLAKE, O. (1998):
Szenariomanagement – Planen und Führen mit Szenarien. München: Hanser, 1998.

GEMMERICH, M. (1995):
Technische Produktänderungen – Betriebswirtschaftliche und empirische Modellanalyse. Wiesbaden: Deutscher Universitäts-Verlag, 1995 (zugl. Dissertation Universität Passau, 1994).

GERST, M. (1998):
Änderungserkennung. In: Lindemann, U.; Reichwald, R. (Hrsg.): Integriertes Änderungsmanagement. Berlin: Springer, 1998.

GERST, M.; STETTER, R. (1998):
Problem- und Ursachenanalyse. In: Lindemann, U.; Reichwald, R. (Hrsg.): Integriertes Änderungsmanagement. Berlin: Springer, 1998.

GESCHKA, H.; SCHLICKSUPP, H. (1972):
Kreativität. Dokumentation der Methoden. Manager Magazin 11 (1972), S. 51-57.

GIERHARDT, H.; GAUL, H.-D.; OTT, T. (1999):
Distribution in Product Design and Development Processes. In: Proceedings of the 1999 ASME Design Engineering Technical Conferences. DETC/DTM-8777, 1999.

GRABOWSKI, H.; ANDERL, R.; POLLY, A. (1993):
Integriertes Produktmodell. Berlin: Beuth, 1993.

GRABOWSKI, H.; GEIGER, K. (1997):
Neue Wege zur Produktentwicklung. Stuttgart: Raabe, 1997.

GROSSE-OETRINGHAUS, W. F. (1996):
Strategische Identität: Orientierung im Wandel. Berlin: Springer, 1996.

GÜNTHER, J. (1998):
Individuelle Einflüsse auf den Konstruktionsprozess. Aachen: Shaker, 1998.

HÄGELE, T.; SCHÖN, W. U. (1998):
Erfolgsstrategien für Automobilzulieferer. ZWF 93 (1998) 7-8, S. 312-316.

HÄRTLEIN, N.; NEGELE, H.; FRICKE, E. (1999):
Process Modeling for the Integrated Product Development. In: Lindemann, U.; Birkhofer, H.; Meerkamm, H.; Vajna, S. (Hrsg.): Proceedings of the 12th International Conference on Engineering Design. München: TU 1999, S. 397-400.

HAMMER, M.; CHAMPY, J. (1994):
Business Reengineering: Die Radikalkur für das Unternehmen. Frankfurt: Campus Verlag, 1994.

HEINEN, E. (1991):
Industriebetriebslehre: Entscheidungen im Industriebetrieb. 9. vollst. neu bearb. und erw. Auflage. Wiesbaden: Gabler, 1991.

HELBIG, D. (1994):
Entwicklung produkt- und unternehmensorientierter Konstruktionsleitsysteme. Berlin: TU, Diss. 1994. (Konstruktionstechnik 30).

HELLWIG, P (1999):
EDM/PDM als Voraussetzung für ein Global Engineering. In: Informationsverarbeitung in der Konstruktion 99, München. Düsseldorf: VDI-Verlag 1999, S. 261-267, (VDI-Berichte Nr. 1497).

HESSE, P. (1976):
Management Bildungskonzept in 4 Stufen. Deutsche Management Gesellschaft. Eigenverlag 1976.

HERTZBERG, F. H. (1959):
The Motivation to Work. New York: 1959. zit. nach MÜLLER (1995).

HIGGINS, J. M.; WIESE, G. G. (1996):
Innovationsmanagement – Kreativitätstechniken für den unternehmerischen Erfolg. Berlin: Springer, 1996.

HILLER, F. (1997):
Ein Konzept zur Gestaltung von Änderungsprozessen in der Produktentwicklung. Kaiserslautern: Universität, Diss. 1997.

HOFER-ALFEIS, J. (1998.):
Geschäftsprozessmanagement - Innovative Ansätze für das wandlungsfähige Unternehmen. Berlin: Beuth, 1998.

HÜSER, M.; KAUN, R. (1995):
War wa(a)gt, gewinnt – Wägetechnik nach Kundenwunsch von der Mettler Toledo GmbH. In: Warnecke, H.-J. (Hrsg.): Aufbruch zum fraktalen Unternehmen. Berlin: Springer, 1995.

ISO 7498 (1989):
Information Processing – Open System Interconnection - Basic Reference Model. International Organisation for Standardisation 1989.

ISO 10303-1 (1993):
Product Data Representation and Exchange – Part 1. Overview and Fundamental Principles. ISO TC184/SC4 N181, 1993.

IRLINGER, R. (1998):
Methoden und Werkzeuge zur nachvollziehbaren Dokumentation in der Produktentwicklung. Aachen: Shaker, 1998.

JABLONSKI, S. (1995):
Workflow-Management-Systeme: Motivation, Modellierung, Architektur. Informatik Spektrum 18 (1995) 1, S. 13-24.

KAISER, H. (1993):
Erfolgreiche Organisation im technischen Änderungsdienst. München: Techno Congress, 1993.

KATZENBACH, J.; SMITH, D. (1993):
Teams – Der Schlüssel zur Hochleistungsorganisation. Wien: Wirtschaftsverlag Überreuter, 1993.

KEMPER, A.; MOERKOTTE, G. (1994):
Object-Oriented Database Management. Englewood Cliffs, New Jersey: Prentice-Hall PTR, 1994.

KEPNER, C.; TREGOE, B. (1982):
Entscheidungen vorbereiten und richtig treffen – Rationales Management. Landsberg am Lech: Verlag moderne industrie, 1982.

KIPPELS; SCHMITBETZ (1999):
3D-CAD beflügelt Entwickler-Teams. VDI nachrichten 2/1999.

KLOSE, J.; RÖMER, S., STEGER, W.; ZETSCHE, T. (1997):
Methode zur Integration von Berechnungsverfahren in Konstruktionssysteme. In: Neue Generation von CAD/CAM-Systemen. Düsseldorf: VDI-Verlag 1997, S. 143-163, (VDI-Berichte Nr. 1357).

KUPSCH, P. U.; MARR, R. (1991):
Personalwirtschaft. In: Heinen, E. (Hrsg.): Industrielle Betriebslehre. Wiesbaden: Gabler 1991.

KUPSCH, P. U.; MARR, R.; PICOT, A. (1991):
Innovationswirtschaft. In: Heinen, E. (Hrsg.): Industrielle Betriebslehre. Wiesbaden: Gabler 1991.

KLEEDÖRFER, R. (1998A):
Prozess- und Änderungsmanagement in der Integrierten Produktentwicklung. Aachen: Shaker, 1998.

KLEEDÖRFER, R. (1998B):
Auswirkungserfassung und Änderungsplanung. In: Lindemann, U.; Reichwald, R. (Hrsg.): Integriertes Änderungsmanagement. Berlin: Springer, 1998.

KOLLER, R. (1994):
Konstruktionslehre für den Maschinenbau. 3. vollst. neu bearb. und erw. Auflage. Berlin: Springer, 1994.

KRAUSE, F.-L. (1997):
Auf dem Weg zur virtuellen Produktentwicklung. In: Neue Generation von CAD/CAM-Systemen, München. Düsseldorf: VDI-Verlag 1997, S. 17-34, (VDI-Berichte 1357).

KRAUSE, F.-L.; KIND, C. (1996):
Rechnerunterstützung in der Konstruktion. In: Eversheim, W.; Schuh, G. (Hrsg.): Betriebshütte, Produktion und Management. Berlin: Springer, 1996.

KROTTMAIER, J. (1995):
Leitfaden Simultaneous Engineering. Berlin: Springer, 1995.

KÜHNLE, H.; BRAUN, J.; HÜSER, M.; WARNECKE, H.-J. (1995):
Produzieren im turbulenten Umfeld. In: Warnecke, H.-J. (Hrsg.): Aufbruch zum fraktalen Unternehmen. Berlin: Springer, 1995.

LASHIN, G; FELDHUSEN, J.; HEUER, R (1999):
Integration von EDM/PDM zur globalen Entwicklung von Schienenfahrzeugen. In: Informationsverarbeitung in der Konstruktion 99, München. Düsseldorf: VDI-Verlag 1999, S. 269-288, (VDI-Berichte Nr. 1497).

LINDEMANN, U. (1993):
Der Konstrukteur – im Mittelpunkt des Unternehmens? In: Kostenmanagement in der Konstruktion. Düsseldorf: VDI-Verlag 1993, S. 1-17, (VDI-Berichte Nr. 1037)

LINDEMANN, U. (1999):
Methoden der Produktentwicklung. München: TU, Lehrstuhl für Produktentwicklung, Umdruck zur Vorlesung, 1999.

LINDEMANN, U.; AMBROSY, S.; ASSMANN, G. (1996):
Generische Produktmodellierung zur Adaption von Anwendungssystemen. In: Informationsverarbeitung in der Konstruktion 96, München. Düsseldorf: VDI-Verlag 1996, S. 457-468, (VDI-Berichte Nr. 1289).

LINDEMANN, U.; AMBROSY, S.; ASSMANN, G.; GMELCH, T.(1999A):
Online-Protokollierung IntraPAS – Managementwerkzeug für dezentrale Kooperationen. ZWF 94 (1999) 12, S. 716-719.

LINDEMANN, U.; ASSMANN, G.; COLLIN, H. (1998A):
Neue Werkzeuge für das Informationsmanagement. In: Anderl, R.; Encarnacao, J. L.; Rix, J. (Hrsg.): CAD'98, Tele-CAD Produktentwicklung in Netzwerken, Darmstadt. Berlin: ProduServ GmbH Verlagsservice 1998, S. 63-74.

LINDEMANN, U.; ASSMANN, G.; FREYER, B. (1998B):

Vernetzte Information zur Handhabung von Entwicklungswissen. ZWF 93 (1998) 9, S. 386-389.

LINDEMANN, U.; ASSMANN, G.; STETTER, R. (1998C):

Einsatz von physischen Modellen im Konstruktionsprozess - eine Fallstudie. In: Vortrag auf dem 41. Kongress der Deutschen Gesellschaft für Psychologie, Abstracts der Beiträge. Dresden: Technische Universität (Eigenverlag), 1998.

LINDEMANN, U.; ASSMANN, G.; STETTER, R. (1999B):

The development of a mountain-bike frame. A case-study about the use of models in mechanical design. In: Gero, J.; Tversky, B. (Hrsg.): Visual and spatial reasoning in design. Sydney: Key Centre of Design Computing and Cognition 1999, S. 257-261.

LINDEMANN, U.; BICHLMAIER, C; STETTER, R.; VIERTLBOECK, M. (1999C):

Integrierte Produktentwicklung in der industriellen Anwendung - Eine Vorgehensweise zur verbesserten Umsetzung der Methodik. Konstruktion (1999) 9, S. 30-34.

LINDEMANN, U.; KLEEDÖRFER, R. (1997):

Erfolgreiche Produkte durch Integrierte Produktentwicklung. In: Reinhart, G.; Milberg, J. (Hrsg.): Mit Schwung zum Aufschwung, Münchener Kolloquium '97. Landsberg/Lech: Moderne Industrie, 1997, S. 115-136.

LINDEMANN, U.; REICHWALD, R. (1998):

Integriertes Änderungsmanagement. Berlin: Springer, 1998.

LINNER, S. (1995):

Konzept einer integrierten Produktentwicklung. Berlin: Springer, 1995.

LINTON, M.; CALDER, P.; INTERRANTE, J.; TANG, S.; VLISSIDES, J. (1992):

InterViews Reference Manual, Version 3.1-Beta. Board of Trustees of the Leland Stanford Junior University (1992).

MARCA, D. A.; MCGOWAN, L. (1988):

SADT - Structured Analysis and Design Technique. New York: McGraw-Hill, 1988.

MARR, R.; PICOT, A. (1991):

Absatzwirtschaft. In: Heinen, E. (Hrsg.): Industrielle Betriebslehre. Wiesbaden: Gabler 1991.

MARX, P.; KOPSCH, J.; HIRSCHMANN, K.-H.; LECHNER, G. (1999):

Bauteilübergreifende Auslegungsberechnung mit unscharfen Vorgaben. Konstruktion (1999) 9, S. 19-24.

MEERKAMM, H.; LÖFFEL, C.; BACHSCHUSTER, S. (1997):

Durchgängige Rechnerunterstützung der Produktentwicklung auf der Basis von produktspezifischen Features und Konstruktionswissen. In: Features verbessern die Produktentwicklung. Berlin. Düsseldorf: VDI-Verlag 1997, S 29-50, (VDI-Berichte 1322).

MEIER, M.; BICHSEL, M.; ELSPASS, W.; LEONHARDT, U.; WOHLGESINGER, M.; ZWICKER, E. (1999):
Neuartige Tools zur effizienten Nutzung im gesamten Produktlebenszyklus. Konstruktion (1999) 9, S. 11-18.

MEISSNER, W. (1989):
Innovation und Organisation. Stuttgart: Verlag für angewandte Psychologie, 1989.

MILBERG, J. (1998):
Innovation und Gründertum - Handlungsmaxime für unseren Standort. In: FORUM Vortragsreihe des Instituts der deutschen Wirtschaft Köln Jg. 48 - Nr. 1 - 2.1.1998

MILLER, J.G.; VOLLMANN, T.-E. (1985):
The hidden Factory. HBR, Heft Sept.–Oct. / 1985, S. 142–150.

MONTAU, R. (1995):
Föderatives Produktdatenmanagement anhand semantischer Informationsmodellierung. Düsseldorf: VDI-Verlag, 1995.

MRAZ, C. (1998):
Prozessoptimierung im Rahmen der Internationalisierung der Kostenermittlung und Konstruktionsfreigabe bei einem Automobilzulieferer. München: TU, Lehrstuhl für Allgemeine und Industrielle BWL, unveröffentlichte Diplomarbeit, 1998.

MUCH, D. (1998):
Prozessoptimierung durch Integration von Workflow-Management in PPS-Systeme. ZWF 93 (1998) 4, S. 148-152.

MÜLLER, K. (1995):
Management für Ingenieure. Berlin: Springer, 1995.

MÜLLER-WILFING, A. (1997):
Änderungsmanagement in der Konstruktion eines international tätigen Automobilzulieferers. München: TU, Lehrstuhl für Produktentwicklung, unveröffentlichte Diplomarbeit, 1997.

NIPPA, M.; REICHWALD, R. (1990):
Theoretische Grundüberlegungen zur Verkürzung der Durchlaufzeit in der industriellen Entwicklung. In: Reichwald, R.; Schmelzer, H. J. (Hrsg.): Durchlaufzeiten in der Entwicklung. München: Oldenbourg, 1990.

NIPPA, M.; PICOT, A. (1995):
Prozessmanagement und Reengineering – Die Praxis im deutschsprachigen Raum. Frankfurt, New York: Campus, 1995.

NORTH, K. (1998):
Wissensorientierte Unternehmensführung: Wertschöpfung durch Wissen1998. Wiesbaden: Gabler, 1998.

OMG (1999):
Object Management Group Home Page. www.corba.org, 12/1999.

ONTOS (1994):
Developer's Guide. Lowell, Massachusetts: ONTOS, Inc. 1994, Firmenschrift.

PAHL, G.; BEITZ, W. (1997):
Konstruktionslehre – Methoden und Anwendung. 4.Aufl. Berlin: Springer, 1997.

PFEIFER, T. (1996):
Qualitätsmanagement – Strategien, Methoden, Techniken. 2. Aufl. München: Hanser, 1996.

PFLICHT, W. (1987):
Organisation des technischen Änderungsdienstes. DIN-Mitteilungen 66 (1987), S. 275-282.

PFLICHT, W. (1989):
Technisches Änderungswesen in Produktionsunternehmen: Aufbauorganisation PPS – Grunddatenverwaltung – Schwachstellenanalyse – Kostenminimierung. Berlin, Offenbach: VDE-Verlag, 1989.

PHLEPS, U. (1999):
Recyclinggerechte Produktdefinition – Methodische Unterstützung für Upgrading und Verwertung. Aachen: Shaker, 1999.

PICOT, A. (1991):
Ein neuer Ansatz zur Gestaltung der Leistungstiefe. ZfbF, 43, 1991, S. 336-357.

PICOT, A.; REICHWALD, R.; WIGAND, R. T. (1998):
Die grenzenlose Unternehmung: Information, Organisation und Management. 3. überarb. Aufl. Wiesbaden: Gabler, 1998.

PRASAD, B. (1996):
Concurrent Engineering Fundamentals – Integrated Product an Process Organisation. Volume 1. Englewood Cliffs, New Jersey: Prentice-Hall PTR, 1996.

PROBST, G.; RAUB, S.; ROMHARDT, K. (1997):
Wissen managen - wie Unternehmen ihre wertvollste Ressource optimal nutzen. Wiesbaden: Gabler, 1997.

PRIBILLA, P.; REICHWALD, R.; GOECKE, R. (1996):
Telekommunikation im Management. Stuttgart: Schäffer-Poeschel, 1996.

RADERMACHER & PARTNER (1990):
Studie zum Stand des Entwicklungsmanagements in der Bundesrepublik Deutschland. München: Techno Consult GmbH 1990.

RAMMIG, F.-J.; STEINMÜLLER, B. (1992):
Frameworks und Entwurfsumgebungen. Informatik-Spektrum (1992) 14, S. 33-43.

REICHWALD, R. (1998):
Änderungsmanagement – Einführung in die Praxis. In: Reinhart, G.; Bender, K.; Heinzl, J.; Lindemann, U.; Milberg, J.; Pfeiffer, F.; Reichwald, R. (Hrsg. / 1998): Transferbereich 2 – Montageautomatisierung durch Integration von Konstruktion und Planung, Arbeits- und Ergebnisbericht 1996/1997. München: Technische Universität München (Eigenverlag), 1998, S. 15–45.

REICHWALD, R.; ASSMANN, G.; PAPKE, M.; RIEDEL, D.(1998A):
Änderungsmanagement: Einführung in die Praxis. In: Reinhart, G. (Hrsg.): TFB 2- Kolloquium 06.02.98. München: TU (Eigenverlag), 1998.

REICHWALD, R.; CONRAT, J.-I. (1994):
Vermeidung von Änderungskosten durch Integrationsmaßnahmen im Entwicklungsbereich – ein Ansatz mit hohen Rationalisierungseffekten auch im direkten Bereich. In: Zülch, G. (Hrsg.): Vereinfachen und Verkleinern – die neuen Strategien in der Produktion. Stuttgart, 1994, S. 221–245 (Forschungsberichte der Hochschulgruppe Arbeits- und Betriebsorganisation HAB, Bd. 6).

REICHWALD, R.; CONRAT, J.-I. (1996):
Engineering Change Data Management – Ein Ansatz zur Prozessoptimierung in der Produktentwicklung. ZWF 91 (1996), H. 9, S. 398–401.

REICHWALD, R.; DIETEL, B. (1991):
Produktionswirtschaft. In: Heinen, E. (Hrsg.): Industrielle Betriebslehre. Wiesbaden: Gabler 1991.

REICHWALD, R.; HÖFER, C.; WEICHSELBAUMER, J. (1996):
Erfolg von Reorganisationsprozessen – Leitfaden zur strategieorientierten Bewertung. Stuttgart: Schäffer-Poeschel, 1996.

REICHWALD, R.; MÖSLEIN, K.; SACHENBACHER, H.; ENGLBERGER, H.; OLDENBURG, S. (1998B):
Telekooperation: Verteilte Arbeits- und Organisationsformen. Berlin: Springer, 1998.

REINHART, G.; FELDMANN, C. (1995):
Gemeinsam geht's besser. AV 32 (1995) 5, S360-364.

REINHART, G.; LINDEMANN, U.; BICHLMAIER, C; GLANDER, M.; V. PRAUN, S.; SCHMALZL, B.; ZANKER, W. (1997):
Effiziente Produktentwicklung durch Integration von Konstruktion und Montageplanung. VDI-Z 139 (1997) 4, S. 40-43.

RIEDEL, D. (1998):
Gesamtheitliche wirtschaftliche Bewertung und Entscheidung. In: Lindemann, U.; Reichwald, R. (Hrsg.): Integriertes Änderungsmanagement. Berlin: Springer, 1998.

RIEDEL, D.; VOIGT, P. (1998):
Management und Organisation. In: Lindemann, U.; Reichwald, R. (Hrsg.): Integriertes Änderungsmanagement. Berlin: Springer, 1998.

RIEGER, E. (1995):
Semantikorientierte Features zur kontinuierlichen Unterstützung der Produktgestaltung. München: Hanser, 1995.

ROTH, K. (1994):
Konstruieren mit Konstruktionskatalogen. Bd. 1: Konstruktionslehre. 2. Aufl. Berlin: Springer, 1994.

RUMBAUGH, J.; BLAHA, M.; PREMERLANI, W.; EDDY, F.; LORENSEN, W. (1991):
Objektorientiertes Modellieren und Entwerfen. München: Hanser, 1993.

SANDHOP, J. (1999):
PPS und PDM bei Krauss-Maffei Verkehrstechnik - Moderne PDM-Lösungen im Traditionsunternehmen. CAD World (1999) 1, S. 84-86.

SAP (1999):
Engineering Change Management (ECM) und Order Change Management (OCM). www.sap-ag.de/germany/products/logistik/manufact/index.htm, 12/1999.

SAYNISCH, M. (1984):
Konfigurationsmanagement – Wesen, Konzepte, Methoden und Anwendungen. In: Reschke, H.; Schelle, H.; Schnopp, R. (Hrsg.): Symposium phasenorientiertes Projektmanagement. München 1989, S. 29-54.

SAYNISCH, M. (1989):
Konfigurationsmanagement – fachlich-inhaltliche Entwurfssteuerung, Dokumentation und Änderungswesen im ganzheitlichen Projektmanagement. Köln: TÜV Rheinland, 1984.

SAYNISCH, M. (1999):
Advanced Product Configuration Change Management. In: Lindemann, U.; Birkhofer, H.; Meerkamm, H.; Vajna, S. (Hrsg.): Proceedings of the 12th International Conference on Engineering Design. München: TU 1999, S. 319-320.

SCHEER, A.-W. (1996):
Informationsmanagement im Betrieb. In: Eversheim, W.; Schuh, G. (Hrsg.): Betriebshütte. Produktion und Management. 7. vollst. neu bearb. Auflage. Berlin: Springer, 1996.

SCHMALZL, B. (1993):
Dokumentenorientierter, rechnergestützter Änderungsdienst. ZWF 88 (1993) 5, S. 209-211.

SCHMALZL, B.; RIEDEL, D. (1998):
Der Mitarbeiter als zentraler Leistungsträger. In: Lindemann, U.; Reichwald, R. (Hrsg.): Integriertes Änderungsmanagement. Berlin: Springer, 1998.

SCHMALZL, B.; SCHRÖDER, J. (1998):
Managementkonzepte im Wettstreit – Total Quality Management vs. Business Process Reengineering. München: C. H. Beck, 1998.

SCHÖLLING, H. (1998):
Kundenorientierte Prozessorganisation. ZWF 93 (1998) 7-8, S. 365-368.

SCHREIBER, W. (1994):
Simultaneous Engineering und Konfigurationsmanagement. Projektmanagement (1994) 4, S. 17-24.

SCHWÄRZLER, P. S. (1982):
Transrapid Test Facility. KraussMaffei journal (4) 1982, S. 13-15.

SEIFERT, J. W. (1996):
Visualisieren, Präsentieren, Moderieren. Offenbach: Gabal, 1996.

SPUR, G.; KRAUSE, F.-L. (1997):
Das virtuelle Produkt – Management der CAD-Technik. München: Hanser, 1997.

STACEY, M.; SHARP, H.; PETRE, M. (1996):
A Representation Scheme to Support Conceptual Design of Mechatronic Systems. In Gero, J.S.; Sudweeks, F. (Hrsg.): Artificial Intelligence in Design '96. Dordrecht: Kluwer Academic Publishers, S. 583-602, 1996.

STEINBRINK, O.; KUHN, G; WARTZACK, S.; SCHWEIGER, W.; MEERKAMM, H. (1999):
Rechnerunterstützung im Wechselfeld zwischen Konstruktion und Berechnung. Konstruktion (1999) 3, S. 13-19.

STEINMEIER, E. (1998):
Realisierung eines systemtechnischen Produktmodells- Einsatz in der Pkw-Entwicklung. Aachen: Shaker 1998.

STOLZENBERG, R. (1997):
Potential neuer Technologien zur Unterstützung eines methodischen Vorgehens in der Konstruktion. München: TU, Lehrstuhl für Produktentwicklung, unveröffentlichte Semesterarbeit, 1997.

STRITZKE, H. (1999):
Internetgestütztes Informations- und Kommunikationssystem für verteilte Projektteams am Beispiel der Produktentstehung. Düsseldorf: VDI-Verlag, 1999.

STROUSTRUP, B. (1991):
The C++ Programming Language, Second Edition. New Jersey: Addison Wesley (1991).

STUFFER, R. (1994):
Planung und Steuerung der Integrierten Produktentwicklung. München: TU, Diss. 1994.

TELLKAMP, T.; HELLWIG, H.-E.; THEOBALD, M. (1995):
Das „neue“ Engineering im Anlagenbau. VDI-Z 137(1995) 5, S. 43-47.

ULRICH, H.; PROBST, G. J. B. (1990):
Anleitung zum ganzheitlichen Denken und Handeln. 2. Auflage. Bern: Haupt 1990.

VAJNA, V. (1998):
Integrierte Produktentwicklung. Konstruktion 50 (1998) 4, S. 45-50.

VAJNA, V. (1999A):
An Introduction to Virtual Product Development. In: Lindemann, U.; Birkhofer, H.; Meerkamm, H.; Vajna, S. (Hrsg.): Proceedings of the 12th International Conference on Engineering Design. München: TU 1999, S. 257-260.

VAJNA, V. (1999B):
Die neue Richtlinie VDI 2219: Praxiserprobte Hinweise zu Einführungsstrategien und Wirtschaftlichkeit von EDM/PDM-Systemen. In: Informationsverarbeitung in der Konstruktion 99, München. Düsseldorf: VDI-Verlag 1999, S. 25-42, (VDI-Berichte Nr. 1497).

VAJNA, V.; MUTH, M.; SANDER, R.; OBINGER, F. (1998):
Einsatz der Parametrik in der Produktentwicklung. VDI-Z Spezial C-Techniken (1998) 3, S. 38-41.

VDI-RICHTLINIE 2219, ENTWURF (1999):
Datenverarbeitung in der Konstruktion. Einführung und Wirtschaftlichkeit von EDM/PDM-Systemen. Düsseldorf: VDI-Verlag, 1999.

VDI-RICHTLINIE 2221 (1993):
Methodik zum Entwickeln und Konstruieren technischer Systeme und Produkte. Düsseldorf: VDI-Verlag, 1993.

VIEHÖVER, U. (1999):
MAGNA - Die große Unbekannte. FOCUS (1999) 31, S. 160-161.

VIOL, T. (1999):
Analyse des Produkterstellungsprozesses bei einem Formenhersteller. München: TU, Lehrstuhl für Produktentwicklung, unveröffentlichte Diplomarbeit 1999.

VOIGT, P.; CONRAT, J.-I.. (1998):
Lernorientierte Auswertung von Änderungen. In: Lindemann, U.; Reichwald, R. (Hrsg.): Integriertes Änderungsmanagement. Berlin: Springer, 1998.

VOIGT, P.; RIEDEL, D. (1998):
Effiziente Abwicklung von Änderungen. In: Lindemann, U.; Reichwald, R. (Hrsg.): Integriertes Änderungsmanagement. Berlin: Springer, 1998.

VOSSEN, G. BECKER, J. (1996):
Geschäftsprozessoptimierung und Workflow-Management. Bonn, Albany: Internat. Thomson Publ., 1996.

WACH, J. J. (1993):
Problemspezifische Hilfsmittel für die Integrierte Produktentwicklung. München: Hanser 1994. (Konstruktionstechnik München Band 12)

WARNECKE, H.-J. (1996):
Die Fraktale Fabrik. Revolution der Unternehmenskultur. Hamburg: Rowohlt, 1996.

WEBER, C. (1996):
What is a Feature and What is its Use? – Results of FEMEX Working Group I. Proceedings of 29th International Symposium on Automative Technology and Automation 1996 (ISATA 96), S. 109-116.

WEBER, C.; KRAUSE, F.-L. (1999):
Features mit System – die neue Richtlinie VDI 2218. In: Informationsverarbeitung in der Konstruktion 99, München. Düsseldorf: VDI-Verlag 1999, S. 43-73, (VDI-Berichte Nr. 1497).

WEBER, C.; WERNER, H. (1999):
Produktentwicklung mit einem elektronischen Baukasten. In: Informationsverarbeitung in der Konstruktion 99, München. Düsseldorf: VDI-Verlag 1999, S. 349-367, (VDI-Berichte Nr. 1497).

WEBER, H. (1998):
Konzept eines Modells zur Produktentwicklung. Berlin: TU, Diss. 1998.

WELP, E. G.; BRAUN, P. (1997):
Semantische und systemtechnische Kopplung kommerzieller CAD- und Berechnungssysteme durch einen objektorientierten Integrationsprozessor. In: Neue Generation von CAD/CAM-Systemen. Düsseldorf: VDI-Verlag 1997, S. 125-142, (VDI-Berichte Nr. 1357).

WEINBRENNER, V. (1993):
Produktlogik als Hilfsmittel zum Automatisieren von Varianten- und Anpassungskonstruktionen. München: Hanser 1994. (Konstruktionstechnik München Band 11)

WERNER, D. (1995):
Taschenbuch der Informatik. Leipzig: Fachbuchverlag 1995.

WILDEMANN, H. (1993):
Unternehmensqualität: Einführung einer kontinuierlichen Qualitätsverbesserung. München: TCW, 1993.

WILDEMANN, H. (1994A):
Änderungsmanagement – Leitfaden zur Einführung eines effizienten Managements technischer Änderungen. 2. Aufl. München: TCW Transfer-Centrum, 1994.

WILDEMANN, H. (1994B):

Variantenmanagement – Leitfaden zur Komplexitätsbeherrschung. 2. Aufl. München: TCW, 1994.

WILDEMANN, H (1995A):

Entstörmanagement – Realisierung störungsrobuster Wertschöpfungsprozesse. 2. neu bearb. Auflage München: TCW Transfer-Centrum, 1995.

WILDEMANN, H. (1995B):

Produktionscontrolling: Systemorientiertes Controlling schlanker Produktionsstrukturen. 2. neu bearb. Auflage. München: TCW Transfer-Centrum, 1995.

WILDEMANN, H. (1998):

Interne und externe Kunden-Lieferanten-Beziehungen. ZWF 93 (1998) 1-2, S. 43-45.

WOMACK, J. P.; JONES, T. D.; ROOS, D. (1992):

Die zweite Revolution in der Automobilindustrie: Konsequenzen der weltweiten Studie aus dem Massachusetts Institute of Technology. 7. Auflage. Frankfurt: Campus Verlag, 1992.

WULF, J. (1998):

Mechatronic Engineering in Car Body Design. In: Kivikoski, M. (Hrsg.): 2nd International Conference on Machine Automation, Advanced Mechatronics: First-Time-Right, Proceedings of the ICMA'98, 15.-18.9.98, Tampere University of Technology. Tampere: 1998, S. 57-68.

ZANKER, W. (1999):

Situative Anpassung und Neukombination von Entwicklungsmethoden. München: TU, Diss. 1999.

ZWICKER, E.; WOHLGENSINGER, M.; MEIER, M. (1998):

Verteilte Produktentwicklung basierend auf der virtuellen Entwicklungsplattform NIDED In: Anderl, R.; Encarnacao, J. L.; Rix, J. (Hrsg.): CAD'98, Tele-CAD Produktentwicklung in Netzwerken, Darmstadt. Berlin: ProduServ GmbH Verlagsservice 1998, S. 282-292.

9 Anhang

9.1 Glossar

Begriff	Erklärung
Änderung	Eine Änderung ist die vereinbarte Festlegung eines neuen Zustands anstelle des bisherigen Zustands und die zugehörige Transformation (LINDEMANN & REICHWALD 1998).
Änderung, fehlerbedingte	Als fehlerbedingte Änderungen sollen diejenigen Änderungen bezeichnet werden, die durch Nicht-Erfüllung von expliziten oder impliziten Anforderungen ausgelöst werden und ursächlich auf Fehler im Entwicklungsprozess zurückzuführen sind (CONRAT 1998, LINDEMANN & REICHWALD 1998).
Änderung, neuerungsbedingte	Als neuerungsbedingte Änderungen sollen alle Änderungen bezeichnet werden, die ursächlich auf Neuerungen aus dem Bereich Technik, Markt, Normung, Gesetzgebung etc. zurückzuführen sind und zum Zeitpunkt der Freigabe nicht vorhersehbar waren (CONRAT 1998, LINDEMANN & REICHWALD 1998).
Änderung, technische	Technische Änderungen sind Änderungen an einer freigegebenen, in Dokumenten niedergelegten, vollständigen technischen Beschreibung eines Produktes oder Systems (LINDEMANN & REICHWALD 1998, SAYNISCH 1984).
Änderungsauslöser	Erkennbare SOLL-IST-Abweichung, die zur Meldung eines Änderungsbedarfs führt, z. B. ein Fertigungsproblem oder ein Vorschlag zur Funktionsverbesserung (REICHWALD & CONRAT 1994).
Änderungsbedarf	Aus Sicht des Antragstellers bestehende Notwendigkeit zur Durchführung einer Änderung (CONRAT 1998).
Änderungsgremium	Das Änderungsgremium, nach ALLMANSBERGER (1998), ist ein interdisziplinär zusammengesetztes Team, welches für komplexe Änderungen die maßgeblichen Entscheidungen trifft und die für die Änderung notwendigen Abläufe plant.
Änderungs-management	Gesamtheit aller Maßnahmen zur Vermeidung, zur gezielten Vorverlagerung sowie zur effizienten Planung, Auswahl, Bearbeitung und Regelung von Produktänderungen (CONRAT 1998, LINDEMANN & REICHWALD 1998).
Änderungsprozess	Der Änderungsprozess umfasst alle Tätigkeiten, die zur Abwicklung einer Änderung, von der Änderungsauslösung bis zu deren Beseitigung, erforderlich sind. Der Änderungsprozess ist der Teil des Entwicklungsprozesses, bei dem ein bereits festgelegter Datenumfang verändert werden muss.
Änderungsursache	Kausaler Einflussfaktor für die Entstehung eines Änderungsbedarfs. Element des Ursache-Wirkungsnetzes, das zu einer änderungsauslösenden SOLL-IST-Abweichung (Änderungsauslöser) führt (LINDEMANN & REICHWALD 1998).
Aufgabenintegration	Aufgabenintegration bedeutet, dass man die Bearbeitung von mehreren Arbeitsvorgängen zu einem ganzen zusammenfügt. Die Wirkung besteht in einer schrittweisen Konzentration der Kräfte sowie in einer Verbesserung der Qualität des Arbeitsergebnisses (TELLKAMP ET AL. 1995).
Concurrent Engineering	Concurrent Engineering ist der systematische Ansatz zur Integrierten Produktentwicklung, der den Ansprüchen der Kunden gerecht wird und die Teamwerte wie Zusammenarbeit, Vertrauen und Informationsaustausch beinhaltet. Damit können Entscheidungsprozesse mit langen, parallel durchgeführten Arbeitsabschnitten unter Berücksichtigung aller Perspektiven des Lebenszyklusses koordiniert einhergehen (nach CLEETUS 1993).
Datenschema	Ein Datenschema ist eine Sammlung von Objektdefinitionen einschließlich der Strukturbeschreibung und der Methoden in einem objektorientierten Datenbankmanagementsystem.

Tabelle 9-1: Glossar

Entwicklungsprozesslogik	Die Entwicklungsprozesslogik beschreibt die einem Produkt zu Grunde liegenden logischen und kausalen sowie prozessbedingten Daten und Zusammenhänge, die in konkreten Produktmerkmalen abgeleitet werden, unter Berücksichtigung systemexterner (Innovationsdynamik, Restriktionen etc.) wie systeminterner (Unternehmensziele etc.) Einflussfaktoren und deren Veränderungen (in Anlehnung an WEINBRENNER 1994).
Entwicklungstiefe	Unter Entwicklungstiefe versteht man den Umfang der Teilleistungen, der unter unmittelbarer Kontrolle des Industriebetriebs intern entwickelt wird (in Anlehnung an die Definition Fertigungstiefe, HEINEN 1991, PICOT 1991).
Feature	Features sind informationstechnische Elemente, die Bereiche von besonderem technischen Interesse von einzelnen oder mehreren Produkten darstellen. Features werden zudem durch eine Aggregation von Eigenschaften eines Produktes beschrieben. Diese Beschreibung beinhaltet die relevanten Eigenschaften selbst, deren Werte sowie deren Relationen und Zwangsbedingungen (Constraints). Damit repräsentiert ein Feature eine spezifische Sichtweise auf die Produktbeschreibung , die mit bestimmten Eigenschaftsklassen und bestimmten Phasen des Produktlebenszykluses in Zusammenhang steht (WEBER 1996).
Fraktal	Ein Fraktal ist eine selbstständige agierende Unternehmenseinheit, deren Ziele und Leistung eindeutig beschreibbar sind (WARNECKE 1996).
Freigabe	Die Freigabe ist die Offenlegung bzw. Festlegung von Informationen zur weiteren Nutzung oder Bearbeitung. Die Prüfung der Modelle wird von den Erstellern selbst durchgeführt.
Freiraum	Ein Freiraum ist die Unschärfe in der Beschreibung eines Merkmals. Er stellt einen zulässigen Wertebereich dar, innerhalb dessen ein gewolltes Ergebnis gezielt festgelegt wird (LINNER 1995).
Gestalt	EHRLENSPIEL (1995) definiert Gestalt als „Gesamtheit der geometrisch beschreibbaren Merkmale eines materiellen Objekts, wobei diese veränderlich sein können".
Identität	Unter Identität versteht man, dass Daten diskreten, unterscheidbaren Einheiten (Objekten) zugeordnet werden. Jedes Objekt besitzt eine eigene Identität, das heißt zwei Objekte sind eindeutig voneinander unterscheidbar.
Information	Information wird definiert als „zweckorientierter, situationsabhängiger Ausschnitt von Wissen" (MÜLLER 1995). Informationen sind Daten, die in einem Bedeutungskontext stehen und zur Vorbereitung von Handlungen und Entscheidungen dienen. Informationen haben expliziten Charakter und sind elektronisch speicher- und verarbeitbar (NORTH 1989). IRLINGER (1999) nennt als wesentliche Eigenschaften von Informationen deren Handlungskonsequenz (auch PICOT ET AL. 1996), Übertragbarkeit, Speicherbarkeit, Empfängerabhängigkeit und Aktualisierungsnotwendigkeit.
Innovation	Seinen Ursprung hat das Wort *Innovation* im lateinischen Wort „Innovation", was mit „Erneuerung" bzw. „Neuerung" zu übersetzen ist (Drosdowski 1990). MEISSNER (1989) definiert Innovation im weiteren Sinne als jede Neuerung im wirtschaftlichen, sozialen und technischen Kontext. BARNETT (1953) bezeichnet als Innovation eine objektiv neue Idee bzw. Technologie, die eine Verbesserung des bisherigen „status-quo" in der Gesellschaft, der Technik oder Wirtschaft darstellt. Im Gegensatz zu diesen wissenschaftlichen Definitionen betrachtet MILBERG (1998) „Innovation als was uns [dem Unternehmen, Anm. des Autors] mehr Kunden und damit mehr Arbeit bringt. Dementsprechend kann Innovation gleichermaßen high-tech oder low-cost sein!". Aufbauend auf diesen Definitionen soll eine Innovation auch eine maßgebliche Veränderung eines bestehenden Produktes und dessen erfolgreiche Markteinführung darstellen. Der Innovationsprozess beginnt in der Produktplanung und endet mit der Produktentwicklung.
Informationsmanagement	Informationsmanagement ist die Gesamtheit aller Aufgaben, Methoden und Werkzeuge zum Aufbau, Verwaltung und Nutzung der Informationsinfrastruktur, die sowohl auf den Rechnersystemen selbst, auf anderen Medien (z. B. Papier, Zeichenfolie) als auch latent vorhanden ist (VDI 2219, 1999).
Instanz	Eine Instanz ist ein von einer Klasse beschriebenes Objekt (RUMBAUGH ET AL. 1991).
Integrierte Produktentwicklung	Bei der Integrierten Produkterstellung arbeiten, im Gegensatz zu der konventionellen Produkterstellung, alle am Erstellungsprozess beteiligten Abteilungen und die betroffenen Spezialisten eng und unmittelbar zusammen. Hierbei wird versucht, durch eine gemeinsame Zielrichtung Qualität, Zeiten und Kosten der Produkterstellung und des Produkts positiv zu beeinflussen. Zur Zeiteinsparung wird zusätzlich eine Parallelisierung von früher sequentiell bearbeiteten Tätigkeiten angestrebt, insbesondere die Parallelisierung von Produkt-, Produktions- und Vertriebsentwicklung (EHRLENSPIEL 1995).

Tabelle 9-1: Glossar (Fortsetzung)

Integriertes Produkt- und Prozessmodell	Ein integriertes Produkt- und Prozessmodell beinhaltet Produkt- und Prozessmodell einschließlich deren bidirektionaler Kopplung innerhalb des Produktlebenszyklus (HOFER-ALFEIS 1998).
Iteration	Eine Iteration ist ein schrittweises Verfahren zur Annäherung und Erreichung einer Lösung vor deren Freigabe (nach DROSDOWSKI 1990).
Kapselung	Die Kapselung eines Objekts schützt vor dem direkten Zugriff auf die Attribute eines Objekts. Diese sollten nur über entsprechende Operationen angesprochen werden können, damit die Auswirkung von Änderungen der Attribute vom Objekt selbst gesteuert und kontrolliert werden (RUMBAUGH ET AL. 1991).
Klasse	Eine Klasse ist eine Beschreibung einer Gruppe von Objekten mit ähnlichen Eigenschaften, gemeinsamen Verhalten, gemeinsamen Relationen und einer gemeinsamen Semantik (RUMBAUGH ET AL. 1991).
Komplexität	Nach EHRLENSPIEL (1995) ist die Komplexität eines technischen Systems ein objektiv feststellbares Maß für die Anzahl und Unterschiedlichkeit der Elemente und deren Relationen. REICHWALD & DIETEL (1991) beschreiben die Komplexität einer Aufgabe als Anzahl, Verschiedenartigkeit und Interdependenzen der zu verknüpfenden Teilaufgaben bzw. Aufgabenelemente.
Konfiguration	Als Konfiguration werden alle Entwicklungsergebnisse, die in dokumentierter Form während des Projektablaufs entstehen, bezeichnet (HILLER 1997). Diese können sowohl in materieller Form (z. B. Prototypen) oder in immaterieller Form (als Rechnermodell) existieren.
Konfigurations-management	Unter Konfigurationsmanagement versteht man die vollständige, in Dokumenten niedergelegte Beschreibung eines Produkts, die benötigt wird, um das gesamte Produkt über seine gesamte Lebenszeit zu entwickeln, zu fertigen, zu testen, zu betreiben, zu warten und außer Dienst zu stellen. Konfigurationsmanagement beinhaltet die Koordination und Verwaltung der verschiedenen Erscheinungsformen eines Produkts. Dabei existiert das Erzeugnis während des Entwicklungsprozesses in unterschiedlichen Versionen. Mit dem Konfigurationsmanagement versucht man, Konsistenzprobleme des Datenbestands zu vermeiden (BURGHARDT 1993, SAYNISCH 1984).
Konstruktions-methodik	Ebenso wie EHRLENSPIEL (1995) definieren PAHL & BEITZ (1997) Konstruktionsmethodik als konkrete Handlungsanweisung zum Entwickeln und Konstruieren technischer Systeme, die sich aus den Erkenntnissen der Konstruktionswissenschaft und der Denkpsychologie, aber auch aus den Erfahrungen mit unterschiedlichen Anwendungen ergeben haben.
Lean Management	Lean Management bedeutet übersetzt „schlankes Management" und verfolgt die Zielsetzung, mit einem geringen Ressourceneinsatz (Lean Production) und durch Abbau der Hierarchiestufen (Lean Management) das gesamte Produktionsergebnis hinsichtlich Qualität und Ausbringung zu verbessern (STRITZKE 1999).
Lösung	Eine Lösung ist die Erfüllung der Aufgabenstellung und der Anforderungen im Rahmen eines oder mehrerer produktdarstellender Modelle (nach ROTH 1994).
Medienbruch	Als Medienbruch kann der Wechsel von einem Medium zum andern verstanden werden, z. B. der Wechsel von papiergebundene auf EDV-gebundene Daten.
Methode	Eine Methode ist ein planmäßiges Vorgehen zum Erreichen eines bestimmen Ziels (EHRLENSPIEL 1995). Methoden sind (DROSDOWSKI 1990) auf ein Regelsystem aufbauende Verfahren, die zur Erlangung von Erkenntnissen oder praktischen Ergebnissen dienen.
Modell	Ein Modell ist gegenüber einem Original ein vereinfachtes gedankliches oder stoffliches Gebilde, das Analogien zu diesem Original aufweist. Damit können aus dem Verhalten des Modells Rückschlüsse auf das Original gezogen werden (AMBROSY 1997). Nach EHRLENSPIEL ET AL. (1995B) können zur Repräsentation im Produktentwicklungsprozess unterschiedliche Modelle eingesetzt werden. Diese können nach ihrer Darstellungsform in mentale, grafische, physische und rechnergestützte Modelle unterschieden werden.
Parametrik	Unter Parametrik verstehen VAJNA ET AL. (1998) die Verwendung variabler Größen (Parameter) für die Bestimmung und Festlegung der Gestalteigenschaften (z. B. Abmessungen) und deren Abhängigkeiten im Produktmodell.
Phase	Als Phase wird jeglicher Abschnitt einer stetigen Entwicklung betrachtet (DROSDOWSKI 1990).

Tabelle 9-1: Glossar (Fortsetzung)

Polymorphismus	Polymorphismus ist ein Mechanismus, der es Objekten erlaubt, sich trotz namensgleicher Operationen unterschiedlich zu verhalten. Eine Operation ist eine Aktion oder Transformation, die ein Objekt ausführt bzw. die auf das Objekt ausgeführt wird. (RUMBAUGH ET AL. 1991).
Produktdatenmanagement (EDM/PDM)	PDM/EDM-Systeme unterstützen die Verwaltung aller Daten und Prozesse aus verschiedenen Tätigkeiten im gesamten Produktlebenszyklus (BRANDNER 1998). Nach VDI 2219 (1999) können PDM- und EDM-Systeme unterschieden werden. Der Schwerpunkt von EDM-Systemen liegt auf den Arbeitsprozessen und den beschreibenden Daten (auch Daten zur Steuerung des Arbeitsablaufs). Im Gegensatz hierzu setzten PDM-Systeme den Schwerpunkt auf die das Produkt beschreibenden Daten. Jedoch sind beide Sichten für eine vollständige Rechnerunterstützung der Produktentwicklung notwendig.
Produktmodell	Das Produktmodell umfasst die Daten und deren Relationen, die ein vorhandenes oder in Entstehen befindliches Produkt über seinen gesamten Lebenszyklus beschreibt (HOFER-ALFEIS 1998).
Produktpflege	Als Produktpflege können geplante und festgelegte Änderungen definiert werden, die nach Serienreife und zur Verbesserung des Produkts durchgeführt werden und bestehende auf dem Markt befindliche Produkte nicht verändern.
Projektmanagement	Gesamtheit aller planenden, überwachenden, koordinierenden und steuernden Maßnahmen, die bei der Neugestaltung von Systemen notwendig sind (DAENZER & HUBER 1997).
Prozess	Bei einem Prozess handelt es sich um eine Summe von Aktivitäten, für die ein oder mehrere unterschiedliche Eingangsinformationen benötigt werden und die für den Kunden ein Ergebnis von Wert erzeugen (NACH HAMMER & CHAMPY 1994). Als Prozessmerkmale können hierbei Ein- und Ausgangsinformationen, Prozessverantwortliche, Termine und Dauer sowie Vorgehensbeschreibung unterschieden werden. VOSSEN & BECKER (1996) unterscheiden bei der Definition zwischen Prozessen und Geschäftsprozessen. Dabei repräsentieren Geschäftsprozesse einer Unternehmung ihre Geschäftsarten, sie ergeben sich aus den obersten Sachzielen und sie weisen zwingend Schnittstellen zu externen Marktpartnern auf.
Prozessmodell	Ein Prozessmodell ist die dynamische bereichsübergreifende und zeitlich logische Abbildung von Abläufen innerhalb des gesamten Produktlebenszyklus hinweg (HOFER-ALFEIS 1998).
Simultaneous Engineering	Grundidee des Simultaneous Engineering ist die zeitlich parallele Abwicklung vormals streng sequentiell durchgeführte Abläufe, mit dem Ziel der Reduzierung der Produkterstellungszeit und der Verringerung der Entwicklungs- und Herstellungskosten bei gleichzeitiger Steigerung der Produktqualität (nach EVERSHEIM ET AL. 1995).
Referenzmodell	Ein Basismodell, das aufgrund eines gewissen Grades an Allgemeingültigkeit potentiell für die Erstellung mehrerer spezifischer Modelle herangezogen werden kann (VDI 2219, 1999).
Upgrading	Upgrading ist eine Steigerung des Nutzens eines bestehenden Produkts aus Kundensicht durch Ergänzung oder Änderung von Funktionen, bei dem die neuen Funktionen bei Auslieferung des Produkts so noch nicht vollständig ausgearbeitet waren (PHLEPS 1999).
Variante	Varianten sind Objekte ähnlicher Form und/oder Funktion mit einem in der Regel hohen Anteil identischer Gruppen oder Teile (nach DIN 199 TEIL 2, 1977)
Vererbung	Vererbung bezeichnet die gemeinsame Verwendung von Attributen und Operationen durch verschiedene Klassen auf der Basis einer hierarchischen Relation. Die Definition der Klassen wird in der Regel sehr allgemein gehalten und dann in den Unterklassen weiter detailliert. Jede Unterklasse übernimmt oder erbt alle Eigenschaften (Attribute, Operationen) ihrer Oberklasse und ergänzt oder überschreibt ihre eigenen, individuellen Eigenschaften (RUMBAUGH ET AL. 1991).
Version	Unter einer Version wird die Veränderung eines Objektes nach dessen Freigabe verstanden. Diese Veränderungen stellen eine zeitliche Abfolge dar.

Tabelle 9-1: Glossar (Fortsetzung)

9.2 Entwicklungshistorie einer Systemkomponente[1]

Am Beispiel folgender Entwicklungshistorie soll das komplexe Zusammenspiel von Kunde und Lieferanten dargestellt werden. Aufgabe des Systemlieferanten A war die Serienreifmachung einer vom Kunden bzw. seines Entwicklungslieferanten B entwickelten Systemkomponente.

September 1989	Obwohl der Kunde selbst die Systemkomponente entwickeln wollte, fragte er aufgrund zeitlicher Engpässe beim Lieferanten A an, die Entwicklung der Systemkomponente zu übernehmen.
Oktober 1989	Der Lieferant A bot dem Kunden ein Konzept auf Basis des Vorgängermodells an.
Ende Januar 1990	Erstmals wurde ein Lastenheft besprochen.
Mai 1990	Der Kunde stellte endgültig fest, dass eine Eigenentwicklung aus Zeitgründen nicht mehr realisiert werden kann.
Anfang November 1990	Der Systemlieferant A erhielt ein Lastenheft vom Kunden.
Ende November 1990	Der Kunde fragte die Weiterentwicklung beim Lieferant A an.
Mitte Dezember 1990	Der Systemlieferant A erhielt den gesamten Zeichnungssatz vom Kunden.
Ende Dezember 1990	Der Systemlieferant A gab das Angebot für die Weiterentwicklung ab. Gleichzeitig stoppte der Kunde die Bearbeitung des Projektes durch den Lieferanten B.
Ende Januar 1991	Der Entwicklungsvertrag wurde mit dem Lieferant A abgeschlossen und der technische Stand für das Angebot erörtert.
Anfang Februar 1991	Der Lieferant A gab ein überarbeitetes Angebot an den Kunden ab.
Februar 1991	Der Lieferant A beauftragte den Lieferant C mit der Ausarbeitung der Systemkomponente. Des Weiteren stellte der Lieferant A eine Anfrage an die interne Fachabteilung D für die Weiterentwicklung einer Komponente.
Ende Mai 1991	Der Kunde erteilte den Werkzeugauftrag für ein Bauteil an den Unterlieferanten E.
Anfang Juni 1991	Der Unterlieferant F übernahm die Produktion des Bauteils vom Unterlieferanten E.
Anfang Juni 1991	Der Kunde bestellte eine Baugruppe beim Unterlieferanten F.
November 1991 bis März 1992	Vom Kunden wurde der Prototypenaufbau durchgeführt, doch aus Termingründen ohne die Systemkomponente.
April/Mai 1992	Die erste Vorserie wurde aufgebaut, das Serienwerkzeug des einen Bauteils war dabei erst zu 75% fertig und deshalb Nacharbeit notwendig.
Mai bis August 1992	Aufbau der zweiten Vorserie.
Dezember 1992	Serienanlauf

Tabelle 9-2: Beispiel einer Entwicklungshistorie und der Einbindung unterschiedlicher Zulieferer für eine Systemkomponente

Dieses Beispiel zeigt die Einbindung unterschiedlicher Lieferanten im Entwicklungsprozess. Die Einbindung der Lieferanten für die Werkzeugerstellung, Produktion und Montage ist hier nur für ausgewählte Lieferanten (E und F) aufgezeigt und in der Realität wesentlich komplexer.

---

[1] Daten aufgrund der Geheimhaltungspflicht verändert.

9.3 Beispiele von Änderungen[1]

Beispiel 1:

Auslöser dieser Änderung waren Geräusche im Bereich des Antriebs einer Systemkomponente. Durch eine Analyse konnte gezeigt werden, dass aufgrund Toleranzschwankungen zwischen zwei Bauteilen das Klappern hervorgerufen wurde. Die Ursache konnte dem Kunden nachgewiesen werden.

Die Kosten der Änderung betrugen 1.320,00 € (nur für Werkzeugänderung) und die Abwicklung von der Fehlererkennung bis zur Umsetzung dauerte 241 Kalendertage.

Beispiel 2:

Der Auslöser dieser Änderung war wiederum ein Geräusch, das durch Spiel zwischen zwei Bauteilen hervorgerufen wurde. Verschiedene Ursachen wurden als Auslöser dieser Änderung erkannt:

- Fertigungstoleranzen aufgrund des Werkzeugverschleißes bei einem Bauteil (Strangguss).
- Fertigungstoleranzen bei einem weiteren Bauteil (Spritzguss).
- Es wurde kein Toleranzausgleich zwischen den Bauteilen vorgesehen, obwohl eine ähnliche Problematik bereits aufgetreten war.

Ein Verursacher konnte nicht identifiziert werden, da Kunde, Systemlieferant und Unterlieferanten beteiligt waren. Ebenso konnten die Änderungskosten in diesem Fall nicht ermittelt werden. Die Bearbeitungsdauer von der Fehlererkennung bis zur Umsetzung betrug 156 Kalendertage.

---

[1] Daten aufgrund der Geheimhaltungspflicht verändert.

9.4 Data Dictionary

Begriff	Erklärung
Aktivität	Aktivitäten beschreiben durchgeführte Tätigkeiten und leiten sich aus den in der Planung festgelegten Konstruktionsaufgaben ab. Einer Aktivität sind Hilfsmittel und Mitarbeiter zugeordnet, die zur Bearbeitung des Teilschritts vorgesehen sind.
Analyseergebnis	Analyseergebnisse stellen ermittelte Eigenschaften und Zusammenhänge eines Systems dar, die basierend auf der Zerlegung eines Ganzen in seine Teile erfasst werden können. Als Beispiele können FEM-Analysen, Funktionsversuche, Toleranzanalysen genannt werden(AMBROSY 1997).
Anforderung	Qualitative und/oder quantitative Angabe von Eigenschaften oder Bedingungen für ein Produkt. Anforderungen können unterteilt werden in Forderungen und Wünsche (Ehrlenspiel 1995).
Aufgabe	Eine Aufgabe beinhaltet verschiedene Aktivitäten, die zur Erfüllung eines Ziels erledigt werden müssen (MÜLLER 1995).
Auswahlergebnis	Das Auswahlergebnis ist das Ergebnis der Analyse und Bewertung unterschiedlicher konstruktiver Lösungen (abgelegt in Modellen). Als Beispiele können der paarweise Vergleich, die Punktbewertung oder die Auswahlliste genannt werden
Effekt, physikalischer	Physikalische Effekte sind elementare, abgrenzbare physikalische Erscheinungen, die auf der Grundlage der Erhaltungs- und Gleichgewichtssätze durch Beziehungen von physikalischen Größen zueinander beschrieben werden können. Diese können in Reihe geschaltet als Effektketten abgebildet werden (EHRLENSPIEL 1995).
Funktion eines Produkts	Eine Funktion ist die lösungsneutrale Formulierung des gewollten (geplanten, bestimmungsgemäßen) Zwecks eines technischen Gebildes. Sie drückt die Zustandsänderung (Eigenschaftsänderung) eines Objekts (Umsatzprodukt) aus, die durch die Funktionsträger bewirkt wird (EHRLENSPIEL 1995). Funktionen können flussorientiert (Funktionsstruktur) oder hierarchisch aufgebaut werden.
Grafisches Modell	Grafische Modell sind papierbasierte Modelle wie Skizzen, Fertigungszeichnungen oder Notizen, die nicht im Rechner abgebildet werden.
Hilfsmittel	Hilfsmittel sind Methoden oder Werkzeuge, die zur Bewältigung einer Aktivität eingesetzt werden.
Konstruktionsaufgabe	Konstruktionsaufgaben sind Aufgaben, die die Entwicklung und Konstruktion betreffen (vgl. hierzu die Aufteilung in Partialmodellen)
Mitarbeiter	Mensch im Unternehmen, der mit den im Modell abgebildeten Daten in Zusammenhang steht. Mitarbeiter bearbeiten z. B. als Entwicklungspartner eine Aufgabe (AMBROSY 1997).
Modell	Ein Modell ist gegenüber einem Original ein vereinfachtes gedankliches oder stoffliches Gebilde, das Analogien zu diesem Original aufweist. Damit können aus dem Verhalten des Modells Rückschlüsse auf das Original gezogen werden (AMBROSY 1997).
Physisches Modell	Physische Modelle sind körperliche, greifbare Modelle, z. B. RP-Modelle, Versuchsteile, Funktionsmuster oder Prototypen.
Produkt	Erzeugnis, das als Ergebnis der Fertigung nach Vorgaben der Entwicklung hergestellt oder angewandt wird. Das können materielle (z. B. Maschinen, Verfahren) oder auch immaterielle Erzeugnisse (z. B. Programme) sein (VDI 2221 1993).
Version	Zeitliche Veränderung eines Objekts werden nach einer Freigabe als Versionen dokumentiert. Eine Version kann zudem die Zustände aktiv oder inaktiv aufweisen.
Virtuelles Modell	Virtuelle Modelle sind am Rechner generierbare und veränderbare Modelle, die in geringem Umfang vom Rechner interpoliert werden können. Als Beispiel können hier CAD- oder FEM-Modelle genannt werden.
Ziel	MÜLLER (1995) beschreibt das Ziel als einen während des Prozesses anzustrebenden Zustand. Es stellt sowohl eine qualitative als auch eine quantitative Beschreibung des Weges zum Erreichen eines Zustands dar. Ziele sind z. B. Terminziele, Kostenziele, technische Ziele.

Tabelle 9-3: Beschreibung der Objektklassen des Referenzmodells des Integrierten Konstruktionsarbeitsplatzes (Data Dictionary)

9.5 Abkürzungsverzeichnis

AE	Änderung
CAD	Computer Aided Design
CASE	Computer Aided Software Engineering
CSCW	Computer Supported Cooperative Work
DFA	Design for Assembly
DFM	Design for Manufacturing
DIN	Deutsches Institut für Normung
EDM	Engineering Data Management
EDV	Elektronische Datenverarbeitung
EN	Europäische Norm
FMEA	Failure Mode and Effects Analysis
INKA	Integrierter Konstruktionsarbeitsplatz
ISO	International Standard of Organisation
IuK	Information und Kommunikation
KVP	kontinuierlicher Verbesserungsprozess
MIT	Massachusetts Institute of Technology
PDM	Produkt Daten Management
PPS	Produktions-Planungs-System
QFD	Quality Function Deployment
RP	Rapid Prototyping
SADT	Structured Analysis and Design Technique
SE	Simultaneous Engineering
SFB	Sonderforschungsbereich
TFB	Transferbereich
VDI	Verein Deutscher Ingenieure
VR	Virtual Reality

9.6 Dissertationsverzeichnis des Lehrstuhls für Produktentwicklung

Technische Universität München, Boltzmannstraße 15, 85748 Garching

Dissertationen betreut von

Prof. Dr.-Ing. W. Rodenacker,
Prof. Dr.-Ing. K. Ehrlenspiel und
Prof. Dr.-Ing. U. Lindemann

D1 COLLIN, H.:
Entwicklung eines Einwalzenkalanders nach einer systematischen Konstruktionsmethode. München: TU, Diss. 1969.

D2 OTT, J.:
Untersuchungen und Vorrichtungen zum Offen-End-Spinnen.
München: TU, Diss. 1971.

D3 STEINWACHS, H.:
Informationsgewinnung an bandförmigen Produkten für die Konstruktion der Produktmaschine.
München: TU, Diss. 1971.

D4 SCHMETTOW, D.:
Entwicklung eines Rehabilitationsgerätes für Schwerstkörperbehinderte.
München: TU, Diss. 1972.

D5 LUBITZSCH, W.:
Die Entwicklung eines Maschinensystems zur Verarbeitung von chemischen Endlosfasern.
München: TU, Diss. 1974.

D6 SCHEITENBERGER, H.:
Entwurf und Optimierung eines Getriebesystems für einen Rotationsquerschneider mit allgemeingültigen Methoden.
München: TU, Diss. 1974.

D7 BAUMGARTH, R.:
Die Vereinfachung von Geräten zur Konstanthaltung physikalischer Größen.
München: TU, Diss. 1976.

D8 MAUDERER, E.:
Beitrag zum konstruktionsmethodischen Vorgehen durchgeführt am Beispiel eines Hochleistungsschalter-Antriebs.
München: TU, Diss. 1976.

D9 SCHÄFER, J.:
Die Anwendung des methodischen Konstruierens auf verfahrenstechnische Aufgabenstellungen.
München: TU, Diss. 1977.

D10 WEBER, J.:
Extruder mit Feststoffpumpe – Ein Beitrag zum Methodischen Konstruieren.
München: TU, Diss. 1978.

D11 HEISIG, R.:
Längencodierer mit Hilfsbewegung.
München: TU, Diss. 1979.

D12 KIEWERT, A.:
Systematische Erarbeitung von Hilfsmitteln zum kostenarmen Konstruieren.
München: TU, Diss. 1979.

D13 LINDEMANN, U.:
Systemtechnische Betrachtung des Konstruktionsprozesses unter besonderer Berücksichtigung der Herstellkostenbeeinflussung beim Festlegen der Gestalt.
Düsseldorf: VDI-Verlag 1980. (Fortschritt-Berichte der VDI-Zeitschriften Reihe 1, Nr. 60)
Zugl.: München: TU, Diss. 1980.

D14 NJOYA, G.:
Untersuchungen zur Kinematik im Wälzlager bei synchron umlaufenden Innen- und Außenringen.
Hannover: Universität, Diss. 1980.

D15 HENKEL, G.:
Theoretische und experimentelle Untersuchungen ebener konzentrisch gewellter Kreisringmembranen.
Hannover: Universität, Diss. 1980.

D16 BALKEN, J.:
Systematische Entwicklung von Gleichlaufgelenken.
München: TU, Diss. 1981.

D17 PETRA, H.:
Systematik, Erweiterung und Einschränkung von Lastausgleichslösungen für Standgetriebe mit zwei Leistungswegen – Ein Beitrag zum methodischen Konstruieren.
München: TU, Diss. 1981.

D18 BAUMANN, G.:
Ein Kosteninformationssystem für die Gestaltungsphase im Betriebsmittelbau.
München: TU, Diss. 1982.

D19 FISCHER, D.:
Kostenanalyse von Stirnzahnrädern. Erarbeitung und Vergleich von Hilfsmitteln zur Kostenfrüherkennung.
München: TU, Diss. 1983.

D20 AUGUSTIN, W.:
Sicherheitstechnik und Konstruktionsmethodiken – Sicherheitsgerechtes Konstruieren.
Dortmund: Bundesanstalt für Arbeitsschutz 1985.
Zugl.: München: TU, Diss. 1984.

D21 RUTZ, A.:
Konstruieren als gedanklicher Prozess.
München: TU, Diss. 1985.

D22 SAUERMANN, H. J.:
Eine Produktkostenplanung für Unternehmen des Maschinenbaues.
München: TU, Diss. 1986.

D23 HAFNER, J.:
Entscheidungshilfen für das kostengünstige Konstruieren von Schweiß- und Gussgehäusen. München: TU, Diss. 1987.

D24 JOHN, T.:
Systematische Entwicklung von homokinetischen Wellenkupplungen.
München: TU, Diss. 1987.

D25 FIGEL, K.:
Optimieren beim Konstruieren.
München: Hanser 1988.
Zugl.: München: TU, Diss. 1988 u. d. T.: Figel, K.: Integration automatisierter Optimierungsverfahren in den rechnerunterstützten Konstruktionsprozess.

Reihe Konstruktionstechnik München

D26 TROPSCHUH, P. F.:
Rechnerunterstützung für das Projektieren mit Hilfe eines wissensbasierten Systems.
München: Hanser 1989. (Konstruktionstechnik München, Band 1)
Zugl.: München: TU, Diss. 1988 u. d. T.: Tropschuh, P. F.: Rechnerunterstützung für das Projektieren am Beispiel Schiffsgetriebe.

D27 PICKEL, H.:
Kostenmodelle als Hilfsmittel zum Kostengünstigen Konstruieren.
München: Hanser 1989. (Konstruktionstechnik München, Band 2)
Zugl.: München: TU, Diss. 1988.

D28 KITTSTEINER, H.-J.:
Die Auswahl und Gestaltung von kostengünstigen Welle-Nabe-Verbindungen.
München: Hanser 1990. (Konstruktionstechnik München, Band 3)
Zugl.: München: TU, Diss. 1989.

D29 HILLEBRAND, A.:
Ein Kosteninformationssystem für die Neukonstruktion mit der Möglichkeit zum Anschluß an ein CAD-System.
München: Hanser 1991. (Konstruktionstechnik München, Band 4)
Zugl.: München: TU, Diss. 1990.

D30 DYLLA, N.:
Denk- und Handlungsabläufe beim Konstruieren.
München: Hanser 1991. (Konstruktionstechnik München, Band 5)
Zugl.: München: TU, Diss. 1990.

D31 MÜLLER, R.
Datenbankgestützte Teileverwaltung und Wiederholteilsuche.
München: Hanser 1991. (Konstruktionstechnik München, Band 6)
Zugl.: München: TU, Diss. 1990.

D32 NEESE, J.:
Methodik einer wissensbasierten Schadenanalyse am Beispiel Wälzlagerungen.
München: Hanser 1991. (Konstruktionstechnik München, Band 7)
Zugl.: München: TU, Diss. 1991.

D33 SCHAAL, S.:
Integrierte Wissensverarbeitung mit CAD am Beispiel der konstruktionsbegleitenden Kalkulation.
München: Hanser 1992. (Konstruktionstechnik München, Band 8)
Zugl.: München: TU, Diss. 1991.

D34 BRAUNSPERGER, M.:
Qualitätssicherung im Entwicklungsablauf – Konzept einer präventiven Qualitätssicherung für die Automobilindustrie.
München: Hanser 1993. (Konstruktionstechnik München, Band 9)
Zugl.: München: TU, Diss. 1992.

D35 FEICHTER, E.:
Systematischer Entwicklungsprozess am Beispiel von elastischen Radialversatzkupplungen.
München: Hanser 1994. (Konstruktionstechnik München, Band 10)
Zugl.: München: TU, Diss. 1992.

D36 WEINBRENNER, V.:
Produktlogik als Hilfsmittel zum Automatisieren von Varianten- und Anpassungskonstruktionen.
München: Hanser 1994. (Konstruktionstechnik München, Band 11)
Zugl.: München: TU, Diss. 1993.

D37 WACH, J. J.:
Problemspezifische Hilfsmittel für die Integrierte Produktentwicklung.
München: Hanser 1994. (Konstruktionstechnik München, Band 12)
Zugl.: München: TU, Diss. 1993.

D38 LENK, E.:
Zur Problematik der technischen Bewertung.
München: Hanser 1994. (Konstruktionstechnik München, Band 13)
Zugl.: München: TU, Diss. 1993.

D39 STUFFER, R.:
Planung und Steuerung der Integrierten Produktentwicklung.
München: Hanser 1994. (Konstruktionstechnik München, Band 14)
Zugl.: München: TU, Diss. 1993.

D40 SCHIEBELER, R.:
Kostengünstig Konstruieren mit einer rechnergestützten Konstruktionsberatung.
München: Hanser 1994. (Konstruktionstechnik München, Band 15)
Zugl.: München: TU, Diss. 1993.

D41 BRUCKNER, J.:
Kostengünstige Wärmebehandlung durch Entscheidungsunterstützung in Konstruktion und Härterei.
München: Hanser 1994. (Konstruktionstechnik München, Band 16)
Zugl.: München: TU, Diss. 1993.

D42 WELLNIAK, R.:
Das Produktmodell im rechnerintegrierten Konstruktionsarbeitsplatz.
München: Hanser 1994. (Konstruktionstechnik München, Band 17)
Zugl.: München: TU, Diss. 1994.

D43 Schlüter, A.:
Gestaltung von Schnappverbindungen für montagegerechte Produkte.
München: Hanser 1994. (Konstruktionstechnik München, Band 18)
Zugl.: München: TU, Diss. 1994.

D44 Wolfram, M.:
Feature-basiertes Konstruieren und Kalkulieren.
München: Hanser 1994. (Konstruktionstechnik München, Band 19)
Zugl.: München: TU, Diss. 1994.

D45 Stolz, P.:
Aufbau technischer Informationssysteme in Konstruktion und Entwicklung am Beispiel eines elektronischen Zeichnungsarchivs.
München: Hanser 1994. (Konstruktionstechnik München, Band 20)
Zugl.: München: TU, Diss. 1994.

D46 Stoll, G.:
Montagegerechte Produkte mit feature-basiertem CAD.
München: Hanser 1994. (Konstruktionstechnik München, Band 21)
Zugl.: München: TU, Diss. 1994.

D47 Steiner, J. M.:
Rechnergestütztes Kostensenken im praktischen Einsatz.
Aachen: Shaker 1996. (Konstruktionstechnik München, Band 22)
Zugl.: München: TU, Diss. 1995.

D48 Huber, T.:
Senken von Montagezeiten und -kosten im Getriebebau.
München: Hanser 1995. (Konstruktionstechnik München, Band 23)
Zugl.: München: TU, Diss. 1995.

D49 Danner, S.:
Ganzheitliches Anforderungsmanagement mit QFD – ein Beitrag zur Optimierung marktorientierter Entwicklungsprozesse.
Aachen: Shaker 1996. (Konstruktionstechnik München, Band 24)
Zugl.: München: TU, Diss. 1996.

D50 Merat, P.:
Rechnergestützte Auftragsabwicklung an einem Praxisbeispiel.
Aachen: Shaker 1996. (Konstruktionstechnik München, Band 25)
Zugl.: München: TU, Diss. 1996 u. d. T.: Merat, P.: Rechnergestütztes Produktleitsystem

D51 Ambrosy, S.:
Methoden und Werkzeuge für die integrierte Produktentwicklung.
Aachen: Shaker 1997. (Konstruktionstechnik München, Band 26)
Zugl.: München: TU, Diss. 1996.

D52 Giapoulis, A.:
Modelle für effektive Konstruktionsprozesse.
Aachen: Shaker 1998. (Konstruktionstechnik München, Band 27)
Zugl.: München: TU, Diss. 1996.

D53 STEINMEIER, E.:
Realisierung eines systemtechnischen Produktmodells - Einsatz in der Pkw-Entwicklung
Aachen: Shaker 1998. (Konstruktionstechnik München, Band 28)
Zugl.: München: TU, Diss. 1998.

D54 KLEEDÖRFER, R.:
Prozeß- und Änderungsmanagement der Integrierten Produktentwicklung.
Aachen: Shaker 1998. (Konstruktionstechnik München, Band 29)
Zugl.: München: TU, Diss. 1998.

D55 GÜNTHER, J.:
Individuelle Einflüsse auf den Konstruktionsprozess.
Aachen: Shaker 1998. (Konstruktionstechnik München, Band 30)
Zugl.: München: TU, Diss. 1998.

D56 IRLINGER, R.:
Methoden und Werkzeuge zur nachvollziehbaren Dokumentation in der Produktentwicklung.
Aachen: Shaker 1998. (Konstruktionstechnik München, Band 31)
Zugl.: München: TU, Diss. 1999.

D57 EILETZ, R.:
Zielkonfliktmanagement bei der Entwicklung komplexer Produkte - am Beispiel PKW-Entwicklung.
Aachen: Shaker 1999. (Konstruktionstechnik München, Band 32)
Zugl.: München: TU, Diss. 1999.

D58 STÖßER, R.:
Zielkostenmanagement in integrierten Produkterstellungsprozessen.
Aachen: Shaker 1999. (Konstruktionstechnik München, Band 33)
Zugl.: München: TU, Diss. 1999.

D59 PHLEPS, U.:
Recyclinggerechte Produktdefinition – Methodische Unterstützung für Upgrading und Verwertung.
Aachen: Shaker 1999. (Konstruktionstechnik München, Band 34)
Zugl.: München: TU, Diss. 1999.

D60 BERNARD, R.:
Early Evaluation of Product Properties within the Integrated Product Development.
Aachen: Shaker 1999. (Konstruktionstechnik München, Band 35)
Zugl.: München: TU, Diss. 1999.

D61 ZANKER, W.:
Situative Anpassung und Neukombination von Entwicklungsmethoden.
Aachen: Shaker 1999. (Konstruktionstechnik München, Band 36)
Zugl.: München: TU, Diss. 1999.

Reihe Produktentwicklung München

D62 ALLMANSBERGER, G.:
Erweiterung der Konstruktionsmethodik zur Unterstützung von Änderungsprozessen in der Produktentwicklung.
München: Utz 2000. (Produktentwicklung München, Band 37)
Zugl.: München: TU, Diss. 1999.

D63 ASSMANN, G.:
Gestaltung von Änderungsprozessen in der Produktentwicklung.
München: Utz 2000. (Produktentwicklung München, Band 38)
Zugl.: München: TU, Diss. 2000.

D64 BICHLMAIER, C.:
Methoden zur flexiblen Gestaltung von integrierten Entwicklungsprozessen.
München: Utz 2000. (Produktentwicklung München, Band 39)
Zugl.: München: TU, Diss. 1999.

FSC
www.fsc.org
MIX
Papier | Fördert
gute Waldnutzung
FSC® C083411

Kolibri 360 GmbH
Ferdinand-Jühlke-Straße 7
99095 Erfurt, Deutschland
produktsicherheit@kolibri360.de